数字时代信息资源管理丛书　总主编　刘越男

数字档案资源社会化开发

连志英　著

中国人民大学出版社
·北京·

丛书编委会

总主编　刘越男

编　委（按姓氏笔画排序）

王英玮　卢小宾　冯惠玲　安小米

张　斌　张美芳　周晓英　索传军

贾君枝　梁继红

序

要问眼下最受年轻人追捧的娱乐形式是什么，"剧本杀"当在前列，除了惊悚扑朔的案情之外，"剧本杀"对玩家最大的吸引力来自推理破案的曲折迷局和对个人角色的推断保护。要问眼下互联网世界最受瞩目的热点是什么，"元宇宙"或居榜首，除了酷炫神奇的虚拟世界之外，行家们认为个体自定义的数字身份、经济系统和运行规则更具诱惑力，身临其境的高互动性和高沉浸感，让人们从现在的"观看式"互联网进入下一代"置身式"互联网之中，在自由创造和复杂的交互关系中获得更强烈的存在感。

我们已经进入了一个"参与时代"，公众参与渗透到社会运行的方方面面，也成为大众的生活方式和普遍意愿。21世纪以来，"治理"理念遍及各个领域，信息治理、文化治理、市场治理、国家治理、社会治理、全球治理等等不胜枚举。从"管理"到"治理"的转变具有丰富的内涵，其中最深刻的转变是从独立主体针对客体变成多元主体共治，公众参与便是治理的必然伴生物。

连志英教授的《数字档案资源社会化开发》一书讨论的就是公众参与的数字档案资源开发。参与式档案管理并不是新话题，用"参与"聚焦数字档案资源开发应是作者率先触及的。书稿读下来，这个"小口径"把我引向一个宽阔的"大世界"，越往里走越感叹别有洞天。

在底层理论认知方面，作者认为从闭门管理开发到吸收公众参与的社会化开发实质上是从集权范式、国家范式向分权范式、社会范式的转变。从中国春秋战国时期以及西方古希腊和古罗马时期带有民众参与档案开发星火的思想萌芽，延续到当代逐步成熟的多种社会化开发理论与实践；从近30年左右陆续形成的"档案的民有、民治、民享""档案馆2.0""参与式档案馆""档案共同形成者""档案众包"等主张大众档案权利的思想理论，一路追踪到档案认知方法论的变化，都对长期以来占主导地位的实证主义方法论发起挑战，呼吁关注建构主义的思维导向。在档案实证主义那里，档案是固化成型的，档案工作者在保管工作中完全中立，所有他者的介入都与档案及其价值生成无关；而建构主义则重视文件形成、管理及保管过程中多元变化的背景，认为这种动态背景导致"文件与档案总是处在形成的过程中"，档案开发也是档案持续"形成"的重要阶段和路径。不同权力结构的介入对这一形成过程产生不同的影响，吸收大众参与档案资源开发就是把一些档案话语权、建构权和定义权让渡给他们，多元主体开发档案资源有助于防止强权和单一话语对于档案以及记忆的束缚禁锢，从而塑造更完整的档案，构建更立体的社会记忆，获得更多元的话语和叙事，这些道理对于数字档案资源开发更为适用。很多人对参与式档案管理的直观理解主要落在借助社会力量提高档案管理效率方面，本书作者的上述分析显然看到了更深、更本质的层面，具有更丰富的思想性和启发性。

在实践研究方面，作者主要着眼于三个维度：影响档案机构进行社会化开发的因素，影响公众参与社会化开发的因素，以及怎样使社会化开发落地实施。沿着这三个维度讨论了一系列数字时代档案资源社会化开发的问题，这片空间的宽广深邃逐步呈现。对于两个影响因素的分析从社会背景、科技发展、档案工作范式、机构组织文化、公众认知与动机等角度层层递进，分别抽象出影响因素模型，事实充分，道理清楚。开发对策归纳为文化保障、法律保障、激励机制和质量保障四个方面，每一部分都有翔实的材料和厚实的论述，很有针对性，其中档案志愿者制度、数字档案资源开发模式和质量审查机制等说理尤为深透，视角出新，引人思考。

作为这本书的前期读者，我觉得有两点特别值得称道。

一是作者资料功课做得足，做得实。中外文献资料自不必说，广泛而精准，作者的档案文献功底再次助力。更难得的是较为深度的访谈调研，作者先后对美国、英国、澳大利亚、新加坡四个国家档案馆有关项目的负责人进行了在线半结构化访谈，对芬兰国家档案馆、苏黎世当代历史档案馆、韩国国家记录院及我国 8 家省市级档案馆的档案信息资源开发人员进行了访谈，对美国国家档案馆"公民档案工作者"项目以及实验性项目的参与者做了问卷调查和半结构化访谈，对我国省级档案志愿者做了网络调查，获得了大量颇具说服力的情况、案例和数据。为了补充调研材料的不足，作者还设计实施了一个实验性项目，做了为期 3 个月的实验和观察，从中收集相关数据。这些调查的耗时费事可想而知，所获一手材料不仅成为本书论点的重要支撑，也为读者带来很多延伸思考。

二是作者对于档案事业时代前景的拥抱。这个拥抱来自对档案事业发展趋势、档案学术前沿的敏锐把握和学者的情怀、责任与担当。这本书着手于 2015 年，当时就瞄准"数字档案资源""社会化开发"，选题和书中议题可谓前沿意识和发展期待的表达。

对于颠覆、改变传统档案开发方式的创新者、探索者，其成功与挫折，作者都报以支持和赞赏；对于消极的观望者、守成者，作者则给予鞭策和警醒。书中如实展示了调查数据中新模式的成长情况和为数不少的"不可行""公众不愿意""公众做不好"的认知状态。透过这些现象，作者把数字档案资源社会化开发的主要障碍归结为档案工作者观念和档案馆组织文化以及档案开放度三个方面，呼吁突破这些障碍，为公众利用档案、参与档案资源开发打通道路。在本书结语处，作者道出了以6年之功不懈探究这一主题的缘由：她把这个一些人眼中的"乌托邦"作为自己的一种信念，为之奋斗。她期待档案工作者与公众成为档案开发领域的"我们"，让更多档案面向公众开放，让更多人在档案中看到自己，和档案工作者共创档案价值。

我相信信念的力量，我愿意和作者一起探索，一起期待。

冯惠玲
2021 年 11 月

目　录

导 言

本书中的数字档案资源包括原生电子文件及数字化后的档案资源。近年来，随着信息技术的发展及文件管理的数字化转型，各国电子文件的数量急剧增长，国外一些档案馆已经大量接收原生电子文件，如美国国家档案馆已经接收并保存了 800 个系列共 75 000 万个案卷的电子文件，这些电子文件涉及各种类型，包括数据库、电子邮件、PDF 文件、网页等。[①] 而馆藏档案数字化也一直是各档案馆档案信息化建设的主要内容，据笔者的调研，截至 2019 年 1 月，上海各区县档案馆就已经实现了馆藏存量档案100％的数字化，新入馆的纸质档案也做到同步数字化，即一入馆就进行数字化扫描。可以预见，将来各档案馆馆藏数字档案资源的数量会越来越多。如何更好地开发这些数字档案资源，以实现其价值的最大化是各档案馆需解决的重要议题。

后现代主义档案学学者苏·麦克米希（Sue McKemmish）和安妮·吉利兰（Anne Gilliland）等人指出："档案的鉴定、收集、整理、著录、保存及获取都与记忆和遗忘、包容与排斥的社会过程及它们所体现的权力关系紧密相关。"[②] 长期以来，档案机构的档案资源开发主体主要限于档案机构自身，这也就意味着档案资源开发的权力掌握在档案机构手中，如档案著录标准主要是由档案机构制定的，即由档案机构决定应著录哪些信息，或是档案机构认为应著录哪些信息。这些著录信息，还有其他的一些档案信息资源开发的形式包括档案编研等实质上是对档案的一种再现叙事，而其他社会主体，包括档案内容所涉及的主体一般都无权参与这一再现叙事的过程，这种再现叙事体现的是

---

① Electronic Records at the National Archives Introduction［EB/OL］.（2023 - 02 - 07）［2023 - 02 - 25］. https://www. archives. gov/research/electronic-records.

② MCKEMMISH S, GILLILAND A, KETELAAR E. "Communities of memory": pluralizing archival research and education agendas［J］. Archives and Manuscripts, 2005, 33（1）: 146 - 174.

档案机构或档案工作者单一的话语。随着社会化媒体的普遍运用及开放数据理念和实践的发展与推进，很多资源机构包括档案机构都在积极借助社会力量，充分发挥集体的智慧和想象，使其资源得到更充分的开发、利用及再利用，如美国国家档案馆及新加坡国家档案馆发起了"公民档案工作者"（Citizen Archivist）项目、英国国家档案馆发起了"你的档案"（Your Archives）项目、澳大利亚国家档案馆发起了"档案蜂巢"（arcHIVE）项目、荷兰阿姆斯特丹档案馆发起了"众在参与"（Velehanden）项目等。这些项目都旨在吸引公众参与档案机构馆藏数字档案资源的开发，由此改变了由档案馆单一主体对馆藏数字档案资源开发的模式，这也意味着传统档案信息资源开发中权力关系的改变，即社会公众被赋予了一定的权力参与到档案机构馆藏档案资源的开发中，这使得档案资源开发由单一话语和叙事走向多元话语和叙事，有助于档案机构的馆藏得到更充分的开发、利用和再利用，也有助于构建更完整的社会记忆，同时还有助于解决档案机构数字档案资源开发任务繁重与人力及财力资源紧缺之间的矛盾。

基于此，本书提出了"数字档案资源社会化开发"的概念，意指社会公众参与档案机构的数字档案资源的开发。公众参与开发的形式包括贴标签、转录、注释、添加背景信息、编辑、开发基于馆藏的游戏、教学工具、应用程序等。"社会化"这一概念是人文社会科学及公共管理学领域中的重要概念，不同的学科对此概念的界定略有不同，如社会心理学和文化人类学领域的社会化是指"个体只有通过能动地接受、适应社会既有文化，并不断地创造新文化，也就是只有通过社会化，才能承担一定的社会角色，进行社会互动，进而结成各种各样的社会群体和社会组织"[①]。它强调的是个体通过接受、适应社会既有文化而融入社会，但同时又能动地改造既有文化、创造新文化的过程。而公共管理领域的社会化则是指"政府在实施对社会经济的管理时，在社会管理和公共服务领域，改变传统的由政府统揽一切的做法，将一些政府职能通过向社会转移或委托代理等方式转移出政府，以达到提高行政效率、节约财政开支的目的"[②]。它强调的是政府公共管理职能的社会转移，即政府将公共管理的部分权力转移给其他社会主体。本书中的"社会化"采取的是公共管理学领域中的"社会化"的含义，强调的是档案机构将数字档案资源开发的部分权力转移给社会公众。从世界范围来看，有些国家的档案机构已经开展了数字档案资源社会化开发实践，如前面所提及的美、英、澳、新[③]等国；而有些国家尚未开展这方面的实践。在档案机构已经开展的

---

① 张兴杰. 略论个体社会化的特点 [J]. 兰州学刊, 1998 (1)：32 - 34.

② 汪玉凯. 西方公共管理社会化给我们的启示 [J]. 陕西省行政学院、陕西省经济管理干部学院学报, 1999, (13) 3：10 - 12.

③ 本书中均指新加坡, 后文不另注.

数字档案资源社会化开发项目中，有些取得了成功，如美国国家档案馆的 Citizen Archivist 项目，参与人数相对较多，也取得了较突出的成果。笔者访谈的一位美国公民档案工作者参与美国国家档案馆转录项目已经长达 4 年，共转录了 6 700 多页文件。但有些项目运行得并不理想，甚至最终被叫停，如英国国家档案馆的 Your Archives 项目。因此，有哪些因素会影响到数字档案资源社会化开发的开展及可持续性发展，数字档案资源社会化开发理念的提出对档案学理论及档案工作实践有什么影响，以及如何推进数字档案资源社会化开发的开展及可持续性发展等问题都值得学界深入思考和研究。本书力图从理论与实践、历史与现实等维度对这些问题进行探索。

在此仅简要概括本书的脉络（研究内容框架结构图见图导言-1）。本书主要内容包括理论与实践两大部分。

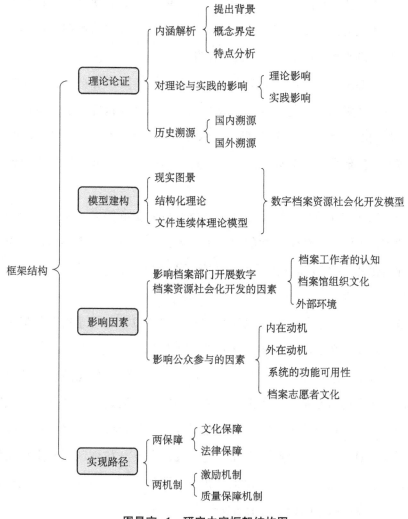

图导言-1　研究内容框架结构图

理论部分主要对数字档案资源社会化开发的内涵、影响、思想渊源及模型等方面展开论述，借此来回答数字档案资源社会化开发是什么以及为什么要开展数字档案资源社会化开发工作这两个问题。具体包括第1、2、3章的内容：

第1章　数字档案资源社会化开发内涵及影响。主要对数字档案资源社会化开发的概念提出的社会背景、内涵及其对档案学理论与实践的影响展开分析。

第2章　数字档案资源社会化开发思想溯源。主要对中国及西方国家档案事业发展历史上曾出现的档案资源社会化开发思想进行追溯和梳理，指出档案资源社会化开发思想始终贯穿于中西方档案事业发展历程，数字档案资源社会化开发是今天数智时代档案资源社会化开发的具体体现。

第3章　数字档案资源社会化开发现实图景与模型建构。基于美、英、澳、新四国国家档案馆数字档案资源社会化开发实践，并依据结构化理论及文件连续体理论建构数字档案资源社会化开发模型，以进一步呈现和描述数字档案资源社会化开发的结构化的过程，并说明数字档案资源社会化开发的重要性。

实践部分主要从档案馆及公众两方面分析数字档案资源社会化开发实现的影响因素，围绕数字档案资源社会化开发模型及影响因素从文化保障、法律保障、激励机制及质量保障机制四方面构建了数字档案资源社会化开发的实现和可持续性发展路径，借此来回答如何实现数字档案资源社会化开发这一问题。具体包括第4章到第9章的内容：

第4章　档案馆开展数字档案资源社会化开发的影响因素。运用建构型扎根理论对已开展数字档案资源社会化开发的美、英、澳、新四国国家档案馆，及未开展数字档案资源社会化开发的11家中外档案馆进行调查分析，探究影响档案馆开展数字档案资源社会化开发的因素。

第5章　公众参与数字档案资源社会化开发的动机。运用建构型扎根理论及实验法分析影响公众参与数字档案资源社会化开发的动机。

第6章　数字档案资源社会化开发文化培育。这里的文化保障包括档案馆组织文化与档案志愿者文化两方面。档案馆组织文化是影响档案馆是否开展数字档案资源社会化开发的重要因素，而档案志愿者文化是影响公众是否参与数字档案资源社会化开发的重要因素。要实现数字档案资源社会化开发就需要开放创新型档案馆组织文化及浓厚的档案志愿者文化，这两种文化也是相互关联的。只有在开放创新型档案馆组织文化中，才能培育出浓厚的档案志愿者文化。

第7章　数字档案资源社会化开发法律体系建构。数字档案资源社会化开发需要有相应的法律法规的保障，包括数字档案资源开放方面的法律法规、数字档案资源版权保护方面的法律法规，以及平衡保密与开放及数字档案资源开发中的个人数据权益保护的法律法规。本章在梳理美、英、澳三国数字档案资源社会化开发相关法律法规的基础上，构建出数字档案资源社会化开发的法律体系，以保障数字档案资源社会化开发的顺利开展。

第 8 章　数字档案资源社会化开发激励机制。公众参与是数字档案资源社会化开发得以开展的重要条件，本章主要根据影响公众参与的因素提出了公众参与的激励机制。

第 9 章　数字档案资源社会化开发质量控制。如何保障公众参与数字档案资源开发成果的质量是数字档案资源社会化开发中的重要内容。本章主要阐述了数字档案资源社会化开发的质量保障机制，包括开发前的控制措施、开发过程中的控制措施及开发成果的质量控制措施等。

在对数字档案资源社会化开发实现的影响因素进行分析时，本书主要是基于建构型扎根理论研究方法论。扎根理论是一种质性研究方法论，它包括一些系统而又灵活的准则，可据以搜集和分析质性数据，并扎根在数据中建构理论。① "当研究者想要挑战现有的理论，发展新的理论，或有志于理解周围的世界或客体时，他/她就可考虑运用扎根理论。"② 作为一种重要的研究方法论，扎根理论已经被广泛运用于社会学、教育学、医学等领域。扎根理论最初是由社会学家巴尼·格拉泽（Barney Glaser）和安塞尔姆·施特劳斯（Anselm Strauss）于 1967 年提出的，之后不断得到发展。迄今为止，有三种版本的扎根理论：格拉泽和施特劳斯的最初版本，即经典扎根理论；施特劳斯和科尔宾（Corbin）的程序扎根理论；及卡麦兹（Charmaz）的建构扎根理论。③ 前两者被称为第一代扎根理论，卡麦兹的被称为第二代扎根理论。

对于第一代扎根理论，很多学者认为两种版本之间的差异并不大。希思（Heath）和考利（Cowley）认为第一代扎根理论的两种版本之间主要是方法论而非本体论及认识论上的不同，格拉泽的是更纯粹的归纳，而施特劳斯和科尔宾的是演绎和证实。这两个版本具有共同的本体论，虽然在认识论上有细微的差别。④ 但是，第一代和第二代扎根理论在本体论及认识论上存有较大差异（具体见表导言-1），即第一代扎根理论基

① CHARMAZ K. Constructing grounded theory：a practical guide through qualitative analysis [M]. London：Sage publications，2006：2.

② LAYONS E，COYLE A. Analyzing qualitative data in psychology [M]. London：Sage Publication，2007：70.

③ 费小冬. 扎根理论研究方法论：要素、研究程序和评判标准 [J]. 公共行政评论，2008（3）：23-43.

④ HEATH H，COWLEY S. Developing a grounded theory approach：a comparison of Glaser and Strauss [J]. International Journal of Nursing Studies，2004（41）：141-150.

于实证主义，而第二代扎根理论基于建构主义。卡麦兹认为数据和理论都不是被发现的，而是我们通过我们过去及现在所涉及的人、观点、研究实践以及与他们的互动建构了我们的理论。① 卡麦兹将格拉泽的扎根理论定位为接近传统的实证主义，即认为外部现实是客观的，发现数据的观察者是中立的，并客观地呈现数据。施特劳斯的是后实证主义，在认识论上和格拉泽的区别不大。② 格塔内（Getaneh Alemu）也认为像格拉泽这些传统的扎根理论者会持有这样一种观点，即在研究过程中，研究者应该与参与者保持距离，以免将个人的偏见及预设的想法投射到研究过程中。但卡麦兹的建构型扎根理论遵循的是建构主义哲学方法，强调研究者与参与者在数据收集及分析过程中共同建构意义。③

表导言-1 第一代与第二代扎根理论的异同

类目	第一代扎根理论	第二代扎根理论
认识论及本体论	实证主义	建构主义
研究者的角色	客观、中立	与外部世界互动，与被观察对象共同建构数据及意义
数据的分析	关注数据自身，并不关注数据的产生过程；对数据的分析分为实质性编码、理论性编码或分为开放性编码、主轴编码、选择性编码	强调任何分析都是情境性的，都处于具体的时间、地点、文化和环境之中；对数据的分析可分为初始编码、聚焦编码及理论编码，但同时强调编码的灵活性
理论的产生	理论来自独立于观察者的数据	数据和理论都不是被发现的，我们是所研究的世界及所收集的数据的一部分。通过我们在过去和现在的参与，以及与人们、视角和研究实践的互动，我们建构了自己的理论
理论的概念	理论是对抽象概念之间的关系的阐述，是对世界的一种普适性的阐述	理论是对所研究的现象的具有想象性的解释

　　目前国外档案学界已经有一些研究运用了扎根理论研究方法论，如 InterPARES 2 项目、匹兹堡大学电子文件管理功能需求项目。④ 维多利亚·勒米厄（Victoria Le-

---

　　① CHARMAZ K. Constructing grounded theory：a practical guide through qualitative analysis［M］. London：Sage publications，2006：10.

　　② CHARMAZ K. Grounded theory objectivist and constructivist methods［C］// DENZIN N，LINCOLN Y. Strategies of Qualitative Inquiry. 2nd ed. Thousand Oaks：Sage Publications，2000：510.

　　③ ALEMU G，et al. A constructivist grounded theory approach to semantic metadata interoperability in digital libraries：preliminary reflections［EB/OL］.（2011-07-18）［2021-10-22］. https://pure. port. ac. uk/ws/portal-files/portal/85817/Alemu_QQML_2011_Paper. pdf.

　　④ MCKEMMISH S，GILLILAND A. Archival and recordkeeping research：past，present and future［C］// WILLIAMSON K，JOHANSON G. Research methods：information，systems，and contexts. Prahran：Tilde Publishing，2013：79-112.

mieux）对牙买加破产银行的文件保管实践开展研究，运用扎根理论研究方法论指导数据的收集和分析。① 卡伦·格拉西（Karen Gracy）将档案民族志与扎根理论相结合，对胶片档案保存情况开展研究。② 保罗·康韦（Paul Conway）对国会图书馆数字化照片档案的利用情况开展研究，他运用扎根理论对访谈文本进行质性分析。③ 莎拉·拉姆丁（Sarah Ramdeen）和亚历克斯·普尔（Alex Poole）运用建构型扎根理论对地理学者的档案需求开展研究。④ 就现有研究来看，有些学者采用的是施特劳斯版，有些学者采用的是卡麦兹版，具体采用哪种版本涉及研究者自身的认识论及本体论。但近些年来的档案学研究较多地选择卡麦兹版，莎拉等人认为"建构主义扎根理论追求的是从参与者的视角及阐释、从他们是如何建构他的世界的角度来理解并最终产生理论。它指引着研究者数据的收集、对数据分析的管理，以及解释研究过程的理论框架的构建。因此，它是开展本研究（地理学者的档案需求）的理想方法"⑤。档案学界对扎根理论版本的采用趋势与近些年档案学研究范式的变化是一致的。近些年来后现代档案学研究范式包括建构主义、阐释主义和批判主义崛起，并深刻地影响了档案学研究，对建构型扎根理论的采用是档案学研究范式变化在研究方法论中的缩影。

本书的研究对象是数字档案资源社会化开发，这一研究对象是一种新的档案现象。本书的研究目的是通过对这一档案现象开展研究，形成对这一现象的深描，并探究其背后的发展规律或原因。建构型扎根理论符合笔者自身的认识论，即外部世界是多元而复杂的，任何分析都是情境性的，都处于具体的实践、地点、文化和环境之中，我们对于世界的认知应建立在互动的基础上。因此，本书选择建构型扎根理论作为主要的研究方法论。

本书的叙述首先从什么是数字档案资源社会化开发以及数字档案资源社会化开发对档案学理论与实践有哪些影响开始。

---

① LEMIEUX V L. Let the ghosts speak：an empirical exploration of the "nature" of the record [J]. Archivaria，2001 (51)：81 - 111.

② GRACY K. Documenting communities of practice：making the case for archival ethnography [J]. Archival Science，2004，4 (3/4)：335 - 365.

③ CONWAY P. Modes of seeing：digitalized photographic archives and the experienced User [J]. American Archivist，2010，73 (4)：425 - 462.

④ RAMDEEN S，POOLE A H. Using grounded theory to understand the archival needs [C] // GILLILAND A，MCKEMMISH S，LAU A J. Research in archival multiverse. Clayton：Monash University Publishing，2017：998 - 1027.

⑤ RAMDEEN S，POOLE A H. Using grounded theory to understand the archival needs [C] // GILLILAND A，MCKEMMISH S，LAU A J. Research in archival multiverse. Clayton：Monash University Publishing，2017：998 - 1027.

数字档案资源社会化开发内涵及影响

　　我国档案学界对于档案信息资源开发这一概念有不同的表述。王景高先生曾对此做过阐述，他总结了我国先后出现的有关档案信息资源开发的五种观点，在此基础上，提出"档案信息资源开发，就是档案管理部门根据社会需要，采用专业方法和现代技术，从所收藏的档案中发掘有用的信息材料，进行选择编目或制成档案加工品，以便给档案利用者利用"，具体包括编目、检索、编研等。[①] 王景高先生对于档案信息资源开发概念的界定较具代表性，反映了我国档案界对档案信息资源开发的主体、客体、方式和任务的认知。从中可见，传统的档案信息资源开发是对特定的"档案"这一"物"进行描述，对其中所蕴藏的信息进行挑选、组织的过程，这一过程实质上体现了对知识的建构及控制的权力。长期以来，这一知识的建构及控制的权力由档案机构掌控，这可能会导致这种知识建构的片面性和局限性。拉米什·斯瑞尼瓦桑（Ramish Srinivasan）等学者运用民族志的研究方法，将剑桥大学考古与人类学博物馆（Museum of Anthropology and Archaeology）与祖尼人（Zuni）对于在祖尼人居住地区出土的四件物品的描述做了对比（见图 1-1）[②]，结果显示，这两种不同的本体描述只有些许交叉。祖尼人的描述（左边）主要关注的是这些物品在过去及今天对于他们的用途，以及与这些物品相关的故事和叙述，这些信息是博物馆的描述中欠缺的；博物馆的描述（右边）是基于所谓的博物馆专业人士的视角，而这些专业人士的视角与祖尼人的视角可能完全不同，因为他们并不了解这些物品对于祖尼人而言真正意味着什么。

[①] 王景高. 论档案信息资源开发 [J]. 档案学通讯，2000（5）：19-22.

[②] SRINIVASAN R，BECVAR K M，BOAST R，et al. Diverse knowledges and contact zones within the digital museum [J]. Science，Technology，& Human Values，2010，35（5）：735-768.

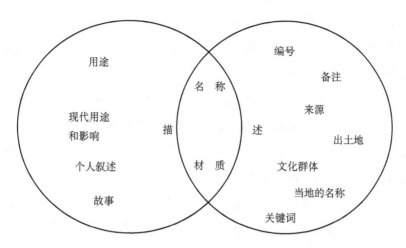

图 1 - 1　祖尼人与博物馆对出土的祖尼物品的描述对比图

资料来源：SRINIVASAN R, BECVAR K M, BOAST R, et al. Diverse knowledges and contact zones within the digital museum [J]. Science, Technology, & Human Values, 2010, 35 (5)：735 - 768.

因此，"知识的建构在合作的环境下才能得到最好的实现。在这种合作的环境里，会产生多元的观点，这会对问题产生影响；在这种合作的环境里，意义会被社会化地协商"[1]。近年来，开放创新理念越来越多地被运用到各个领域，政府部门、软件行业、图书馆界等都在大力倡导开放创新，而信息技术的发展也使得开放创新成为可能。开放创新是基于合作的创新，通过开放让多元主体合作创新。数字档案资源社会化开发就是在合作的环境下多元主体共同建构知识的过程，是档案馆顺应当下时代发展的选择。

 缘起

1.1.1　开放创新：时代吁求

开放创新已经成为当今这个时代的主题，上至政府，下至企业，还包括一些学科如图书馆学、史学等都在倡导开放创新。

开源软件可谓是最早打破对软件开发的垄断权力，实现大众创新的领域。埃里克·雷蒙德（Eric Raymond）在其著作《大教堂与集市》中指出，通过互联网公开分

---

① WATERS J. Social network behavior, thought-leaders and knowledge building in an online learning community [C] //Proceedings of the 41st Hawaii International Conference on System Sciences. January 7 - 10, 2008. Waikoloa：IEEE, 2008：366.

享自己的源代码，就好像把一件商品放在集市上，自由地让别人浏览、评价，这样足够多的眼睛将使所有的错误都无所遁形。① 开源运动不仅可使所有的错误都能被发现，而且更多地体现了平等、共享、合作、透明等理念。软件领域的开源运动在很大程度上促使了数据的开放和共享运动，因为软件是由代码和数据组成的，开源只是开放其中的代码，而当开放代码成为共识和现实时，开放数据也就成为必然。

与此同时，很多学科也受到了这种大众参与、万众创新思想的影响，纷纷启动相关的开放创新运动。如图书馆学界启动了开放获取运动；而近年来史学界兴起了"大众史学"运动，强调历史不应只由少数专业学者执笔，大众的文化、大众的历史也值得重视和研究，人人都可参与历史的书写工作。② 这些运动都昭示着在这些领域历来作为旁观者或被动接受者的公众已经成为其中的能动主体，他们贡献他们的知识和智慧进行创新、书写历史、建构记忆。开源软件等运动也证明了"业余的参与者在探索新技术或新的研究领域方面比专业人士有更多的优势，他们更能自由地去承担风险及探索学科规则之外的路径"③，从而也能产生更多的创新。

而随着政府信息公开及电子政府建设的推进，近些年来很多国家政府都在倡导并推进政府数据开放。所谓政府数据开放是指政府数据免费提供给每个人使用，使用者能根据自己所需对数据赋予新的用途并能重新发布。④ 此概念的核心是数据的可再利用性。美、英、澳、新等国国家档案馆纷纷发起了"公民档案工作者"（Citizen Archivist）项目，也是顺应政府数据开放及当前开放创新的大趋势。保存在这些国家档案馆的档案也是重要的政府数据，也属于政府数据开放的范畴，因此，开放档案馆的档案数据，通过让社会公众参与馆藏数字档案资源开发来实现创新，也成为当前开放创新大环境下政府档案馆工作的重要内容。

1.1.2　技术革命：赋能开放创新

信息技术的发展可为开放创新提供工具和平台，现阶段这些信息技术主要包括各种社会化媒体工具及各种人工智能技术和工具等，它们赋能公众参与到各种活动和行

---

① RAYMOND E. The cathedral and the bazaar [EB/OL]. (2001 - 08 - 23) [2018 - 11 - 15]. http://www.unterstein. net/su/docs/CathBaz. pdf.

② 周樑楷. 大众史学的定义和意义 [C] //周樑楷：人人都是史家：大众史学论集（第一册）. 台中：采玉出版社，2004：26.

③ FINNEGAN R. Introduction：looking beyond the walls [M] // FINNEGAN R. Participating in the knowledge society：research beyond university walls. Basingstoke：Palgrave Macmillan，2005：1 - 20.

④ Open Knowledge Foundation. What is open? [EB/OL]. [2021 - 10 - 15]. https://okfn. org/opendata/.

动中。在档案学领域，有学者认为社会化媒体工具的运用是实现档案"民主化"的机会，通过社会化媒体工具可以将传统上被排斥的声音和少数群体包括进档案馆，也会增强对档案后现代意味的多元理解及多元情境。① 这种民主化其实还体现为这些平台使得公众参与数字档案资源开发成为可能，实现在数字档案资源开发方面的民主化。

　　近些年来，人工智能技术得到了飞速发展，被誉为"第四次工业革命"。机器深度学习技术、图像识别技术、数据挖掘技术、知识图谱及可视化技术等的出现将对档案信息资源开发产生深远的影响，但很多档案机构自身往往不具备运用这些新技术开发馆藏资源的能力，而需要掌握这些新技术的专家、学者共同参与开发。例如意大利威尼斯档案馆，其拥有威尼斯自中世纪到 20 世纪的长达 10 世纪的档案资料，但这些资源中大多数一直沉睡在威尼斯档案馆，从未被人阅读过。自 2012 年起，人工智能专家、历史学者与该档案馆工作人员一起合作开展"威尼斯时光机"项目，他们使用了先进的扫描技术，不用翻开档案就可以进行全部内容的扫描，也开发了可以将手写文件转化为数字的可检索的文本的算法，他们还将运用知识图谱、可视化、数据挖掘等技术再现威尼斯长达 10 世纪的风土人情、社会关系及政治、经济等方面的发展历史。因此，技术革命赋能开放创新，也决定了在数字档案资源开放中社会主体参与的必要性和重要性。

1.1.3　认知盈余：消耗模式转变

　　自从工业革命使整个社会层面产生了空闲时间以来，人们就在寻找填补他们空闲时间的方式。过去人们将空闲的时间和精力用于一些消极的消费娱乐活动中，比如看电视，但最近这些年，一些人将其空闲时间以更具深远影响的不同方式用于从事新型的具有创新性及解决问题的事情上，如参与 Wikipedia 的词条编辑。克莱·舍基（Clay Shirky）提出了"认知盈余（cognitive surplus）"的概念，并指出如果把全世界受过教育的公众的空闲时间视为一个整体、一种认知盈余，那么这种盈余会有多大？他指出美国人每年大概要看 2 000 亿小时的电视，是 2 000 个 Wikipedia 项目每年所花费的时间，因此，相对于人们总的空闲时间而言，像 Wikipedia 这样的项目所花费的人们的空闲时间是非常少的。② 而社会化媒体工具的出现也使人们空闲时间的娱乐活动发生了变

---

①　FLINN A. An attack on professionalism and scholarship? democratising archives and the production of knowledge [EB/OL]. (2020-10-28) [2021-09-10]. http://www.ariadne.ac.uk/issue/62/flinn/.

②　SHIRKY C. Cognitive surplus: creativity and generosity in a connected age [M]. London: Allen Lane, 2010: 10.

化，即使是在线看视频这一类似传统的看电视的方式，人们也可以对所看视频发表评论、将视频分享给朋友，给所看视频贴标签、评级、评分等，当然也可以同时和全世界其他的观看者进行交流和讨论（如发弹幕等）。此时，观看者已经不再是传统的、消极的、被动的观看者，他们共同生产了与所观看的视频相关的材料汇编。因此，现在我们可以将自己的空闲时间视为社会资产，能用于共同生产的项目，而不仅仅是个人用于消磨的空闲时间。

在这种新的认知盈余消耗模式下，全球受过教育的公民利用互联网去生产、合作、分享知识和经验，从而从被动的信息消费者转向积极参与新知识的生成者。吸引公众参与档案机构的档案资源开发也可谓顺应了公众这一认知盈余消耗模式的转变，可以让更多有能力参与的公众将他们的空闲时间花在对数字档案资源的开发上，贡献他们的知识和智慧。

1.2 概念解析

本书中的数字档案资源社会化开发主要是指社会公众对档案机构的数字档案资源进行开发，包括贴标签、转录、注释、添加背景信息、编辑，以及开发基于馆藏的游戏、教学工具、应用程序等，以最大限度实现档案价值及增值，促进档案的利用和再利用。因此，数字档案资源社会化开发体现的一个核心理念就是合作参与理念。参与有很多种形式，阿恩斯坦（Arnstein）提出的参与的阶梯（ladder of participation）理论①是有关参与类型的最广为人知的理论之一：阶梯的顶端是"公民权力"，包括公民控制、授权、合作；阶梯的底端是"无参与"，包括治疗和操纵；阶梯的中间是"象征性"，包括咨询、告知、安抚（见图1-2）。数字档案资源社会化开发应属于位于阶梯顶端的参与，即档案机构赋予公众开发数字档案资源的权力，与公众一起合作开发。

与传统档案信息资源开发相比，数字档案资源社会化开发具有如下特征：

一是档案机构与社会公众角色的转变。在传统的档案信息资源开发中，档案机构对其所保存的档案（集体所有及个人所有的除外）扮演的是这些档案的所有者及管理者的角色，即他们享有对这些档案绝对的控制权，他们是管理者，而社会公众是服务对象。在数字档案资源社会化开发中，档案机构及社会公众的角色发生了转变，档案机构从握有绝对控制权的管理者转变为数字档案资源的"管家"，即数字档案资源真正

---

① ARNSTEIN S A. Ladder of citizen participation [J]. AIP Journal, 1969, 35 (4): 206-214.

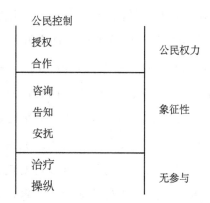

图 1 - 2　参与的阶梯图

资料来源：ARNSTEIN S A. Ladder of citizen participation ［J］. AIP Journal, 1969, 35 （4）：206 - 214.

的所有者应是社会公众，档案机构替社会公众保管数字档案资源，主要负责提供数字档案资源供公众获取并开发，在某些情况下也负责数字档案资源社会化开发的统筹安排及关系协调等工作。因此，社会公众不再是档案信息资源开发成果被动的接受者，而是档案资源开发的能动主体，他们运用他们的知识和智慧实现对数字档案资源的多样化开发。

二是开发方式的参与性。数字档案资源社会化开发主要是由不特定的或特定的社会公众对数字档案资源进行开发，他们可以是一种松散的、基于兴趣或其他原因进行协作的弱关系，也可以是基于共同的兴趣、爱好而形成的强关系。因此在数字档案资源社会化开发中，进行数字档案资源开发的主体范围非常广泛，他们一起参与来完成开发工作。

三是对在线平台的依赖性。数字档案资源社会化开发得以实现有赖于特定的在线平台，即在线平台是实现数字档案资源社会化开发的必备工具。通过在线平台，不特定的主体才能聚合起来，参与到数字档案资源的开发中，并形成想象的共同体。

四是数字档案资源社会化开发形式的多样化。数字档案资源社会化开发就是聚合不同主体的知识和智慧，因此数字档案资源社会化开发的形式较传统档案资源开发的形式更为多样，既有现今较为常见的贴标签、转录、注释、添加背景信息、编辑，也有开发基于馆藏的游戏、教学工具、应用程序等。因此，数字档案资源社会化开发可弥补现今档案机构对档案信息资源开发力度不够、创新性不足等问题，通过聚集不同主体的智慧和知识，最大限度地实现数字档案资源的价值和增值，促进数字档案资源的社会利用和再利用。

近年来，在一些领域特别是商业领域兴起了"众包"概念，这一概念是 2006 年由杰夫·豪（Jeff Howe）提出的，指"将传统上由一个指定人员（通常是一位职员）做的工作通过公开招募外包给一群人去做的行为"[①]。有人认为美国国家档案馆发起的"公民档案工作者"项目是众包项目，但笔者认为档案开发中的"众包"只是本书的"社会化开发"的一种形式，这两者有一些共性，但也有一些不同（见表1-1）：从需求主体来看，众包的需求主体就是发包方；而数字档案资源社会化开发的需求主体既可以是发包方即档案机构，也可以是社会公众，即对数字档案资源进行开发是为了更好地满足社会公众的需求，而并不只是发包方的需求。从主导方式来看，众包的主导方式是发包方主导；而数字档案资源社会化开发可以是发包方主导，即由档案机构负责提供数字档案资源，并负责界面的设计及活动的组织等，也可以是档案机构与参与的社会公众合作，档案机构负责提供数字档案资源，参与主体负责活动的组织及策划，即由参与主体利用档案机构的数字档案资源进行自主开发等，因此社会化开发的创新形式也更为多种多样。另外，众包的参与对象往往是基于弱关系的不确定的个体，而社会化开发的参与对象既可以是这种不确定的个体，也可以是基于强关系的较稳定的社群。以美国国家档案馆的"公民档案工作者"项目为例，它是较为典型的数字档案资源社会化开发项目，其中包括众包项目，如2016年发布的对有关珍珠港事件的一些档案进行贴标签、转录等，同时也允许社会主体对所有公开的数字档案资源或需转录的数字档案资源开展贴标签、转录等开发行为，即此时档案机构并不是严格意义上的发包方，而只是数字档案资源的提供者，具体的开发是由社会主体来进行的。特别是其Old Weather项目，这是由牛津大学的研究者领导的虚拟公民科学及人文项目——Zooniverse项目的组成部分，该项目就是由社会公众主导，而并不是由档案机构主导的。此外，美国国家档案馆的Docs Teach则是较为典型的一个项目，其参与者并不是一般的公众，而是具有共同身份的教师，此时这些教师便形成了一个群体或社群，由这个社群基于教育的目的来共同开发数字档案资源为教育服务。

表1-1　档案众包与数字档案资源社会化开发特征对比

指标	档案众包	数字档案社会化开发
需求主体	发包方	档案机构或社会主体
参与对象	基于弱关系的不确定的主体	基于弱关系的不确定的主体 基于强关系的较稳定的社群
主导方式	发包方主导	档案机构主导 档案机构与社会主体共同主导
创新形式	发布任务	多种多样

---

① HOWE J. Crowdsourcing: why the power of the crowd is driving the future of business [EB/OL]. (2008-11-15) [2021-10-02]. https://public. summaries. com/files/8-page-summary/crowdsourcing.pdf.

　　法林顿（Farrington）和贝宾顿（Bebbington）曾就参与的广度和深度提出一种较简单的参与类型：广度是对包容性及友好性的评估，而深度对应的是各利益相关人所享有的授权的程度。[①] 基于此理论，也可把数字档案资源社会化开发分为浅层次参与和深层次参与（见图1-3）：浅层次参与是指具有一定的参与广度，即参与的人数众多，但参与深度较浅。这些浅层次的参与中，参与者的贡献只是一种补充，并不会被视为非常重要的或根本性的开发成果。如英国国家档案馆的贴标签活动就是浅层次的参与，公众只是在该馆的平台上对该馆选取的一些档案资源贴标签，而这些标签并未被纳入英国国家档案馆的检索体系，只是对馆藏资源著录信息的补充；相对而言，美国国家档案馆的贴标签可被认为是深层次的参与，因为美国国家档案馆将所有的标签都纳入其检索体系，利用者可利用标签进行检索，此时公众的参与成果即标签就不再仅仅是补充信息，而是著录信息的组成部分了。转录也是一种深层次的参与，因为转录的信息也往往被纳入档案馆的整个馆藏资源体系。另外还有更深层次的参与，即完全由社会主体来决定开发的形式，如利用档案馆的资源开发教学工具、开发App、开发游戏等，这些开发成果可在档案馆的平台上与其他用户共享。在这种更深层次的开发中，参与者居主导地位，因而更能刺激大众创新，产生更多具有创新性的开发成果。如Old Weather项目中参与者利用其中的数据开发了一个可视化工具以映射第一次世界大战中皇室海军舰队的行动。参与层次由浅到深也说明档案机构的权力及控制由强转弱，越深层次的开发，越需要档案机构分权给参与的主体，参与主体所拥有的权力也就越多。

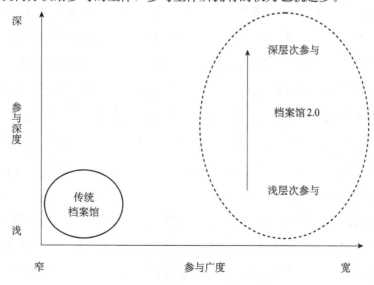

图1-3　数字档案资源社会化开发类型

---

① FARRINGTON J, BEBBINGTON A. Reluctant partners? non-governmental organizations, the state and sustainable agricultural development [M]. London：Psychology Press，1993：105.

因此，数字档案资源社会化开发也可谓是档案信息资源开发领域的一场"革命"，它改变了传统档案信息资源开发范式，使得档案信息资源开发的主体及对象发生了巨大的变化，这必然会给传统档案学理论及档案工作实践带来冲击和影响。

1.3 档案学理论之思

1.3.1 文件与档案：是固化信息还是形成中的记忆

（1）传统的文件与档案概念界定。

"文件"和"档案"是档案学的两大核心概念，但对于"何为文件""何为档案"，不同时期、不同国家有不同的界定，这是因为不同时期、不同国家的人们所处的政治、经济、文化环境及所面临的文件与档案的实践工作是不同的，人们对世界的认知及对文件与档案的认知也就必然会有所不同。例如，我国对"文件"概念的界定可分为两大类：一类是将文件等同于公文或文书，并强调文件是党政机关所形成的正式的书面的纸质公文或文书；另一类是跳出传统文书视角，提出"文件是组织或个人在社会活动中，为了相互联系、记载事物、处理事务、表达意志、交流情况而制作的又构成该项活动的一部分的记录材料"[①]。第一种观点的产生是因为中国很长时期以来（可以说自从纸张成为书写载体以来），只有政府机构所形成的书面的纸质的材料才会成为政府文件管理的对象，这些材料在中国古代被称为典籍或文书，受这种认知的影响产生了对文件概念的第一类界定。但随着中国现代化进程的推进，出现了很多商业机构、社会团体等，文件的形成主体日趋多元化，不仅政府机构，商业机构、社会团体等主体也都会形成的大量的记录，那么这些记录是否能被称为文件？同时，记录载体也在不断发生变化，除了纸张，还出现了各种磁性的或光学的记录载体，产生了新型的不同载体的记录，如照片、录音、录像等，这些记录是否属于文件？这些新现象的出现必然会促使人们对文件这一概念的认知发生变化，因而出现了第二种更为广义的文件的概念界定。

我国对"档案"概念的界定也经历了从"文件材料""历史记录"到"信息""记忆"乃至现在的"数据"等属概念的演变。20 世纪 80 年代，我国档案界认为"档案是人们在社会活动中形成的保存起来以备查考的各种文件材料"[②]，或提出档案是指"过

---

① 陈兆祦. 再论档案的定义：兼论文件的定义和运动周期问题 [J]. 档案学通讯，1987（2）：21-25.

② 陈兆祦，和宝荣. 对档案定义若干问题的探讨 [J]. 档案学通讯，1982（5）：15-22.

去和现在的国家机构、社会组织以及个人从事政治、军事、经济、科学、技术、文化、宗教等活动直接形成的对国家和社会有保存价值的各种文字、图表、声像等不同形式的历史记录"①。20 世纪 80 年代这两种对档案概念的界定也是与当时的档案实践密切相关的,提出"文件材料"是档案的属概念是基于实践中文件与档案的密切关系。在政府机构及其他机构中,档案一般都由文件转换而来,是机构所形成的文件中有保存价值的那部分文件,所以,以"文件材料"作为档案的属概念是符合当时的档案实践的,而这一认知也是由来已久的。1938 年,何鲁成在《档案管理与整理》中就提出"档案者,乃已办理完毕归档后汇案编制留待参考之文书"②。而将"历史记录"作为档案的属概念同样基于实践,同现行文件相比,档案是已经成为历史的记录。这种对档案概念的界定也是对实践最直接的概括和描述。20 世纪 80 年代之后,信息论的引入又使得学界开始从"信息"的角度对"档案"进行界定,提出"档案是社会组织或个人在社会实践活动中直接形成的具有清晰、确定的原始记录作用的固化信息"③。而随着大数据概念席卷全球,我国又开始有学者从"数据"的角度来重新界定档案,提出"档案数据"的概念,认为档案数据的表现形式可以是文件,也可以是微博记录,可以是数据库,也可以是微信推送等。④

同样,西方英语国家对文件及档案概念的界定也基于不同的认知,分别从证据、信息、记忆等视角对文件及档案的概念进行界定。从证据的视角来界定文件或档案是自前现代时期(法国资产阶级革命前的神权思想统治时期)开始的,诚如格雷格·奥谢(Greg O'Shea)所言,"如果我们要重访文件的定义,我们可以看到证据的概念是其核心"⑤。在前现代时期,文件与档案被视为政治统治的工具,是政治统治合法性的证据。现代时期,随着档案开放理念的提出及被各国所接纳,以及透明政府、责任政府等理念的推广及实施,传统文件形成者以外的其他主体也有权利利用政府的文件与档案,因此文件与档案的作用就从最初的作为证据使用扩展到了利用文件及档案中所记载的信息进行教育、学术研究、发明创造等,而现代时期人类社会也进入了信息时代,故从信息的视角对文件及档案进行界定就成为学界主流。如 ISO 15489 中将文件界定为"组织机构或个人在履行法定义务或从事业务活动的过程中形成、接收或保存的作为证据和资产的信息"。因此,在此时期,从证据和信息的视角来界定文件及档案

---

① 中华人民共和国档案法 [J]. 档案学研究,1987 (1):4-7.

② 何鲁成. 档案管理与整理 [C] // 《档案学通讯》杂志社. 档案学经典著作(第二卷). 上海:上海世界图书出版公司,2013:124.

③ 冯惠玲,张辑哲. 档案学概论 [M]. 北京:中国人民大学出版社,2001:5.

④ 于英香. 从数据与信息关系演化看档案数据概念的发展 [J]. 情报杂志,2018,37 (11):150-155.

⑤ O'SHEA G. Keeping electronic records:issues and strategies [J]. Provenance,1996,1 (2):22-50.

是共存的。而从记忆的视角来界定文件和档案，更多的是受后现代思潮的影响，反映的是一种后现代视角，因而就会产生"这是谁的文件？谁的档案？反映的是谁的记忆？"[1] 这样的追问，这些追问让我们明白在证据或信息视角下所无法看清楚的、隐藏在文件和档案背后的权力因素，从记忆的视角来界定或审视文件和档案也有助于实现档案民主化，构建更为完整的社会记忆。

将文件与档案视为证据或信息的观点也往往强调文件与档案是客观的、中立的、固化了的证据和信息，即认为文件或档案是在人类社会实践活动中客观形成的产物，它们一经形成就不再有任何的改变，是固化了的证据和信息，这样才可被视为证据或有价值的信息。正是因为将文件与档案视为客观的、中立的、固化了的证据或信息，所以档案工作者也被认为必须是中立的、公正的证据的守护者，"尊重证据的神圣性"便成为档案工作者的使命，档案工作者只负责守护这些固化了的证据和信息就可以了。这种对文件及档案的认知也深受当时盛行的实证主义的影响。实证主义认为存在一个有序的稳定的现实，等着我们去发现，这个现实与观察者无关，即认为现实是客观存在的，而知识就代表了现实，是稳定的。实证主义还认为有关现实的陈述如果未被重复地证伪就是真实的，而任何的科学，无论是社会科学还是自然科学都是客观的、价值无涉的，是脱离社会及结构运行的，故理想的实证主义研究者与其研究主题保持距离并收集价值无涉的事实。

但传统实证主义的思想在后现代时期越来越受到后现代主义思潮的挑战。在后现代时期，人们的本体论和认识论发生了根本性的变化，特里·库克（Terry Cook）对此有着精辟的阐述，他指出："后现代不信任并反抗现代。基于启蒙时期产生的科学理性原则的统一真理或客观知识被认为是妄想……文本背后的背景，塑造文献遗产的权力关系，文件的结构、居民信息系统及叙事惯例比事物本身或其内容更重要……没有什么事是中立的、公正的。任何事物都是由其说者、拍摄者、作者出于特定目的而塑造、呈现、再现、表现或构建的。文本并不是如詹金逊（Jenkinson）所宣称的只是行动的无辜的副产品，而是有意识建构的产品"，因此"过程而不是结果，正在形成而不是已成形，动态而不是静态，背景而不是文本，时空映射而不是统一绝对——这些已经成为分析和理解科学、社会、组织及业务活动的后现代格言"。[2] 这也正是从记忆的视角来看待档案的根本原因。数字档案资源社会化开发理念的提出也深受后现代主义

---

① FLINN A，STEVENS M，SHEPHERD E. Whose memories, whose archives? independent community archives, autonomy and the mainstream [J]. Archival Science, 2009, 9 (1/2)：71-86.

② COOK T. Archival science and postmodernism：new formulations for old concepts [J]. Archival Science, 2001 (1)：3-24.

思潮的影响，它是档案民主化在档案开发领域的具体体现，这一理念的提出也必然会影响我们对文件和档案概念的认知。

（2）对文件与档案概念的反思。

数字档案资源社会化开发是一个结构化的过程，在这一过程中，公众既是数字档案资源的利用者，也是数字档案资源开发的能动主体，这对传统文件与档案概念的认知带来了冲击。

首先，数字档案资源社会化开发进一步诠释了"文件与档案总是处在形成的过程中"的观点。这一观点是从后现代主义视角对文件与档案概念进行反思的成果，后现代主义档案学学者不再认为文件或档案是固化了的信息或证据，或是一成不变的。他们认为文件与档案总是处在形成的过程中，是动态的、发展的客体。这与学界认为一份完整的文件或档案包括三个要素——内容、结构和背景信息的观点密切相关。苏·麦克米希指出："归档的过程固定了在社会及组织活动背景中形成的文档，并通过将它们剥离它们的直接形成背景及提供不断扩充的背景元数据层使得它们作为活动的证据被保存。""虽然文件的内容及结构可视为固定的，但就其背景化而言，文件总是处在形成的过程中。"① 因此，文件或档案就其内容和结构这些意义坐标而言是固定的，即文件一经形成其内容和结构就已经固定了，一般不可能再做修改，而作为档案保存后，其内容和结构就更不可能再有任何改动，否则就会破坏档案的真实性，但其背景元数据是不断扩展和丰富的，这使得文件及档案可能会一直处在形成的过程中，而这些不断丰富的元数据也保证了文件和档案在时空运动中的可获取性、可用性、可靠性和真实性。荷兰档案学学者埃里克·凯特拉（Eric Ketelaar）也将文件视为动态的客体，随着每一次新的利用及背景化而持续变化。他追踪了文件用以建构意义的变化方式，认为文件随着每一次的利用被激活。对于凯特拉而言，这样的激活成为文件"语义谱系"的组成部分，影响到文件将来的激活。他写道："档案的每一次激活不仅增添了我称之为文件及档案语义谱系的分支，每一次激活也改变了早期激活的意义。这些文件的现行使用反复影响到所有早期的意义，或换句话说，我们和我们的先辈所读的同一份文件又并不是同一份文件。"②

在数字档案资源社会化开发过程中，社会公众可以参与到数字档案背景信息的补充和丰富中来，如对于一张缺乏背景信息的照片，不同的主体在不同的时空都可对这张照片补充背景信息。对这份照片档案而言，它的结构或内容已经固定了，即表现为我们所

---

① MCKEMMISH S. Placing records continuum theory and practice [J]. Archival Science, 2001, 1 (4)：333 - 359.

② KETELAAR E. Tacit narratives：the meaning of archives [J]. Archival Science, 2001, 1 (2)：131 - 141.

看到的照片的形式及其中的图像，但它的背景信息还处在不断形成和丰富的过程中，这也就意味着这份照片档案并不因为成为档案就处于静止的固定的状态，而是处在动态的形成过程中。因此，数字档案资源社会化开发进一步验证了"文件与档案总是处在形成的过程中"的观点，我们也可以说通过数字档案资源社会化开发，我们和我们的先辈及后代所读的同一份档案其实也并不是同一份档案。

其次，数字档案资源社会化开发使我们更清楚地认识到文件及档案的证据和信息属性之外的记忆属性。数字档案资源社会化开发的目标之一是通过社会公众参与数字档案资源的开发，由社会公众共同构建更为完整的社会记忆。例如，为弥补档案机构所保存的档案记忆的空白或缺失，在数字档案资源社会化开发过程中不同的社会主体可对数字档案资源不断补充新的背景信息，或提供他们所拥有的资源作为已有数字档案资源的补充。这里所提供的资源形式可能是多样的，既可能是文字形式的档案信息资源，也可能是图片，还可能是视频或口述等形式的资源，这些资源承载着不同社会主体的记忆，与现有的数字档案资源一起构建出更完整的社会记忆。而不同社会主体对这些社会记忆的数字档案资源又可进行整合和开发，这种整合和开发实质上是对这些数字档案记忆内容通过多种形式进行的再现，这种再现也是建构新的记忆。

数字档案资源社会化开发中所体现的数字档案资源的记忆属性与后现代主义思潮下档案学界从记忆视角对文件与档案概念的反思是一致的。在后现代主义档案学学者看来，文件及档案被视为记忆的载体，承载了各种主体的记忆，而从记忆的视角来界定文件或档案概念，其外延和内涵要较从证据或信息的视角对文件或档案的概念进行界定时要广得多。现今西方英语国家的档案多元论者及解构主义档案学学者已经对传统的基于证据的文件和档案的定义提出了挑战，如澳大利亚土著学者香农·福克黑德（Shannon Faulk-head）基于多元主义的视角，认为文件是保存有关事实及事件的记忆或知识的所有的说明……文件可以是文档，是个人记忆，是图像或是录音录像，也可以是实实在在的人、社群或土地本身。① 苏·麦克米希认为档案包括口头的与书面的文件、文学作品、景观、舞蹈、艺术及人造环境、人工制品，它们是社会及组织活动的痕迹，是个人及集体生活的证据和记忆。② 她们对文件和档案概念的解释体现了档案多元论的思想。而承载了记忆的文件与档案就不可能是客观的、中立的，故后现代主义档案学学者不再认

---

① FAULKHEAD S. Connecting through records：narratives of Koorie Victoria ［J］. Archives and Manuscripts，2010，37（2）：60-88.

② MCKEMMISH S. Traces：document，record，archive，archives ［C］// MCKEMMISH S，PIGGOTT M，REED B，et al. Archives：recordkeeping in society. Wagga Wagga：Centre for Information Studies，Charles Sturt University，2005：1-20.

为文件和档案是人类社会实践活动中客观形成的产物，他们认为文件和档案都是人为建构的。在弗兰克·阿普沃德（Frank Upward）和苏·麦克米希所提出的"文件连续体"中，文件是作为行动的产物而形成的，作为证据被捕获（脱离其形成背景而被选入允许它们被利用的系统），被组织成作为记忆的个人或机构档案（迁移到允许它们在组织机构内被利用的系统中），被聚合成集体记忆（迁移到允许它们在社会中被利用的系统中）。这一过程中都涉及权力的因素，都涉及记忆和遗忘，正如弗兰克·阿普沃德所指出的，文件并不是所谓的自然与中立的，它们是某种社会权力结构所造就的结果，而这些文件整体所再现的社会现实常会合理化既存的权力结构，进而巩固原有的社会结构。①数字档案资源社会化开发的实质是对公众赋权，从而使得不同的社会主体参与到数字档案资源的开发中。它打破了档案工作中档案工作者的集权模式，同时也打破了单一的档案工作者的话语模式，从而实现整个社会不同主体共同构建更为完整的社会记忆这一目标。因此，数字档案资源社会化开发也充分体现了"档案不再是行政活动的自然产物或被动的副产品，而是有意识地建构并积极地'档案化'的社会记忆"②这一观点。

1.3.2　文件来源：谁是文件的形成者

（1）来源观的发展变迁。

来源原则自 1910 年布鲁塞尔第一届档案工作者与图书管理者国际大会（International Congress of Archivists and Librarians）大会被确定为档案学的基本原则之后，各国均根据本国的实际情况加以灵活应用，但其核心仍是以机构为来源，强调来自同一形成机构的档案不可分割，可组成全宗，或档案组合（如英国），或文件组合（如美国），同时要尊重原有的整理顺序。随着现代化进程的推进及科学技术的发展，现代档案工作者所面对的社会环境、档案类型及档案实践与来源原则提出时的 18、19 世纪的档案工作者所面对的完全不同：现代文件的形成机构类型更加多样，原有的较稳定的政府机构也面临着急剧的变革，现代组织机构的结构也日益复杂，不再是传统的"单一层级式"结构，而是"复杂层级式"或网络结构；各种新型的档案，尤其是电子文件大量出现，有人认为完全可以依据主题实现对这些电子文件的检索和获取，不需要

---

① UPWARD F. Structuring the records continuum—part one：postcustodial principles and properties ［J］. Archives and Manuscripts，1996，24（2）：268 - 285；UPWARD F. Structuring the records continuum—part two：structuration theory and recordkeeping ［J］. Archives and Manuscripts，1997，25（1）：10 - 35.

② COOK T. Archival science and postmodernism：new formulations for old concepts ［J］. Archival Science，2001（1）：3 - 24.

按来源原则对这些电子文件进行整理。另外，建立在原有的基于形成机构来源的档案整理和著录基础上的档案检索被认为不再适用于新的组织结构和社会需求。针对当时对来源原则的否定声音，1985年，戴维·比尔曼（David Bearman）和理查德·莱特尔（Richard Lytle）发表了文章《来源原则的力量》，提出应将来源信息，尤其是有关职能及文件形式的信息作为检索入口。他们特别指出档案是基于组织职能的组织活动的产物，职能独立于组织结构，与组织结构相比，职能与记录的重要性关系更为密切。他们将来源由文件的形成机构扩展到文件形成机构的职能、活动及其过程，并强调来源并不是为了支持信息管理技术或计算机技能的运用而应该被丢弃的过去的遗物，相反，来源是基于档案工作者对组织机构如何形成、使用及处置信息的独特视角来保持未来相关性的希望。① 他们对来源的全新阐释被誉为对来源原则的重新发现。他们的观点对当时的档案学界产生了很大影响，特里·库克坦诚地指出他的基于对形成者职能的分析和研究的宏观鉴定论源于比尔曼的这些思想。他特别提到1986年3月他与比尔曼第一次见面时，比尔曼就和他谈到"文件鉴定的秘密就是要聚焦于它们的形成背景"，"别去关注实体而要关注概念"，"别去在意记录下来的'成果（product）'，去关注记录形成及使用的'过程（process）'，理解文件的形成、它们的职能和活动，它们的流转及系统的相互关联性，由此形成的文件的价值或重要性就基本上是显而易见的"。②

比尔曼的这些洞见给特里·库克带来很大启发，他结合档案学研究的后现代范式，提出了他的来源观："来源原则由将文件与传统的科层式的组织结构中的单一的形成地直接相连，向反映处于及跨越不断演进的组织机构中的文件形成者的职能和过程的虚拟的、更灵活的概念转变……简言之，来源与职能和活动相关，而不是与结构和地点相关。来源是虚拟的，而不是实体的。"③ 他的这一观点被称为"概念来源观""虚拟来源观"或"后现代或后保管来源观"，强调来源不再是基于结构主义的实体的形成机构，而是指形成文件的职能和过程，反映的是形成文件的背景。基于这一新来源观，特里·库克提出了宏观鉴定的思想，指出职能分析是宏观鉴定的主要内容，文件的形成及其利用的社会背景决定了文件的相对价值。④ 该思想被加拿大国家档案馆用以指导电子文件的鉴定。这一新来源观也被运用于档案著录中。如果按传统的来源等同

---

① BEARMAN D, LYTLE R. The power of the principle of provenance [J]. Archivaria, 1985 (21): 14-27.

② COOK T. The impact of David Bearman on modern archival thinking: an essay of personal reflection and critique [J]. Archives and Museum Informatics, 1997 (11): 15-37.

③ COOK T. Archival science and postmodernism: new formulations for old concepts [J]. Archival Science, 2001 (1): 3-24.

④ COOK T. Macro-appraisal and functional analysis: documenting governance rather than government [J]. Journal of the Society of Archivists, 2004, 25 (1): 5-18.

于其形成机构来进行著录，这种单一的著录信息无法保障电子文件的真实性、完整性及可读性；只有按照新来源观对文件进行著录，才能形成对文件整个形成过程包括文件是在什么样的社会活动中形成的、涉及哪些主体，社会活动发生在什么时间、地点等的深描，这些深描可保障电子文件的真实性、完整性及可读性。

特里·库克的这一新来源观如果要追根溯源的话，可以追溯到 20 世纪 60 年代的澳大利亚，彼时澳大利亚国家档案馆的工作人员彼得·斯科特（Peter Scott）提出将文件系列作为档案整理、编目和著录的基本单位。这一思想是对传统"全宗（或文件组合）"概念的抛弃，他将档案的整理和著录着眼于文件形成过程中的各种有机联系，核心方法是分离文件背景与著录信息，主张文件实体与文件来源之间具有多元映射关系，文件系列实体与文件背景之间建立逻辑上的多重链接，而并不囿于单一的与文件形成机构之间的联系。[①] 彼得·斯科特提出要摒弃"文件组合"的概念、采取文件系列的方法，也是为了应对当时澳大利亚现代政府机构发生的激烈的机构变动，他所提出的文件系列的方法可谓是西方现代新来源观的源头，因此，特里·库克将彼得·斯科特誉为后保管主义的奠基人。[②]

特别值得一提的是，在 20 世纪 80 年代末，几乎与特里·库克提出其新来源观同时，我国档案学学者冯惠玲和何嘉荪两位教授提出了广义来源观，他们明确指出应"把来源联系的含义从单纯的档案形成者扩展到一切客观存在的活动过程"[③]。即他们认为文件的来源应该是社会活动过程，这一社会活动过程涉及主体、客体及其相互间的复杂运动。相对于那种仅仅将文件形成者认作档案文件来源的狭义来源观，这种将形成文件的社会活动过程自身认作文件的来源，可以说是广义的来源观，而基于这一广义的来源观，他们提出了"主体全宗"和"客体全宗"的概念。[④] 中国学者提出的广义来源观也是基于当时他们所面对的档案工作实践，即当时的档案实践中文书档案与科技档案及其他专门档案存在不同的整理方法，需要解决如何使全宗理论更全面、深刻地反映当时档案管理活动的客观规律的问题。而给两位学者以启发的思想则来自苏联，冯惠玲和何嘉荪教授也提到，早在 1925 年，参与制定苏联全宗定义的档案学学者安菲洛夫就指出全宗概念的基础是来源原则，即活动过程，这种活动过程一方面形成一定

---

① SCOTT P J. The record group concept: a case for abandonment [J]. The American Archivist, 1966, 29 (4): 497-504.

② COOK T. The concept of the archival fonds: theory, description, and provenance in the post-custodial era [C] //EASTWOOD T. The archival fonds: from theory to practice. Toronto: Bureau of Canadian Archivists, 1992: 38.

③ 冯惠玲，何嘉荪. 全宗理论的实质: 全宗理论新探之二 [J]. 档案学通讯，1988 (5): 8-11.

④ 何嘉荪，冯惠玲. 关于更新全宗概念的设想: 全宗理论新探之三 [J]. 档案学通讯，1988 (6): 5-9.

的材料，另一方面又把其他材料吸引到自己这方面。这种活动过程是划分档案全宗的轴心和枢纽。①虽然面对的实践不同，但这些学者对于来源的反思及发展出的内容却是一致的，也正是因为这种一致，当 1996 年在国际档案大会上特里·库克提出他的电子时代的新来源观时，也就自然而然地被中国档案学界所认可和接受。

无论是广义来源观还是概念来源观都强调应关注文件形成的背景，并基于此建立文件之间的各种联系。这种观点在今天大数据及智能时代仍具有强大的生命力。大数据时代的重点是挖掘数据之间的关联，解决"是什么"的问题，数据的背景信息是建立数据联系的重要节点。因此，新来源观对于数字档案资源社会化开发中档案数据的挖掘、本体的建构仍具有重要的指导意义。

（2）对文件形成者的反思。

从上述对来源观的发展历程的梳理可以看出，无论是机构来源，还是概念来源或广义来源，文件形成者始终是文件来源中的重要因素，但对于何谓文件形成者，不同的来源观没有做过多的解释。

对于机构文件和个人文件，对其形成者的界定是有所不同的：对于机构发文，一般将其形成者定义为文件的发文机构，即最后哪个机构签发了这份文件，这个机构就是这份文件的形成者。这是机构来源观和新来源观对于文件形成者的共识。但机构毕竟是一个抽象的概念，文件最后是要由具体的主体来撰写的，但撰写文件的主体一般不会认为他/她是机构文件的形成者，因此他/她一般也不可能享有形成者的一些权利，包括利用自己所形成的尚未向社会开放的文件的权利、限制所形成的文件被他人利用的权利、在文件上署名的权利等。可能有人认为文件撰写者撰写文件的行为是职务行为，所以机构是文件形成者是理所应当的事。但这种说法与现有的一些法律规定不符。例如，根据我国《著作权法》，对于职务作品，即使撰写者不拥有著作权，他/她在很多情形下还是享有署名权的。而对于机构文件来说，其撰写者一般没有署名权，机构文件的署名要么是机构，要么是机构的领导。因此，对于机构文件我们理所当然地认为最后签发的机构是文件形成者，并不承认实际撰写者的形成者地位，从法律上来看存在一定的问题。而对于个人文件，一般都遵从"谁撰写，谁就是形成者"这一简单原则。

如果文件撰写者不被认为是机构文件形成者，享受不到文件形成者的权利，那么就会产生如无锡陈仲清案这类案件②，此案中陈仲清声称他是他想要查阅的无锡市水利局的那份档案的撰写者，理应有权查阅那份档案。但无锡市档案馆认为那份档案未满

---

① 何嘉荪，冯惠玲. 关于更新全宗概念的设想：全宗理论新探之三 [J]. 档案学通讯，1988 (6)：5-9.

② 尤乙. 透视一起档案行政诉讼案 [J]. 上海档案，2002 (2)：12-13.

30年封闭期，属未向社会公开的档案，如果陈仲清想要利用这份档案，必须有这份文件的形成者的介绍信，即得到文件形成者的许可，而档案馆认为这份文件的形成者是无锡市水利局。在此案中，陈仲清作为那份文件的撰写者并不被认为是其形成者，所以他不能享有形成者的权利，包括查阅这份尚处在封闭期的档案的权利。如果他要查阅，他必须有档案馆所认可的这份文件的形成者——无锡市水利局的许可。另外，在文件的形成过程中除了文件的撰写者及其所属机构外，可能还会涉及其他主体，如文件内容所针对的主体或所涉及的主体等，这些主体在文件的形成过程中又处于什么地位呢？安妮·吉利兰认为指定来源其实就是承认权威和责任，也是强调正式的形成主体优于文件形成过程中所涉及的其他方的权力地位。[①] 一直以来我们都习惯地视政府文件所涉及的主体为行政管理过程中的对象，作为管理对象，对于涉及他们的文件的管理和他们无关。但他们就只是行政管理的对象吗？如果只是作为对象，他们也就不可能享有一些权利。但现今很多国家的信息公开法或个人信息保护法都规定公民享有信息更正的权利，如我国《政府信息公开条例》第四十一条明确规定，公民、法人或者其他组织有证据证明行政机关提供的与其自身相关的政府信息记录不准确的，可以要求行政机关更正。这一规定实质上是赋予了长期以来被视为对象的公民、法人或其他组织文件形成者主体的资格和权利。这种状况也已经引起了很多后现代主义档案学学者的关注，他们提出了"种族来源"[②] "并列来源（parallel provenance)"[③] 等概念，并由此形成了"共同形成者"的概念。

所谓共同形成者，是指那些文件及其元数据形成过程中所涉及的正式形成者以外的主体、受害者、贡献者及遗产继承人。[④] 前面述及的文件的实际撰写者、文件所涉及的对象等都应被视为文件的共同形成者。共同形成者这一概念的提出是学界对来源原则中文件形成者的反思。这一概念赋予了文件形成过程中所涉及的主体形成者的资格，也就是赋予了这些主体一些权利，包括信息更正权、信息利用权，以及参与涉及他们的档案的著录、鉴定、开发及提供利用等一系列档案管理的权利，让他们可以为自己发声，从而构建更为完整的社会记忆。

① GILLILAND A J. Contemplating co-creator rights in archival description [J]. Knowledge Organization, 2012 (5)：340 - 346.

② JOEL W L. Ethnicity as provenance：in search of values and principles for documenting the immigrant experience [J]. Archival Issues, 2005 (29)：65 - 76.

③ HURLEY C. Parallel provenance：(1) what, if anything, is archival description? [J]. Archives and Manuscripts, 2005, 33 (1)：52 - 91；HURLEY C. Parallel provenance：(2) when something is not related to everything else [J]. Archives and Manuscripts, 2005, 33 (2)：10 - 45.

④ GILLILAND A J. Contemplating co-creator rights in archival description [J]. Knowledge Organization, 2012 (5)：340 - 346.

数字档案资源社会化开发进一步诠释了作为共同形成者的主体共同形成文件的过程。如前所述，在数字档案资源社会化开发过程中，公众可对档案贴标签或对档案内容进行转录，其实质是参与文件的形成过程，此时公众也就成为这份文件的共同形成者。因为文件是由内容、结构及背景信息三要素构成的，公众所贴的标签是这份文件的背景信息，而转录更是直接关系到文件的内容，因此此时公众也就成为文件的共同形成者，传统文件形成者的概念也因此发生了改变。作为共同形成者，公众也应享有一定的权利，如新加坡国家档案馆在整合公众参与成果的同时，将参与公众的名字也作为元数据保存，这就是承认了共同形成者的署名权。

1.4 档案实践工作之变

1.4.1 档案信息资源开发范式：由国家走向社会

早在 1992 年埃里克·凯特拉就将林肯"民有、民治、民享"的名言引入档案学，提出"档案民有、民治、民享（archives of the people，by the people，for the people)"的思想。[①] 1997 年特里·库克在对欧美国家自《荷兰手册》出版以来一个世纪的档案学思想发展历程进行回顾与梳理时特别提到，当时德国、美国、加拿大的档案学学者提出新的社会范式（societal paradigm），这种社会视角代表了档案话语的根本转变，即从基于国家的话语转变为反映更广阔的国家为之服务的社会话语，只有这样才能说档案民有、民治、民享。[②] 数字档案资源社会化开发是这一话语转变在档案信息资源开发领域的体现，而这一实践的发展也将会促使档案信息资源开发范式实现从国家范式向社会范式的转变。从理论上来说，国家档案机构中的档案资源应"民有"，而只有实现了"民治"，才能实现"民享"。所谓"民治"便是人民享有治理的权力，以社会为中心的范式也就意味着在档案信息资源开发领域实现"民治"，档案工作者与社会公众通过积极而有成效的合作共同促进数字档案资源的开发和利用。

这一范式的转变与现今世界正在倡导的治理理念是一致的。全球治理委员会于1995 年发表了一份题为《我们的全球伙伴关系》的研究报告，其中对治理做出了如下

---

① KETELAAR E. Archives of the people, by the people, for the people [J]. South Africa Archives Journal, 1992 (34)：5-16.

② COOK T. What is past is prologue：a history of archival ideas since 1898，and the future paradigm shift [J]. Archivaria, 1997 (43)：17-63.

界定：治理是各种公共的或私人的个人和机构管理其共同事务的诸多方式的总和。它是使相互冲突的或不同的利益得以调和并且采取联合行动的持续的过程，既包括有权迫使人们服从的正式制度和规则，也包括各种人们同意或认为符合其利益的非正式的制度安排。它有四个基本特征：治理不是一整套规则，也不是一种活动，而是一个过程；治理过程的基础不是控制，而是协调；治理既涉及公共部门，也包括私人部门；治理不是一种正式的制度，而是持续的互动。① 治理理念已经为世界很多国家所采纳，出现了从全球到国家到地方到各个行业的不同层次的治理。我国近几年来也在大力推进国家治理，《中共中央关于全面深化改革若干重大问题的决定》中明确提出要"推进国家治理体系和治理能力现代化"，这就要求政府与公民之间开展积极而有成效的合作，要对公共生活进行共同管理。治理理念也已被运用到档案事业的发展中，如我国《全国档案事业发展"十三五"规划纲要》中就明确提出"档案治理"的概念，并将"加快完善档案治理体系，提升档案治理能力"作为重要指导思想；而《"十四五"全国档案事业发展规划》更是明确提出要"全面推进档案治理体系建设，提升档案治理效能"。特里·库克也将治理引入档案鉴定，他特别强调宏观鉴定并不仅仅关注职能，还关注职能、结构和公民的三向的互动性。② 数字档案资源社会化开发是治理理念在数字档案资源开发中的具体体现，标志着档案资源开发范式的转变。这一范式转变的核心就是档案信息资源开发的权力的转移，社会公众成为数字档案资源开发的主体，由此带来档案信息资源开发的途径、成果类型等方面的转变。

在传统的以国家为中心的档案信息资源开发范式下，档案工作者是其所保管的档案资源的绝对所有者和开发者，在这种集权范式下，档案工作者握有绝对的开发权力，但这并不代表他们拥有绝对的专业技能和知识。档案工作者作为单一的开发主体，其视角会比较单一，其技能和知识也会存在局限性，故所开发出来的档案信息产品在形式和内容以及满足公众需求度方面都会比较有限。档案机构开展档案信息资源开发的形式主要包括对档案进行编目、著录，开发检索工具及开展档案编研工作，其中档案编研不仅需要拥有丰富的档案史料，同时也需要编者具有较强的史学研究能力和文字写作能力，甚至新媒体的运用和展示能力等。这些仅靠档案工作者单一主体有时是难以实现的，更何况在今天数智时代，要实现对档案信息资源的深度开发可能需要运用各种人工智能技术，这就不太可能单靠档案工作者实现。因此，以国家为中心的档案

---

① The Commission on Global Governance. Our Global Neighborhood [R]. Oxford: Oxford University Press, 1995: 2-3.

② COOK T. Macro-appraisal and functional analysis: documenting governance rather than government [J]. Journal of the Society of Archivists, 2004, 25 (1): 5-18.

资源开发范式会限制数字档案资源的价值实现。而数字档案资源社会化开发赋予公众档案信息资源开发的权力，让他们由过往被动的档案信息资源开发成果的接受者变为档案信息资源开发的能动主体，档案工作者则由集权走向分权，由守门人向辅助者、促进者的角色转换。这一转变会使数字档案资源社会化开发的途径和成果类型更加多样，社会公众既可对馆藏档案资源补充背景信息、进行转录，也可基于数字档案资源进行各种具有创新性的开发，如进行编辑及开发教学工具、开发基于馆藏的 App 等，也能对数字档案资源进行更深度的智能开发。而在这种新范式下，社会公众既是数字档案资源的开发者，同时也是数字档案资源的利用者，由社会公众参与开发的多样的开发成果也能更好地满足不同主体的多元需求。

1.4.2　档案意义建构：由残缺走向完整

阿帕杜莱（Appadurai）指出，基于科学及哲学传统的西方常识认为物是静止且沉默的，只有通过人的能动性，物才具有可知的意义。"词"与"物"之间的对抗说明只有通过语言的表述，物的意义才能被传播并作为人类思想及其能动性的一部分被理解。即物本身是神秘莫测的，只有当词用于物时，我们才能理解这些物的意义。[①]　档案也可被视为一种"静默之物"，它脱离其生成背景被保存下来，而为了让其他主体更好地理解档案，档案工作者运用专业的语言和知识对"档案"进行描述、解释，如著录元数据、进行档案编研等，但档案工作者对"档案"这个物所进行的专业的描述及解释的客观性和全面性正越来越受到质疑。安妮·吉利兰指出，"档案"形成及使用过程中由政府形成的，或之后由其他保存这些档案并将其提供利用的机构所形成的元数据，很少能直接或充分地强调档案形成及使用过程中所涉及的所有相关方的需要和关注点。[②]如本章开篇所举的对出土的祖尼物品的描述的案例显示，仅凭档案工作者单一主体无法为档案提供完整、全面的意义，要更全面地对"物"进行描述、解释和阐释，就需要融合不同本体，即应运用"多元本体"的思想。"多元本体"的思想承认对于同一物体不同的解释和理解之间存在张力，但在这种张力中，不同视角的不可通约性事实上是具有巨大潜能的知识的源泉。通过将注意力集中在差异上，这种不可通约性可为我们提供获取新的知识、接触不同于我们自己的范式的机会。因此，通过让多元本体参

---

①　ARJUN A. Introduction：commodities and the politics of value ［C］//APPADURAI A. The social life of things：commodities in cultural perspective. New York：Cambridge University Press，1986：3 - 63.

②　GILLILAND A. Contemplating co-creator rights in archival description ［J］. Knowledge Organization，2012，39（5）：340 - 346.

与对档案馆数字档案资源开发，档案馆可成为"接触地带（contact zones）"①，各种不同的声音、不同的叙述可在此空间并存，从而建构起更完整的档案意义。

意义完整的档案也可进一步增强档案的可理解性及可获取性。例如，新加坡国家档案馆的"公民档案工作者"项目中有对照片档案进行描述的子项目，这些照片档案一般都缺少相关背景信息，包括：这些照片档案中的人物是谁？他/她叫什么名字？是什么职业或身份？这些照片反映了什么事件？发生这些事件的时间、地点和背景是什么？这些背景信息的缺乏会导致这些照片档案意义的残缺，也使得这些照片档案难以被公众获取和理解。通过让公众参与进来，对这些照片进行描述即可补充这些照片档案缺失的背景信息，建构起完整的档案意义，并使得对这些照片进行检索和获取成为可能。即使是那些档案馆已经进行著录的照片或文本档案，通过让公众参与添加背景信息，也可使这些档案的意义更完整，并进一步增强这些档案的可获取性和可理解性，因为档案工作者所添加的元数据只是基于档案工作者的视角，而公众基于不同的、多元的视角所添加的元数据能进一步补充档案的背景信息，使档案的背景信息更加完整和全面。现在有些项目在这一方面更具创新性，如丹麦遗产委员会发起的"1 001 个丹麦故事"项目中，参与者可对来自不同遗产机构的物品添加时间、地点以及自己与这些物品之间的个人故事等信息。② 这不仅丰富了这些物品的背景信息，也进一步丰富了这些物品的内容和意义，正如史密斯-吉村崇（Smith-Yoshimura）和沙因（Shein）所指出的，"图书馆、档案馆、博物馆的用户所贡献的社会元数据（social metadata）既增加了元数据，又是重新背景化的过程，由此可提升用户检索结果的质量和相关性，也能够帮助人们理解及评价内容"③。

同样，在数字档案资源社会化开发中非常普遍的转录项目也是使很多历史档案"重见天日"且意义变得更完整的重要途径。对于很多手写的历史档案，因为手写字迹难以辨认，所以难以建构档案的意义，而公众参与进行转录将有助于档案意义的建构，也会使这些历史档案能被更多人获取和利用。例如，Old Weather 项目自 2010 年 10 月发起之后一个月就已经有 202 904 页的航海日志（占所有航海日志的 25%）被转录，这些航海日志是英国皇家海军舰队 1905 到 1929 年在世界各地航行的过程中由水手所

---

① Contact zones 意指不同的文化相遇、相碰撞、相抗争的社会空间，通常发生在权力关系高度不对等的背景下，如殖民主义、奴隶制，或它们在今天世界许多地方仍存在的后果，见 PRATT M L. Arts of the contact zone [J]. Profession, 1991：33 - 40。

② 1001 stories of Denmark. ［EB/OL］. ［2021 - 10 - 02］. http：//www. kulturarv. dk/1001fortaellinger/en_GB.

③ SMITH-YOSHIMURA K, SHEIN C. Social metadata for libraries, archives, and museums ［EB/OL］. ［2023 - 02 - 25］. https：//www. oclc. org/research/publications/2012/2012 - 01r. html.

记录的每 4 个小时的温度、风向及其他天气数据。① 这些日志因为是手写的，因此目前无法由计算机来实现自动转录，只有人才能理解和读懂这些日志。如果没有公众的参与转录，这些日志很难被理解和被有效利用。而通过利用这些转录后的数据，科学家就能够去研究全球海洋的热量和水分是如何发生变化的，以及这些对全球气候有什么影响等。

因此，数字档案资源社会化开发可融合多元主体的声音和叙述，使档案的意义更完整，从而增强数字档案资源的可理解性及可获取性，使得更多的档案资源能被更多的人获取和利用。

1.4.3 数字档案资源建设： 由分散孤立走向整合开放

数字档案资源整合是指根据实际需要，围绕特定主题，对一个国家或一定区域内相对分散的数字档案资源进行融合、类聚、重组，最终实现数字档案资源的最佳社会共享和利用。这里的数字档案资源是"大档案"的概念，即不仅包括档案机构所保存的档案，也包括其他组织机构、社群及个人所形成和保存的档案。实践中，有关同一主题的数字档案资源可能分散保存在不同的机构或其他主体手中，为更好地实现数字档案资源的社会共享和利用，就需要采取各种措施整合这些分散保存的数字档案资源。数字档案资源社会化开发汇聚了来自不同领域和地区的社会公众，在开发的过程中，这些不同的社会主体也会进一步共享他们所拥有的相关数字档案资源。例如，美国国家档案馆 2017 年开发的 Remembering WWI，这个 App 就整合了来自美国国家档案馆、国会图书馆、史密森尼国家自然历史博物馆及国家一战博物馆等机构有关第一次世界大战的档案，主要是数字化的图像及影像档案。历史研究者、历史爱好者、教师和学生可以共享和开发这些数字档案资源，如可用这些数字档案资源辅助教学或开发教学工具，也可利用这些数字档案资源进一步丰富自己的相关收藏的叙事等，同时也可上传他们的相关数字档案资源供其他公众获取、利用和开发。英国国家档案馆的 Your Archives 项目也起到了整合分散的有关英国档案资源并提供开发利用的作用。因此，数字档案资源社会化开发在促进数字档案资源共享和开发的同时，也可促进数字档案资源的整合。

数字档案资源社会化开发也可进一步倒逼档案机构开放更多的数字档案资源。丰富

---

① Getting Old Weather data ship-shape for science. [EB/OL]. [2021-10-20]. https://blog.oldweather.org/.

多样的数字档案资源是数字档案资源社会化开发的物质基础，因此要开展数字档案资源社会化开发或深化数字档案资源社会化开发，档案机构就需要更积极地开展数字档案资源的开放鉴定，将能开放的数字档案资源尽可能地开放。而每个社会化开发任务完成后，档案机构还需要从其馆藏中选择合适的数字档案资源供社会公众持续开发；为吸引公众持续参与数字档案资源开发，档案机构需要选择合适的时机将一些对公众具有吸引力的数字档案资源开放，供公众开发。例如，为纪念"阿波罗 11 号"登月 50 周年，美国国家档案馆在 2019 年就公布了一批美国国家航空航天管理局（NASA）航空飞行项目的视频资料，内容包括航空员进行的严格训练，航天器的发射、修复以及其他的太空活动等。这些视频资料都是首次公开，希望公众在观看这些视频资料的同时能参与对这些视频资料的开发，主要是对所观看的视频资料进行著录，著录视频中宇航员的名字、所处位置、发射地点、机器设备的名字等，著录这些信息有助于这些公开的视频被检索和获取。因此，数字档案资源社会化开发也是促使数字档案资源开放的持续动力。

当然，数字档案资源社会化开发在促进数字档案资源整合和开放的同时，也受到数字档案资源开放与整合的作用力，即数字档案资源开放越多、整合力度越大，就越能促进数字档案资源社会化开发的发展。因此，这三者之间是相互影响、相互作用的（见图 1 - 4）。

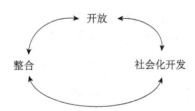

图 1 - 4　数字档案资源社会化开发、数字档案资源开放与整合关系图

1.4.4　档案服务：由信息服务走向知识服务

档案信息服务提供的内容主要是档案信息，既包括原生的档案信息，也包括基于原生档案信息开发出来的二次甚至是三次档案信息，比如提供档案检索工具供利用者使用、汇编档案文献等。而目前各国档案信息服务中最主要的还是提供原生档案信息服务及提供档案检索工具或档案检索系统，供利用者查找自己所需的档案信息。但试想一下，一位历史学者在档案馆中检索到大量的原生档案信息，他想利用这些档案信息开展某个主题的研究，就需要花费大量时间从这些档案信息中找出他所需的那部分信息。即当前的档案信息服务提供的仍然只是档案信息，未能实现知识服务，究其原

因，还是在档案信息资源开发方面有所欠缺。

知识服务是以知识和智慧为基础并运用知识技术和方法手段满足知识需求、解决各种问题的一种专门服务。[①] 知识服务的关键问题是如何从海量信息中获取有价值的知识，从而向用户提供解决实际问题的方案。知识服务与信息服务的区别在于前者侧重为用户解决实际的问题，以"问题解决"为导向；后者侧重为用户提供相关的信息，以"信息提供"为导向。[②] 因此，知识服务能否实现直接与档案信息资源的开发能力相关。例如，目前 Google 搜索引擎既可提供信息服务，即用户如果输入关键词检索"姚明"，有关"姚明"的信息就会被搜索出来，排列好供用户浏览；同时 Google 也会提供一张知识卡片，该知识卡片罗列了"姚明"的个人信息，以及其配偶、子女等社会关系的情况，该知识卡片提供的就是知识服务，即从海量信息中提炼出有价值的知识直接提供给利用者。除此之外，Google 还提供了智能检索，即用户通过直接提问的方式可直接获取知识，如输入"姚明的老婆是谁？"，Google 就能直接提供该问题的答案。类似的工具还有 Google Ngram Viewer，用户可通过此工具获取某个或某些词在 Google 数字图书馆所保存的过去一个世纪的数字图书中的使用情况，这些都是 Google 提供的知识服务。知识服务能更快速、更准确、更个性化地满足用户的知识需求，它是档案信息服务的重要发展方向。要实现知识服务就需要借助各种技术，包括知识图谱技术、数据挖掘以及其他人工智能技术等。例如，在数字档案资源社会化开发中会形成大量的社会化标签，这些社会化标签可用于建构语义本体，从而揭示这些档案之间的语义关联，为利用者提供知识服务。这其中就涉及本体构建、知识图谱、数据挖掘等技术。因此，要实现档案知识服务，单靠档案工作人员是远远不够的，必须通过社会化开发的方式，与社会各种主体合作，借助其他领域包括人工智能领域、信息技术领域的专业人员的智慧，与他们一起合作来实现档案知识服务。

目前已经有一些档案机构开展了一些项目，通过与其他社会主体合作开展档案知识服务。如前面所提及的"威尼斯时光机"项目，主要是对威尼斯档案馆馆藏的从中世纪到 20 世纪长达 1 000 多年的大量的手写档案进行开发，最终重建这座城市的过去。这个项目的参与方包括威尼斯档案馆、威尼斯大学（Ca'Foscari University of Venice）的教授以及来自世界各国的不同学科、不同机构的研究人员、学者和学生。其网站上称目前已经有 300 多位来自不同学科包括计算机科学、建筑学、历史学、艺术史学等的学生参与了这个项目，他们运用了很多先进的人工智能技术来实现对文本的扫描、

① 柯平. 后知识服务时代：理念、视域与转型 [J]. 图书情报工作，2019，63（1）：36-40.
② 张斌，郝琦，魏扣. 基于档案知识库的档案知识服务研究 [J]. 档案学通讯，2016（3）：51-58.

转录及对这些数字档案资源的深度开发，以期实现知识服务。例如，运用知识图谱技术构建社会网络，这个社会网络可以让历史学者发现大量的不为人知的威尼斯人的生活。流行病学家也正与"威尼斯时光机"项目合作，仔细研究那些记录着死去的人的名字和地址的文件，这些文件经常也会详细记载他们死亡时的环境，通过对这些文件进行数据挖掘和分析可以发现更多的有关疾病如何传播的知识。① 因此，数字档案资源社会化开发可使档案工作者与信息技术专家及历史学者等社会主体合作，汇集他们的智慧，并运用新的技术，以实现档案知识服务。

综上，数字档案资源社会化开发是今天开放创新时代档案领域的开放创新，通过吸引公众参与档案机构的数字档案资源开发，既能充分利用社会公众的智慧和知识，弥补档案机构档案信息资源开发能力的不足，最大限度地实现档案资源的价值和增值，也能进一步促进创新。这一理念的提出，对传统文件和档案概念及来源原则中的形成者的认知产生了冲击，它进一步诠释了后现代主义档案学学者提出的"文件与档案总是处在形成的过程中"及档案多元论的观点，也进一步明确了"共同形成者"这一概念。这一新理念也会对档案信息资源开发范式、档案意义的建构、数字档案资源建设，以及档案服务等工作实践产生很大的影响。

① ABBOTT A. The "time machine" reconstructing ancient Venice's social networks [EB/OL]. [2021-10-10]. https://www.nature.com/news/the-time-machine-reconstructing-ancient-venice-s-social-networks-1.22147.

02

第 2 章
数字档案资源社会化开发思想溯源

理查德·塔纳斯（Richard Tarnas）在其所著的《西方思想史》开篇就提出"我们的思维方式就其基本逻辑而言仍是极为希腊式的，以至于我们必须先仔细察看希腊人思想的特点，才可能开始抓住我们自己思想的特点"①。当然，他这里所说的"我们"是指当代西方人。就档案资源社会化开发而言，这一思想并非是到了今天数智时代才产生的，它在西方可追溯至古希腊时期，在中国则可追溯至春秋战国时期。对这一思想的历史溯源也可帮助我们更好地把握数字档案资源社会化开发的特点和意义。

2.1 中国：星火长明

在中国历史上，档案资源开发的权力主要掌控在统治阶级手中，但在特定时期，一些特定主体如历史研究者也开展了一些档案信息资源开发活动。而随着现代档案开放制度的确立，越来越多的社会主体也开始参与到档案资源开发中。本章主要根据中国历史分期将中国档案资源开发的历史进程分为三个阶段：古代，即 1840 年鸦片战争前；近代，即 1840 年鸦片战争至 1949 年中华人民共和国成立之前；现代，即 1949 年中华人民共和国成立之后至今。对这个三阶段中所出现的档案资源社会化开发现象进行分析，可以看到档案资源社会化开发思想一直都存在于中国档案资源开发的历史过程中。

2.1.1 古代：皇权高度控制

虽然夏商周时期就设有专门的机构和人员保管档案，但这些机构和人员主要是负

---

① 塔纳斯. 西方思想史 [M]. 上海：上海社会科学出版社，2016：2.

责保管档案并提供一些咨询，并未有任何档案信息资源开发活动。夏商周时期鬼神文化盛行，《礼记·表记》记载孔子讲到夏商周三代的思想意识时说："夏道尊命，事鬼敬神而远之""殷人尊神，率民以事神，先鬼而后礼，先罚而后赏""周人尊礼尚施，事鬼敬神而远之，近人而忠焉"。这也就决定了这一时期的档案大多是涉及政务及占卜祭祀的档案，这些档案也被认为体现了上天的旨意，故"登于天府，藏于金匮"，并由专门的史官保管。这一时期的档案工作者即史官的主要职责是保管这些档案，并为部落首长或王提供咨询。周谷城先生指出："史官主贞卜，保图籍，备咨询；在部落首长前，实为一最亲密而重要之人。""史官的重要任务，第一为代首长决定大计。凡祭祀，凡征伐，以及其他种种计划，先由史官贞卜吉凶，迨吉凶决定了，然后实行。……其次为保管图籍，贞卜所得结果，史官保管……史官以保管记录或图籍等职，对于过去事情熟悉；则部落首长遇到大事，必询问史官。所以备咨询实为史官的第三种重要任务。"[1] 因此，此时的档案工作中鲜有后世的档案开发环节。

夏商周之后的历代王朝为了巩固其皇权统治也非常注重对档案的保管，统治者"运用自己垄断的文字知识，记载政事，制作策命，下达王命，掌管档案"[2]，也分别设立了专门的档案机构如汉代的东观、兰台、石渠阁，唐朝的甲库、史馆，宋朝的架阁库，明朝的后湖黄册库、皇史宬，清朝的内阁大库等，并设有专门的档案人员以保管王朝档案。此时的档案工作也都是围绕着有利于皇权统治这一目的开展的，也出现了档案信息资源开发中的一种重要形式，即档案文献编纂工作，其最主要的目的也是为了维护皇权统治，为其统治的合法性提供依据。因此，历代王朝都非常重视档案文献编纂工作，所有的档案管理工作也都主要是为档案文献编纂工作服务的。

古代的档案文献编纂具有高度的国家垄断性及政治性的特点，主要体现为：一是档案文献编纂的主体通常是经过皇帝挑选的"代言人"，如唐朝建立了宰相监修的档案编纂制度，即由宰相受诏修史、奏荐史官、确定体例断限、布置分工、审定书稿，以及在国史编纂完成后以监修的名义奏上朝廷。这种宰相监修制度的实质是皇权通过宰相监修来监督控制包括国史档案文献编纂在内的国史修撰，使之为现实政治服务[3]；有时皇帝还会亲自对档案文献编纂工作进行监督，如雍正就曾亲自监督《大义觉迷录》的编纂；朱元璋就曾亲自监督《明大诰》的编纂工作。因此，皇帝紧紧掌控着档案文

---

① 周谷城. 中国政治史 [M]. 北京：中华书局，1982：57-58.

② 周雪恒. 中国档案事业史 [M]. 北京：中国人民大学出版社，1994：17-18.

③ 李晓菊. 论唐代档案文献编纂 [J]. 档案学通讯，2014 (3)：101-104.

献编纂的权力，由此也就牢牢掌控了王朝史的记录权和解释权。而且很多王朝在进行档案文献编纂之后往往将档案原件进行销毁，"旧档无用"的思想在这一时期也非常盛行，以此实现更为彻底的对知识的控制。二是档案文献编纂的选题具有很强的政治性，即选题都是围绕着有利于加强王朝统治这一主旨的。有学者总结了中国皇权统治时期档案文献编纂的内容，指出其主要包括三个方面：1）以皇帝为中心宣扬其文治武功和治世之道的选题，如历朝的实录、诏书、起居注等；2）宣扬"为臣事君之道"的奏议汇集，如集某一名臣奏议的专集，集某朝名臣的奏议总集；3）以健全法制、强化统治为目的而编纂的法典类档案文献汇编，如《唐六典》《典章》等。① 除了这三大类外，还有很多行政档案文献汇编，如"会要""会计录""官署志""登科录""判词集"等，这些档案文献编纂选题都围绕着为皇权统治的合法性提供依据、对民众进行教化及经世致用等目的，都有利于维护并巩固王朝的统治。三是档案文献编纂的内容深受儒家文化这一当时的主流文化的影响。儒家文化之所以被汉朝以来的历代王朝采用，就在于儒家文化能为其政权的合法性提供依据，同时儒家文化的一些思想，如仁、义、礼、智、信也被认为是有利于巩固王朝的统治的。因此，在档案文献编纂中，与儒家文化一致的美德被歌颂，与儒家文化相悖的行为被批判，彼时的档案文献编纂对于儒家文化的传播起到了重要的推动作用，也为当时的民众提供了行为规范，因而有助于进一步加强王朝的统治。

除官方档案文献编纂及修史外，这一时期还出现了私人档案文献编纂及修史工作。私人档案文献编纂一般在以下两种情况下产生：一是在国家发生政治剧变或时局动荡之际。如在魏晋南北朝时期，由于南北分裂，政权林立以及门阀氏族政治的影响，私家撰史之风大盛，出现了"官修之史，十才一二，私修之史，十居八九"的局面；而中唐以后，同样是由于当时的政治危机和社会剧变，私家档案文献编纂及修史又再度兴起，为宋代，尤其是南宋时期私家档案文献编纂的兴盛发展开辟了道路。② 其实早在春秋战国时期，由于社会动荡，周王朝及各诸侯国的典籍大量流于民间，很多士大夫就利用散落的档案进行文献编纂，如孔子收集各国档案文献编纂了"六经"。二是在官方进行档案文献编纂及修史过程中，一些参与人员利用机会抄录档案内容，进行私人档案文献编纂。例如，乾隆三十年，国史馆在东华门内开馆，蒋良骐入馆编纂。在纂修国史的过程中，他不断抄录史馆中保存的公文奏报及各种官书、实录等，积少成多，

---

① 樊如霞. 中国档案编纂思想形成时期的历史特点 [J]. 福建师范大学学报（哲学社会科学版），2010（3）：155 – 159.

② 李晓菊. 论唐代档案文献编纂 [J]. 档案学通讯，2014（3）：101 – 104.

遂成六朝《东华录》。光绪年间，王先谦又仿蒋氏《东华录》体例，增补更订后，编纂成十一朝《东华录》，同样为其在史馆供职期间得窥金匮石室之藏的成果。[①] 这些私人档案文献编纂的目的主要是存史、补史、表达自己的见解或政治主张，如孔子编"六经"就是为了借此"追迹三代之礼"，传播其政治思想和主张。这些成果同时也促成了这些时期思想界百家争鸣的现象，而两部《东华录》均记载了很多《清实录》中缺载的重要资料。

由此可见，这一时期的档案文献编纂的权力一般都牢牢掌控在皇帝手中，但在社会剧变、政局动荡的特殊时期，或利用官方档案文献编纂的机会，一些精英阶层也通过获取相关档案进行私人档案文献编纂。因此，皇权统治时期的档案文献编纂其实存在官私并行发展的局面，这可谓是档案信息资源开发历史进程中出现的社会化思想的星火。但这种社会化开发的范围非常有限，即参与者仅限于当时社会少数精英或知识分子，档案文献编纂的内容也主要反映的是王朝统治者或少数社会精英的话语，他们掌握着对历史的话语权和解释权，由此也导致了一些文献编纂成果中有对历史的漏述及误述之处。如赵汝愚的《国朝诸臣奏议》是北宋一代臣僚奏疏的汇编，但其中收录最多的是司马光的奏疏，共 164 篇，占全书的十分之一，而在政治上与其对立的王安石的奏疏仅收录 6 篇，且不能够代表王安石的政治主张。[②] 又如唐太宗也曾要求房玄龄公然篡改《唐高祖实录》，掩盖历史真相。但这种官私并行的档案文献编纂成果在一定程度上也带来了思想文化的多元化，对档案内容的传播及文化思想的争鸣起到了重要促进作用，这也正是档案资源社会化开发的重要价值体现。

2.1.2　近代：思想萌芽

1840 年鸦片战争迫使中国走上现代化道路，梁启超于 1923 年发表的《五十年中国进化概论》中指出了过去五十年中国现代化的进程：从器物现代化，如学习西方的科学技术以加强军事力量并发展民族工业，到制度现代化，如改革社会制度，再到思想文化现代化。[③] 思想文化现代化始于 1915 年开始的新文化运动，"民主"和"科学"成为两面大旗。在此（近代现代化）进程中，中国民族主义不断增长，但传统的儒家文化受到批判，西方的科学技术、制度和思想文化被引进，希望能"师夷长技以制夷"。这一时

---

① 何庄 . 清代史馆与档案文献编纂：中国古代档案管理模式研究系列 [J]. 档案学通讯，2016 (1)：16 - 21.

② 蒋卫荣 . 论赵汝愚《国朝诸臣奏议》及其档案文献编纂思想 [J]. 档案学通讯，1999 (6)：59 - 61.

③ 梁启超 . 梁启超文集 [M]. 北京：北京燕山出版社，2009：466.

期的档案工作也随之出现了诸多新变化，档案资源开发呈现出了一些不同的特点。

一是机关档案室的档案资源开发集中于对机关档案的分类编目。这一时期随着机关档案室的设立及档案教育的发展，机关档案室中经过档案教育培训的专职档案工作者引入西方图书馆学、档案学的知识对机关档案进行分类编目，其目的主要是提高行政效率。而已失去时效的机关档案一般被视为史料，主要用于编史修志。如1931年8月，当时的内政部、教育部会呈行政院，建议于该院设置国史馆筹备处，统一管理各机关已失时效之档案，为编修国史之用。之后由于经费没有着落，人员不足，筹备处一直未能成立。直到1939年1月，国民党五届五中全会召开，张继、邹鲁、王用宾、焦易堂、丁惟汾、程天放等才旧事重提，向全会提出建立国家档案总库、筹建国史馆议案并获得通过。张、邹等提出的办法是："总档案库设于国民政府，所藏皆各院部会之机密重要档案正本，国府文官长管其钥，更师古代金匮石室之意，特造钢骨水泥之地下库，而以铁匮藏其中，国之重宝可同藏焉。各院部自藏其副本，后时效已过，或取出发而表于时政记，或终藏于档案库，将来择其宜者，作为史料。"[①] 何鲁成将档案的作用分为两个方面：一是办理文书时参考，二是以备来年修史。[②] 殷钟麒则将其细分为三个方面：便于行政，利于学术，贮以为国史。[③] 可见这一时期对机关档案的价值的认知除了其行政性外，也强调其具有的史料价值。但由于这一时期战事频繁，对于已失时效的机关档案的编纂工作进展不大，虽然1947年国史馆成立，但档案文献编纂及修史工作并没有真正开展。

为了更好地发挥档案的行政价值，这一时期机关档案信息资源开发的主要目的是提高机关档案的可获取性，重点放在目录及检索工具的编制方面。彼时的档案的分类编目深受西方图书馆学及档案学的影响，杜威十进制分类法被运用到机关档案的分类中。但由于机关档案工作仍处在初步发展阶段，所编制的档案检索工具的形式较单一，一般仅有收发文归档登记簿、档案簿。这些检索工具仅提供内部使用，因为此时的机关档案主要限于机关内部使用。例如，民国时期，南京市政府秘书处档案股建立了严格的档案查阅制度，查阅档案的人员仅限于政府机关工作人员。傅振伦曾提出应建立档案阅览室，让社会公众可以利用档案。[④] 但这一理想在近代机关档案工作中一直未能

---

① 廖家财. 国民党统治时期的档案工作缺陷对民国档案流传的影响 [J]. 民国档案，2008（1）：78-81.
② 何鲁成. 档案管理与整理 [C] //《档案学通讯》杂志社. 档案学经典著作（第二卷）. 上海：上海世界图书出版公司，2013：124.
③ 殷钟麒. 中国档案管理新论 [C] //《档案学通讯》杂志社. 档案学经典著作（第二卷）. 上海：上海世界图书出版公司，2013：693-698.
④ 傅振伦，龙兆佛. 公文档案管理法 [C] //《档案学通讯》杂志社. 档案学经典著作（第二卷）. 上海：上海世界图书出版公司，2013：500.

得以实现。

二是学者尤其是历史学者成为明清档案资源开发的重要主体，这也代表了中国档案资源社会化开发思想的萌芽。1921 年北洋政府的"八千麻袋"丑闻拉开了近代学术界包括北京大学国学门、故宫博物院文献馆、中央研究院历史语言研究所等机构对明清档案进行整理的序幕。学术界对明清档案进行整理的主要目的是响应新文化运动的号召"整理国故"，同时，他们也深刻认识到档案对于学术研究的史料价值。据 1922 年 2 月 22 日《北京大学日刊》所载，北京大学国学门成立的宗旨即整理旧学，而且"不管怎样，在国学门正式创办后，同人确实都清楚意识到此学术研究渐入国际化的时代，资讯的获得乃至研究成果的发表，都使研究者离不开期刊乃至研究机构，以期获得更多学术交流的渠道。所以当国学门规模渐备后，研究所大楼中便陈列了同人所努力搜罗的古物、档案、民俗物品，以及国内外图书杂志"①。而当时"八千麻袋"所残余的保存在历史博物馆的部分档案之所以能被迁移到北大国学门，也是由于当时的校长蔡元培先生以这些档案"皆为清代历史真确可贵之材料"，是编修清史的重要史料为由，提请教育部批准。② 因此，他们对档案进行的分类编目及编纂都是围绕学术研究及编史修志这一主要目的来开展的。当时学界对明清档案的分类编目受到西方图书馆学的影响，杜威十进制分类法被引进，用以指导明清档案的分类编目。③ 这一时期明清档案的公布及编纂取得了很大成效，根据郑天挺先生的回忆，当时北大国学门先后印行了《清九朝京省报销册目录》《嘉庆三年太上皇起居注》《顺治元年内外官署奏疏》《明南京车架司职掌》《崇祯存实疏钞》等，并与故宫博物院合编了《清内阁旧藏汉文黄册联合目录》。④ 这些目录和汇编都编辑出版，向社会公布。故宫博物院在陈垣的主持下也编纂出版了《文献丛编》《史料旬刊》《清代文字狱档》《清三潘史料》等众多史料。⑤

这批明清档案从政府转存到学术机构，并由学者进行整理编目、编辑出版，充分说明了对这些档案资源进行开发的权力已经完全由政府转移到学者手中，即学者成为明清档案资源开发的主体，这可谓是档案资源社会化开发的萌芽。这种社会化开发萌芽与当时的社会环境密不可分，也是学界力争的结果。学者对这些档案的整理、编目及编辑出版使得这些档案信息在全社会乃至更大的范围内得以传播，也为史学及其他领域的学术研究提供了宝贵材料。时任国学门主任的沈兼士在 1923 年 9 月 30 日召开的

① 陈以爱. 中国现代学术研究机构的兴起：以北大研究所国学门为中心的探讨 [M]. 南昌：江西教育出版社，2002：6.
② 张会超. 民国时期明清档案整理研究 [M]. 上海：上海世界图书出版公司，2011：18 - 19.
③ 同②62.
④ 郑天挺，孙钺. 明末农民起义史料 [M]. 2 版. 北京：中华书局，1957：20 - 21.
⑤ 同②64 - 65.

恳亲会上也特别强调："国学门搜集及整理所得之各种材料（当然不限于档案），完全系公开的供献于全校、全国以至于全世界的学者，可以随意的作各种的研究，绝对无畛域之限制。"① 当然，由于他们的学者身份，他们对明清档案的分类编目及编纂的目的也主要是便于学术研究，他们对这些明清档案进行编目及编纂的成果也主要体现的是他们的话语。例如，郑天挺先生曾对北大整理历史档案中存在的问题进行了说明，指出："……过去我们在北大整理的历史档案，也有分类，但是不十分科学，有些是主观的。为什么那样分？因为当时心目中有几个对清史大概了解的问题和自己所关心的历史事件，如文字狱等，因此就照这样来分类，不是客观地根据历史档案内容来分，而是凭一点历史知识和主观的爱好去分。"②

因此，中国近代其实已经出现了档案信息资源社会化的萌芽，中国古代由皇权高度控制的档案文献编纂这一重要的档案资源开发方式在中国近代已经主要由学者来实施，这一开发主体的变化显示了中国近代档案资源社会化开发的特征。

2.1.3 现代：档案机构主导

中华人民共和国成立之初，中国的档案事业深受苏联的影响。俄国十月革命后，列宁颁布了一系列法令废除了档案的私有权利，提出了国家档案全宗的概念，即所有档案都属国家所有。在此框架下苏联建立了集中式的档案事业管理体制。苏联的这些档案管理思想大多被中国采用，指导了中国档案事业管理体制和发展框架的构建。1954 年我国设立了国家档案局以指导全国档案工作。1956 年公布的《国务院关于加强国家档案工作的决定》指出：国家的全部档案，包括中华人民共和国成立以来各机关、部队、团体、企业和事业单位的档案，中华人民共和国成立以前的革命历史档案和旧政权档案，都是我国社会政治生活中形成的文书材料，都是我们国家的历史财富。档案工作的任务就是要在统一管理国家档案的原则下建立国家档案制度，科学地管理这些档案，以便于国家机关工作和科学研究工作的利用。由此建立了我国集中式档案事业管理体制。该决定也计划在首都及各地区建立国家档案馆，将国家档案资源统一纳入档案机构进行保管和提供利用。1959 年中央档案馆成立，截至 2020 年底，我国建立的国家综合性档案馆已经达到 3 341 个③，全国性的档案馆网已经成形。1987 年《中华

---

① 魏建功. 研究所国学门恳亲会纪事［N］. 北京大学日刊，1923 - 11 - 10（3）.
② 郑天挺. 清史研究和档案［J］. 历史档案，1981（1）：5 - 13.
③ 2020 年度全国档案主管部门和档案馆基本情况摘要（一）［EB/OL］.（2021 - 08 - 16）［2021 - 10 - 10］. https://www.saac.gov.cn/daj/zhdt/202108/a9369544b1a6412994774ea0e5866881.shtml.

人民共和国档案法》（以下简称《档案法》）颁布实施，以法的形式再次确立了我国集中式档案管理体制，同时也提出档案管理和保管的目的是便于社会各方面的利用。

因此，这一时期的档案资源开发又具备了新的特点：档案资源开发的权力属于档案机构，但其目的不仅是为了资政及学术研究，同时也是为了满足社会各方面的需求。2016 年修订的《档案法》第四章第二十三条规定各级各类档案馆应当配备研究人员，加强对档案的研究整理，有计划地组织编辑出版档案材料，在不同范围内发行。这一规定在 2020 年新修订的《档案法》中得以保留在第三十三条第二款中；同时，《档案法实施办法》（2017 年版）第十条也特别规定，中央和地方各级国家档案馆要采取各种形式开发档案资源，为社会利用档案资源提供服务。因此，我国档案法律法规赋予了各级各类档案馆对档案资源进行开发的权力。除了档案法律法规外，我国也制定了相应的国家标准及行业标准以指导档案开发工作，如档案著录一般应按照我国档案行业标准《档案著录规则》来进行，该行业标准主要是由档案机构及档案工作者所制定的，故依此标准对档案进行著录，反映的主要是档案机构的话语，也体现了档案机构对档案信息资源开发的控制权。另外，我国《档案法》规定了档案封闭期，确立了档案开放制度。但遗憾的是，我国《档案法》又将档案的开放、利用与档案公布做了区分，明确规定属于国家所有的档案，其档案公布权归国家授权的档案馆或有关机关所有，未经档案馆或有关机关同意，任何组织和个人无权公布。这就导致即使档案向社会开放了，但如果未经有公布权的档案馆或有关机关公布，社会公众也无权对这些开放的档案进行开发。档案法律法规对于档案公布权的规定进一步将档案资源开发的权力集中在档案机构的手中，限制了其他主体对档案机构的档案资源的开发。因此，从法律法规的规定来看，档案机构是我国档案馆档案资源开发的绝对主体。

但也应该看到，这一阶段档案资源开发的目的更加多样化，即要满足社会的不同利用需求，因此档案资源开发还具备了另一特点，就是档案资源开发的内容、手段和形式更加多样化。除了传统的档案编目及档案文献编纂，还借助信息技术建设档案目录数据库、档案全文数据库、档案专题数据库、档案网上展览等；在档案编研方面，选题也更加多样化，形式也更加丰富，有满足资政及学术研究需要的各种档案文献编研成果，也有围绕爱国主义教育的编研成果，如各个档案馆举办的抗战展，还有围绕城市记忆的档案编研，如 2003 年上海市档案馆与永乐文化传播有限公司合作开发了《追忆：档案里的故事》专题片，其目的是让都市人更多地了解上海这座城市的过去。①

---

① 邹伟农.上海市档案馆与影视媒体联手开发档案文化产品：《追忆：档案里的故事》电视系列专题片开播[J].上海档案，2003（3）：4.

但相比而言，资政仍是很多档案馆进行档案编研的主要目的。有人曾比较了 1998 年和 2003 年各级各类档案馆编研工作情况（见表 2-1）[①]，从统计数字来看，虽然法律规定档案信息开发工作的最终目的是满足社会利用需求，但我国省级及省级以下的档案馆却普遍存在档案编研工作主要是为了内部参考或者说是资政目的的情况。

表 2-1　1998 年和 2003 年各级各类档案馆编研工作情况

档案馆类型		1998 年		2003 年	
		公开出版	内部参考	公开出版	内部参考
国家综合档案馆	中央级	12	0	10	0
	省级	22	92	48	22
	地市级	93	829	125	615
	县级	327	4 736	241	3 397
	合计	454	5 657	424	4 034

近些年来，一些档案机构也认识到单靠档案馆自身的力量来开发档案资源的局限性，即档案馆自身力量比较薄弱，档案开发大多只能是浅层次的开发，形式也较为单一，要实现更深层次的、更多样化的开发就必须借助社会力量。因此，有些档案馆也开始有意识地与一些社会主体合作开发档案资源。例如，笔者在对广东省档案馆进行调研时获知，广东省档案馆曾与《新快报》合作创办"广州往事"栏目，讲述广州往事；也曾与中山市图书馆合作撰写"黄埔同学录"；同时还设立了档案编研专家委员会，与一些专家学者合作开发一些主题，如与中山大学及暨南大学的学者合作开展研究等。上海一些区档案馆包括静安区档案馆、闵行区档案馆也与一些学者及专业的展览机构合作开展档案展览工作等。这些合作都呈现了社会化的特征，即开发主体更加多元化。

通过对我国档案信息资源开发的历史进程的梳理，可以发现不同历史时期档案信息资源开发的权力始终掌握在国家权力阶层或权力机构手中，因为其所代表的阶层和利益的不同，档案信息资源开发的目的也会有所不同。在古代，档案资源的开发权力由皇权统治者掌控，他们决定了档案资源的开发内容、方式等，开发的目的和成果主要是维护皇权统治；在近代，机关档案资源的开发权掌控在机关手中，开发的主要目的是通过提高文件档案管理效率以提高行政管理效率；到了现代，档案信息资源开发权力掌控在档案机构手中，开发的目的更加多元化，既为了资政，又为了满足社会各方面的利用需求。在这一进程中，我们也会看到每个阶段都闪耀着档案资源社会化开

---

① 王保国. 档案编纂新思维 [J]. 中国档案，2005（4）：27-28.

发思想的星火：从古代的私人编纂，到近代学者对明清历史档案的整理和开发，再到最近这些年，档案机构与一些学者和机构合作开发档案信息资源，特别是现当代时期，虽然档案机构掌握着档案信息资源开发的权力，但其开发目的是满足社会公众的各方面需求，这就为实现档案资源社会化开发提供了重要的依据，也使得档案资源社会化开发成为可能。这些社会主体的参与在一定程度上打破了对知识的垄断，促进了思想文化及社会其他方面的创新，而在这一过程中档案价值也得到了更大程度的实现。

2.2　西方：复兴勃郁

本章主要根据西方历史分期将西方档案信息资源开发的历史进程分为四个阶段：古典时期，即公元前 8 世纪至公元 476 年；近代早期，即公元 15 世纪至 1789 年法国资产阶级大革命；近代，即 1789 年法国资产阶级大革命至 1918 年第一次世界大战结束；现代，即 1918 年第一次世界大战结束以来。对这个四阶段中出现的档案资源社会化开发现象进行分析，可以看出西方国家档案信息资源开发的历史进程和我国有相似之处，即在不同历史时期也曾出现程度不一的档案资源社会化开发的现象。但与我国相比，西方国家档案资源社会化开发思想与其档案开放思想是同步的，即在西方国家档案开放就意味着社会公众可成为档案资源开发的主体。

2.2.1　古典时期：思想萌芽

古希腊和古罗马时期，统治者就认识到档案对其统治的重要性，非常重视对档案的保存，不同类型的档案库开始在欧洲出现，如王宫档案库、城邦档案库等。在这一时期，主要是古希腊时期，已经出现了档案资源社会化开发思想的萌芽。这一萌芽主要表现在以下几个方面。

（1）出现了档案公开思想的萌芽。

公元前 6 世纪末雅典人就开始在石碑上公布一些城邦文件，这一做法在公元前 5 世纪中期广为流行，这主要是由于当时厄菲阿尔特（Ephialtēs）所推行的民主改革。①这些公布的文件包括财务会计类文件、法令、城邦债务情况、城市神圣建筑物目录等，其原件最初由公民大会（Ekklesia）或议事厅（Bouleuterion）保存，后被保存在密特

---

① SICKINGER J P. Public records and archives in classical Athens [M]. Champion Hill：UNC Press Books，1999：64.

伦（Metroon）神庙中，公布在石碑上的内容主要是其原件内容的摘录、摘要或完整版。^①这些石碑上的文本内容被认为与保存在档案馆的原件的文本内容具有同等的权威性和有效性。雅典人如果需要文件作为证据，可以从这些公开展示的石碑文本中获取相关内容。这些石碑主要竖立在议事厅（在当时承担了档案馆的部分职责）里，后来又主要竖立在密特伦神庙前。在古雅典周围的各个地方也都发现了竖立有刻有法律和法令的石碑。^②这些石碑竖立的场所都是当时的公共场所，因此这些石碑其实是起到了档案内容公开的作用，而这种公开形式也使得档案内容为更多人所知晓和利用。

（2）允许公民获取和利用保存在密特伦神庙中的档案。

大约在公元前5世纪的最后10年，古希腊人建造了密特伦神庙。密特伦神庙被认为是当时的城邦档案馆，具有原始性和权威性的公共文件被书写在木片或纸莎草卷上，定期存放在密特伦神庙中被官方保存。之所以建造密特伦神庙来保存公共文件是因为公元前5世纪产生了大量的公共文件，需要有一个特定的机构来保存这些公共文件。在密特伦神庙中设有公共奴隶（public slave）^③，行使档案管理员的职责，帮助公民查找馆藏档案，在其帮助下公民能查找并获取所需档案。^④另外，诉讼当事人也可利用档案为自己辩护。当公民要求查用某一法令文件时，会由一位秘书把该法令文件找出来，加以朗读。当选的官员如被指控有违法行为，也让档案馆提供与被控事件有关的档案。^⑤因此，密特伦神庙其实已经具有了一定的公共档案馆的性质，只不过能进入其中获取档案的仅限于雅典公民，非公民的外邦自由人、妇女及奴隶并不包括在内。

（3）众多历史学家利用档案进行编史修志等史学研究活动。

这一时期有很多历史学者已经广泛地利用档案开展史学研究活动，如古希腊历史学家、西方文学的奠基人希罗多德在全面搜集官藏的档案文献、史诗、碑铭以及神托所宗教文献的基础上，写出了西方第一部历史著作《历史》。历史学家修昔底德《伯罗奔尼撒战争史》一书中援引了大量的档案和碑铭，包括雅典卫城石碑上的和平条约、记述暴君压迫的铭文等。古希腊时期著名的政治家和历史学家波里比阿利用大量的档

---

① BOEGEHOLD A L. The establishment of a central archive at Athens [J]. American Journal of Archaeology，1972，76（1）：23 - 30.

② SICKINGER J P. Inscriptions and archives in classical Athens [J]. Historia Zeitschrift für Alte Geschichte，1994，43（3）：286 - 296.

③ 雅典人在公共生活的很多领域雇用了公共奴隶。大多数城邦官员只服务一年，这些公共奴隶反而具有他们服务的官员所不具备的专业知识和技能。

④ WEST W C. The public archives in fourth-century Athens [J]. Greek，Roman and Byzantine Studies，1989，30（4）：529 - 543.

⑤ 黄坤坊. 古代希腊的密特伦神庙档案馆 [J]. 北京档案，1995（3）：38.

案碑铭、神庙铜版上的文献等材料完成了著作《罗马帝国的崛起》。① 著名史学家塔西佗（Publius Cornelius Tacitus）借助罗马共和国末期到帝国初期的大量文献写出历史著作。另一位著名政治家和作家加图（Marcus Porcius Cato）也广泛利用官方文件写出了历史著作《起源》。②

可以看出，古典时期的档案开发与利用仍是少数人即公民的特权，但档案内容的公开展示、公民对档案的利用以及基于档案的编史修志等实践都可以反映出当时出现了档案资源社会化开发思想的萌芽，这与古希腊和古罗马时期民主制度的发展及由此孕育出的公民参与意识不无关联。但这种档案开放及社会化开发的萌芽思想随着罗马帝国的灭亡而消失，世界历史进入了中世纪黑暗时期，古希腊和古罗马时期的档案开放及社会化开发之光也随之消逝。

2.2.2　近代早期：封闭向开放过渡

中世纪早中期"档案馆始终只是王室的私有财产，只服务于十分功利主义的用途，其目的在于保存关乎王室权威和统治的文书，为王室储备涉及权力与权利的法律"③，因此在此时期档案的利用与开发具有很强的阶级性和封闭性。15世纪早期随着欧洲文艺复兴运动的发起，档案利用与开发开始由封闭走向开放。文艺复兴时期，平等与自由的思潮在欧洲国家迅速传播开来，档案开发利用的环境发生了显著的变化。尽管实际上档案的开发和利用的权力仍然掌握在统治阶级手中，并没有对社会大众普及，但是档案开始在更多领域发挥作用，特别是在历史领域，一些历史学者开始参与到档案资源的开发与利用中来，档案资源社会化开发的思想又得以重现。

文艺复兴表面上是复兴古希腊和古罗马文化，实际上则是欧洲资本主义思想的萌芽。文艺复兴运动对史学界造成了巨大的影响，历史评论在15世纪左右开始出现，这使得史学家开始对原始档案文献产生浓厚的兴趣，他们呼吁档案馆打开封闭的大门，一些欧洲档案工作人员也受到历史学家的影响，呼吁档案馆面向史学研究。史学界要求开放档案的呼声，促使档案馆封闭的大门开启了一条缝隙。透过这条缝隙，早期的人文主义者为探究古典文化和历史开始积极利用档案进行学术研究。在文艺复兴后期

① 张明莉. 浅论西方史学论著援引档案文献［EB/OL］.［2021-10-01］. http://www.archives.sh.cn/dalt/wgdagz/201203/t20120313_9446.html.
② 黄霄羽. 外国档案事业史［M］. 北京：中国人民大学出版社，2004：20.
③ 诺拉. 记忆之场：法国国民意识的文化社会史［M］. 黄艳红，查璐，安康，等译. 南京：南京大学出版社，2015：405-406.

很多人从事自治城市的历史和文化方面的研究，修道院的档案馆和教会档案馆常常会看到学者或专家的身影，他们在搜寻古代文件和手稿，以便充实自己的著作，档案文献被史学家们广泛认可为史学研究的重要材料。例如，尼科洛·马基雅维里本着真正体现历史价值的精神，准确而完整地援引佛罗伦萨档案中有关经济和商业及社会等方面的材料，著述了内容丰富的《佛罗伦萨史》，成为有关佛罗伦萨历史最重要的作家之一。意大利史学家弗朗西斯科·圭恰尔迪尼注重收集和运用包括佛罗伦萨的公共档案在内的新近档案文献资料，成为当时第一个复原历史的历史学家。[①] 法国学者迪蒂耶利用整理王室档案馆的机会，抄录了大量重要档案，并以此为基础编成了《法兰西王国档案集成》。[②] 16 世纪开始，欧洲的一些学者致力于从档案文献等材料中系统地收集国家和宗教的历史，这些文献的开发和利用为很多现代独立学科的建立与发展奠定了基础，外交学、考古学等学科在此时期得以确立。

因此，文艺复兴时期，学者尤其是历史学者作为档案开放的主要倡导者，积极为档案开放发声，他们的思想和声音促使了当时档案馆开始走向开放，也为之后西方近代档案开放运动所继承和发扬。

文艺复兴之后，17 世纪末，西方开始了一场轰轰烈烈的思想文化运动——启蒙运动。它的思想基础——启蒙主义哲学，倡导建立合理的生活秩序，最大限度地保护个人和社会的福祉。启蒙主义哲学强调人权，强调摆脱先入为主的旧思想、权威和传统的压力，突出强调个人参与解决所有问题的权利。启蒙思想提出了公民权利和责任的观念，明确反对拒绝个人自由和平等的传统思想。伴随着启蒙运动的发展，民主思想逐渐深入人心，这为档案开放及社会化开发的发展提供了很好的思想土壤，一些档案学学者也开始反思长久以来档案及档案馆的封闭性，提出了档案馆应具有开放性，保存于其中的档案应向公众开放并提供利用的观点。例如，意大利档案学家波尼法西奥1632 年出版的《论档案馆》一书中第一次提到应启用"档案馆"一词代替"登记室"，他指出档案馆应"像古代雅典的档案机构那样，只接收和保管公开的档案"。[③] 而瑞典则在 1766 年制定并颁布了《出版自由法》，赋予公众获取政府文件包括政府档案的权利，成为世界上第一个明确规定并赋予公众获取档案权利的国家。

启蒙运动的浪潮在 1789 年爆发的法国资产阶级革命中达到了顶点。法国大革命中实行的资产阶级档案工作改革不仅真正改变了档案工作的封建性质，使之进入了一个

---

① 孙锦泉，徐波，侯树栋. 欧洲文艺复兴史·史学卷 [M]. 北京：人民出版社，2009：1-7，71-73.
② 徐波. 文艺复兴时期法国民族史学研究 [M]. 成都：四川人民出版社，2006：201-206.
③ 黄坤坊. 欧美档案学概要 [M]. 北京：档案出版社，1986：4-6.

崭新时期，而且带动欧洲其他国家相继实行了档案工作改革，使得档案工作的面貌焕然一新。法国档案改革建立了世界上第一个具有国家意义的公共档案馆，同时率先实行了档案开放原则。1790 年法国颁布《国家档案馆条例》，规定国家档案馆每周对外开放三天，供法国公民免费查阅档案；1794 年颁布《穑月七日档案法》，进一步明确规定法国所有公共档案馆实行开放原则。开放原则使得利用档案的权利由古代统治阶级拥有的特权转变为普通公民的权利，彻底改变了档案馆的封闭性和阶级性，开创了档案开放利用的新纪元，档案开放原则也因此被誉为"档案的人权宣言"。

2.2.3　近代：走向社会化开发

1789 年法国资产阶级大革命后，受到法国档案工作改革的影响，档案开放利用原则开始被欧洲乃至世界各国普遍接受，英国、意大利、荷兰、比利时等国家也开始在档案法规中明确公共档案馆对广大公民开放的原则。美国也确立了"需要知晓原则"，利用者只要提出合理的要求，政府工作人员或是档案工作者认为利用者有必要利用档案，在不妨碍公众利益的前提下，就予以开放。

档案开放的浪潮对于历史研究人员的影响尤为显著。档案是历史研究的基础，国家有义务向历史研究者开放所有档案的思想几乎已被所有受欧洲文化影响的国家普遍接受。从 19 世纪开始，几乎每个欧洲国家的首都都设有近似于公开的研究室，其目的就在于"使人们能够在那里接触到官方历史档案"，历史学家可以比较自由地利用档案。[①] 在被称为"历史世纪"的 19 世纪，历史学家为推动档案开放及社会化开发做出了巨大的贡献。这与法国大革命后的欧洲民族主义的兴起密切相关。为反对拿破仑的统治，欧洲各国开始意识到他们的民族个性，并开始将国家历史作为民族面临灾难时鼓励民心的来源。因此，开放文献资源，提供给国家历史研究使用，根据新发现的材料书写历史成为当时史学运动的目标。这进一步促使了欧洲各国的档案开放，同时也使得公共文件由有能力的保管者保管成为必要。19 世纪前 10 年，很多欧洲国家出现了学者进入档案机构工作的现象，这些学者取代了部分之前受过政府写作及登记室工作培训的政府官员。[②] 这些学者对待档案材料的态度必然与之前的政府保管者的态度截然不同，这也使得档案馆成为科学机构而并非政府机构，这有利于档案的进一步开放。

---

① 李刚 . 19 世纪欧洲史学的档案研究传统：以兰克史学为例 [J]. 档案学研究，2008 (2)：17 - 19.

② POSTER E. Some aspects of archival development since the French revolution [J]. The American Archivist，1940，3 (3)：159 - 172.

19 世纪兰克史学范式的盛行也对档案开放产生了深远影响。兰克的历史主义理论认为档案文献对历史学家至关重要，兰克史学坚持"如实直书""去伪存真"等治史思想，强调对史料的严格考证和原始文献的运用。兰克认为一手史料包括官方档案文献、当事人的书信和回忆录。一手史料是可信的，二手史料是值得怀疑的、需要考证的。[①] 兰克秉持着自己的治史原则，利用大量原始档案文献，为世人留下了众多伟大的中世纪史与世界近代史方面的史学著述。例如，兰克利用在意大利收集到的档案资料，于 1834 年出版了《教皇史》第一卷，于 1836 年出版了第二卷和第三卷。[②] 兰克史学范式在史学研究领域产生了深远的影响，在其影响下，档案文献的限制利用被认为是消极的且有碍于科学创造的发展。很多历史学者深受兰克史学范式的影响，非常重视对档案史料的收集和利用，有些也开展了档案文献汇编工作。例如，兰克的学生魏茨编纂了《德意志史料集成》，将其亲自从档案库内抄录的档案及其他国家有关德意志的档案史料编纂出版；兰克的另一个学生，曾担任过普鲁士国家档案馆馆长的西伯尔也编辑出版了大型丛书"档案摘录"，并指导柏林科学院编辑出版了《腓特烈大帝政治通信集》。[③] 在美国也有很多历史学者开展档案资源的开发和利用工作。有的学者认为在美国"从殖民地时期直至 20 世纪初，早期的档案工作是历史学的分支之一"[④]。1827 年，美国历史学家斯巴克斯（Jared Sparks）为了编写美国革命史，走遍美国南北各地，各地保存丰富的档案文献令他惊叹不已。在考察的过程中，斯巴克斯抄录了大量的档案文件，了解了公务档案的保存条件和它们的价值。1829—1830 年，他编辑出版了 12 卷有关美国的档案汇编《美国革命外交信函》，这是一部在美国公开出版的档案史料汇编。1834—1838 年间，他又编辑出版了第一部有关华盛顿的档案史料《华盛顿传记及文集》。[⑤]

这一时期也有一些历史学家和档案学家对档案开放利用进行理论论证。例如，法国历史学家朗格鲁（Charles-Victor Langlois）在 1898 年《历史研究导论》上发表文章，指出档案开放原则的意义在于不仅改变了档案馆的性质，使档案馆从机密机构变成了公开机构，而且开创了档案利用的崭新时代，使档案利用从单一的行政利用扩大到科学利用。[⑥] 德国档案学家冯·麦登（Friedrich L. von Medem）在《论档案学》中指出档案馆具有双重性质，既有政治机关的性质，又有科学研究机关的性质，历史学

---

① 易兰 . 兰克史学研究 [M]. 上海：复旦大学出版社，2006：101 - 106.
② 古奇 . 十九世纪历史学与历史学家 [M]. 耿淡如，译 . 上海：商务印书馆，1989：189.
③ 李刚 . 19 世纪欧洲史学的档案研究传统：以兰克史学为例 [J]. 档案学研究，2008（2）：17 - 19.
④ 张仲仁，翁航深 . 美国档案文件管理 [M]. 成都：四川省社会科学院出版社，1987：1.
⑤ 同④7.
⑥ 黄霄羽 . 外国档案事业史 [M]. 北京：中国人民大学出版社，2004：61.

家与政府人员应该以平等身份利用档案。[①]

因此，随着法国大革命的胜利，档案开放原则得以确立并在欧美各国贯彻实施，历史学者仍是档案开放利用的主要主体，特别是兰克史学范式的确立更使得档案成为史学研究不可缺少的材料。而因为档案开放原则的实施，很多历史研究者得以获取世界各国档案馆中的开放档案，他们利用这些开放档案编写史书，也把这些档案汇集出版，他们是档案开发利用的最主要的主体。由此可见，无论是中国还是西方各国，在近代史上，历史学者都是档案资源开发利用的主体，或者说历史学者都是档案资源社会化开发的主体，这种一致也是因为中国当时民国史学界的诸多历史研究者包括陈垣、胡适、傅斯年等也深受兰克史学研究的影响。

2.2.4　现代：社会化开发持续深入

第一次世界大战后，世界格局发生了重大变化，美日崛起，民族国家的思潮在世界蔓延，很多地方开始去殖民化，争取独立。而随着西方各国现代化的推进，政府组织机构的职能也日益复杂化。这一时期文件生命周期理论产生，文件与档案也被区分开来，档案的开发利用引起了诸多欧美档案学学者的关注，他们对档案开发和利用的类型、途径等开展理论研究。例如，1928 年，卡萨诺瓦（Casanova）在其著作《档案学》一书中将档案的利用纳入了档案学基础理论的范畴，第一次赋予档案利用以理论高度的地位。[②] 谢伦伯格（Schellenberg）提出了文件双重价值理论，强调文件具有对其形成机构的第一价值，及对形成机构以外的主体的第二价值。这为档案向社会开放利用进一步提供了理论基础。在《现代档案：原则与技术》一书中，谢伦伯格详细论述了档案借阅和利用政策，指出档案工作的目的就是把有价值的文件保存下来，并使它可供利用，故文件应最大限度地开放利用，这符合公共利益。同时，公共文件是国家的，公民虽享有利用公共文件的权利，但为了公共利益及文件的保管，在档案借阅及利用过程中，对于涉及军事情报、外交活动、商业机密或个人隐私的文件应禁止借阅，并需要制定一些利用档案的规章和办法来平衡档案利用与档案保管之间的关系。他强调在提供利用方面，档案工作者应对官方利用者和私人利用者一视同仁，并对档案提供利用的方式进行了论述。[③]

---

①　傅荣校. 档案馆性质认识之历史变迁［J］. 档案，1993（4）：21 - 23.

②　CASANOVA E. Archivistica［M］. Siena：Stab. Arti Grafiche Lazzeri，1928：426 - 472.

③　谢伦伯格. 现代档案：原则与技术［M］. 北京：档案出版社，1983：247 - 248.

在实践中,英国早在 20 世纪 50 年代就提出了封闭期制度,其 1958 年颁布的《公共档案法》规定:凡满 50 年的公共档案均应向公众开放。美国于 1966 年 5 月在华盛顿特区与国际档案理事会(ICA)合作召开了一次非同寻常的档案大会,这次大会的历史意义是第一次在世界层面宣布自由获取档案的原则。在会议上,艾伯特·莱辛格(Albert Leisinger)代表美国国家档案馆发言,他援引了法国大革命时的民主思想原则,宣称每个人都有平等地利用档案的权利,对政府机构及其支持者的档案,也无须加以限制。此次会议被认为是对 1794 年法国档案法律提出的"档案的人权宣言"的国际认可。[①] ICA 还设立了工作组来准备两套提案以表达自由获取的原则,这些提案被提交给 1968 年 9 月在马德里举行的第六届国际档案大会,这次大会批准了如下建议:所有国家的档案行政管理部门要深入分析其与自由获取相关的规定,并向有关机构提出建议,消除未在法律中规定的一切限制。规定有获取时限的国家,封闭期一般不得超过 30 年。大会还宣布平等对待国内外研究者的原则应该在所有国家执行。[②] 这些原则被很多欧洲国家采纳并被落实,档案封闭期制度进一步确保了档案的开放利用。与此同时,档案利用也成为数届国际档案大会热议的主题,特别是 1980 年第九届国际档案大会,其中心议题便是"档案利用"。这次大会首次提出档案利用可分为"学术利用""实际利用"及"普遍利用",并对这三种利用的含义和特点,及这些利用形式对档案工作及档案工作者的影响进行了探讨。1996 年国际档案理事会发布的《档案工作者职业道德规范》第 6 条也明确规定:档案工作者应尽可能广泛地提供档案资料的利用,为所有利用者提供无差别服务。并在第 7 条中强调档案工作者应既尊重获取,又尊重隐私,在相关法律范围内行事。而要更好地开展档案利用服务,就需了解和把握档案利用者的需求。

在此时期,欧美各国开始普遍将档案的开放与利用纳入法制轨道,专门立法保障公民获取、利用及再利用档案和政府信息的权利。例如,美国于 1966 年制定了《信息自由法》,之后,英国、澳大利亚等国都相继出台了《信息自由法》。档案开放的进程在现代得到前所未有的加快,这为档案资源社会化开发提供了必要的前提条件,也使得现当代欧美国家开展档案社会化开发的实践成为可能。

进入现代之后,随着西方各国公民的民主意识觉醒,要求参政、议政的呼声越来越高,一些欧美国家政府建立了信息公开制度,档案开放程度不断加深,档案信息资

---

① 瓦尔纳. 现代档案与文件管理必读 [M]. 北京:档案出版社,1992:374.

② VALGE J,KIBAL B. Restrictions on access to archives and records in Europe:a history and the current situation [J]. Journal of the Society of Archivists,2007,28(2):193-214.

源的开发和利用形式日趋多样。如今一些国家如美、英、澳等国国家档案馆已经开展了数字档案资源社会化开发的实践，逐渐形成了社会公众参与档案信息资源开发的氛围与文化，数字档案资源社会化开发正在成为欧美国家一种重要的档案信息资源开发形式。

通过对西方档案开放与开发历史的梳理可以发现，在经历了中世纪黑暗时期之后，档案开放及社会化开发思想得以复兴。随着社会的发展，档案开放及社会化开发的广度和深度在不断地增加，越来越多的社会主体成为档案信息资源开发利用的主体，而档案资源社会化开发思想的星火也一直闪耀在我国档案事业发展历程中。由此可见，从世界范围来看，数字档案资源社会化开发都是档案事业发展的一大趋势，档案机构应顺势而为。

数字档案资源社会化开发
现实图景与模型建构

从整个世界范围来看，档案机构在数字档案资源社会化开发方面可分为两大类：一类是先行开展数字档案资源社会化开发的机构，如美、英、澳、新四国国家档案馆。这些档案机构是数字档案资源社会化开发的先行者，他们愿意承担由此带来的风险并能承受项目的失败。在此笔者引用罗杰斯（Rogers）的术语，称这类档案机构为数字档案资源社会化开发领域的"创新者（innovator）"[①]。另一类是对数字档案资源社会化开发持观望态度的，笔者称之为"旁观者"。旁观者对数字档案资源社会化开发所持态度也不一样。有些对数字档案资源社会化开发持肯定态度，如笔者访谈的韩国国家记录院、芬兰国家档案馆，他们认为数字档案资源社会化开发在促进档案资源价值实现的最大化等方面有重要作用，并希望将来条件成熟也能开展相关的社会化开发项目。但有些档案机构则对数字档案资源社会化开发持较为消极的态度，认为数字档案资源社会化开发很难在自己的档案馆开展。

笔者选择美、英、澳、新四位创新者作为案例，于2017年10月至2018年10月通过网络调查及半结构化访谈（访谈提纲见附录1）等方法对他们进行深入分析，探究他们开展数字档案资源社会化开发的背景、目的、开展的过程和活动以及产生的效果等。在调查的过程中，笔者发现数字档案资源社会化开发也是一个结构化过程，为呈现这一结构化过程，笔者借鉴结构化理论及文件连续体理论建构了数字档案资源社会化开发模型，该模型也充分说明了数字档案资源社会化开发对于档案机构的可持续性发展的重要性。

---

① ROGERS E M. Diffusion of innovations [M]. 3rd ed. New York：The Free Press，1983：249.

3.1　创新者

3.1.1　美国国家档案馆：拔群出萃

美国国家档案馆的数字档案资源社会化开发项目主要在两类平台上进行：一类是美国国家档案馆自己运行的平台，包括其网站上的公民档案工作者（Citizen Archivist）平台、DocsTeach 平台及其 App 等；另一类是外部平台，包括 Flickr、Amara、Wikipedia 等，如公众可以对美国国家档案馆在 Flickr 上的图片添加标签，对 Amara 上的历史视频资料加字幕及翻译，可通过 WikiProject 提升与美国国家档案馆相关的主题在 Wikipedia 上的覆盖。其中，"公民档案工作者"项目的影响力是最大的，该项目于 2010 年启动，旨在利用公众的力量使更多的馆藏档案能被获取和利用。美国国家档案馆的"公民档案工作者"项目最初主要包括贴标签、转录、给历史视频资料加字幕、编辑 Wikipedia 文章等内容，该项目自 2016 年开始集中开展贴标签和转录两项任务，其目的是更便捷地利用公众的贡献，同时不必给美国国家档案馆工作人员增加更多的审查任务。美国国家档案馆的"公民档案工作者"项目的开展是受美国 Citizen Scientist 项目的启发而开展的，美国国家档案馆馆长戴维·费里罗（David Ferriero）在其 2010 年的博客中特别指出，NASA 发起的 Be a Martian 以及美国地质调查局（USGS）发起的 North American Bird Phenology Program 这些公民科学家项目给了他发起美国国家档案馆 Citizen Archivist 项目的灵感。①

从收集到的资料来看，美国国家档案馆属于数字档案资源社会化开发领域中的佼佼者，其工作具有以下特点。

（1）用以社会化开发的数字档案资源丰富。

公众参与开发的资源是美国国家档案馆网站上所有公开的档案资源，主要包括：美国国家档案馆在其国家档案目录中心的所有文件，该目录中心现有超过 200 万份数字文件；其 DocsTeach 版块所有开放的资源；美国国家档案馆在各大社会化媒体平台上的资源，包括 YouTube 及 Flicker 平台上国家档案馆站点的视频及图片资源。因此，美国国家档案馆供公众参与开发的资源在数量及种类上非常丰富。此外，他们还会根据当前发生的事件、目录中心新增加的文件或对志愿者来说有趣的文件发起开发任务，

① FERRIERO D. Cultivating Citizen Archivists [EB/OL]. (2010 - 04 - 12) [2021 - 10 - 10]. https://aotus. blogs. archives. gov/2010/04/12/cultivating-citizen-archivists/.

如专门针对第一次世界大战、第二次世界大战、水门事件、朝鲜战争等主题的开发任务。

（2）参与人数较多。

根据笔者的调查，截至 2017 年底，其 Citizen Archivist 项目就已有 27 000 个注册用户，他们贡献了 468 000 个标签，转录了 426 000 页文件，发表了 1 900 条评论。这个数字还在不断地增长中。

（3）任务类型多样。

美国国家档案馆数字档案资源社会化开发项目既包括贴标签、转录等较为常见的项目，又有自己的一些特色项目。例如，其平台曾发起的 Old Weather 项目，该项目在美国是由美国国家档案馆和美国国家海洋和大气管理局（NOAA）一起发起的，旨在对保存在美国国家档案馆的航海日志进行转录。美国国家档案馆数字化的海军、海岸防卫队及巡逻舰的历史航海日志可追溯到美国南北战争之前，一直到第二次世界大战时期。对这些航海日志的转录可为气候建模提供重要的数据，也有助于对过去环境状况的认知。这些数据可为科学家、地理学者、历史学家及社会公众所用，也是当地航海史教学或气候变化研究的重要工具。对于这类转录项目，美国国家档案馆根据转录的难易程度进行了任务区分，包括初级转录、中级转录及高级转录，参与者可根据自己的能力进行选择。DocsTeach 是另一极具特色的项目，该项目主要是由中小学教师根据馆藏的在线数字档案资源开发教学工具和活动等。因此，美国国家档案馆数字档案资源社会化开发项目任务设置是非常丰富多样的，这为参与者提供了多种选择。

（4）产生的社会影响良好。

美国国家档案馆数字档案资源社会化开发工作自开展以来，已经取得了良好的效果：自 2012 年以来，公众已经贡献了成百上千万的标签、元数据、转录、视频字幕及数字图像。2015 年美国国家档案馆为庆祝阳光周发起了一个转录挑战，仅仅一周时间，公众就转录了 2 500 页文件，并对美国国家档案馆目录中心的文件添加了 10 000 个标签。通过与 Wikipedia 的合作，美国国家档案馆的档案已经被整合到 4 000 多篇 Wikipedia 文章中，每年有超过 10 亿的浏览量。[①] 该项目也被认为是联邦政府证明众包合理的成功案例，2012 年它被哈佛大学肯尼迪政治学院阿什（ASH）民主治理和创新中心认为是政府的 20 大创新之一。

此外，他们对于公众的参与成果并没有自己审查，而是制定了公众参与的政策，

---

① Citizen Archivist dashboard: improving access to historical records through crowdsourcing [EB/OL]. (2022 - 10 - 07) [2023 - 02 - 25]. https://www.citizenscience.gov/citizen-archivist/#.

如对于公众贴标签制定了贴标签的政策①，规定了可被接受的标签标准是什么。为了吸引公众参与，他们也采取了一些措施，包括专门聘请两位社群管理员负责鼓励公众参与，设立了在线 History Hub 平台供参与者进行交流，并通过多个平台推广其数字档案资源社会化开发项目，同时每两周通过电子邮件向注册用户推送数字档案资源社会化开发项目的新动态，以吸引参与兴趣、鼓励参与。

3.1.2　英国国家档案馆：重振旗鼓

英国国家档案馆早在 2007 年就开展过公众参与开发档案馆藏的项目——Your Archives。Your Archives 实质上是一个档案 Wikipedia，它是基于 MediaWiki 技术建构的一个在线平台，公众通过此平台可以贡献、分享他们有关英国历史及英国国家档案馆馆藏、英国其他档案资源的知识。具体包括：编辑之前存在的页面、提交自己有关历史对象的文章、提交自己有关英国国家档案馆馆藏及其他档案资源的文章、发布对某一份文件的转录信息、补充信息、与其他利用者就相似的主题或研究项目进行合作等。该项目于 2012 年 9 月停止，在此期间，有超过 31 000 人注册并贡献或更新文章，超过 21 000 篇文章 260 000 页被编辑，有 600 万人次的访问量，5 000 万个页面被浏览。② 该平台停止运行后，其内容被迁移至其政府网页档案馆（Government Web Archive），公众可从此档案馆获取 Your Archives 的内容。英国国家档案馆发起此项目的主要原因是因为他们经常会收到研究者的反馈，说希望分享自己有关档案馆馆藏的知识以改善档案馆馆藏及其他资源目录，而当时英国国家档案馆尚未有任何可保存研究者有关馆藏的知识的机制。在其"2006—2008 优先行动计划"的"将历史回归每个人的生活"部分，英国国家档案馆明确提出其中的一个优先行动计划是"通过在线主题论坛及创新方法利用那些利用我们的文件的人的专业技能"。英国国家档案馆在对很多用户参与贡献的网站进行考察后选定了 Wikipedia 技术，开发了 Your Archives 平台。该项目是由其建议及文件知识部的知识迁移团队负责和管理的，该团队主要负责对研究者提供建议和帮助，故他们对于用于历史研究的档案及资源非常了解。该项目收到了较好的反响，2007 年被推荐为《卫报》的月度教育网站，位列 2008 年 ArchivesNext 最佳整

---

① Citizen Contribution Policy [EB/OL]. (2022 - 03 - 08) [2023 - 02 - 26]. https://www. archives. gov/social-media/policies/tagging-policy. html.

② Planned closure of Your Archives in 2012 [EB/OL]. (2012 - 09 - 30) [2021 - 10 - 10]. http://webarchive. nationalarchives. gov. uk/20130108145617/http://yourarchives. nationalarchives. gov. uk/index. php? title＝Home_page.

体网络体验类别名单，并荣获 2008 年信息技术与电子政府优秀沟通奖。英国国家档案馆 2010 年对 Your Archives 项目的内部审查报告提及尽管在该项目运行三年来有 29 000 名注册用户，但实际的固定的参与者人数较少，而从长远来看这是无法支持该项目的可持续性发展的，这也导致了 2010 年 1 月英国国家档案馆最终宣布终止这一项目。笔者在对英国国家档案馆工作人员进行访谈时，该名工作人员称，之所以停止 Your Archives 项目，还因为该项目也不符合他们想提供的无缝的用户体验的要求。

在 Your Archives 项目被停止后，英国国家档案馆网站发起了贴标签项目。英国国家档案馆想逐步结束 Your Archives 项目，并将用户合作功能引入其网站 Discovery 版块中，贴标签项目是初步尝试。目前英国国家档案馆对参与贴标签的人数没有详细的统计，但截至 2019 年 5 月，有 36 521 个标签被添加到 61 635 份文件中。与美国和新加坡国家档案馆相比，英国国家档案馆对于其贴标签项目似乎更多的是顺其自然的态度，即他们目前没有采取特别的措施来鼓励公众参与，对于所贴标签也没有事前或事后的审查机制，仅在贴标签项目中特别提到了贴标签的条件及用户参与的一些条款和条件，在贴标签的条件中列举了标签不能包含的内容。他们也使用了垃圾过滤功能过滤不合适的术语，用户也可以使用 flag 功能通知工作人员哪些标签是不合适的。但他们认为要审查标签的准确性是不可能的，因为大多数标签反映的是贴标签的人对所贴标签的对象的个人认知，故要知晓标签的准确性或目的是不太可能的。他们也未对参与者动机进行分析，也未采取任何措施吸引公众参与。

另外，2011 年英国国家档案馆在 Flickr 平台上发起了 Africa Through A Lens 项目①，该项目借助 Flickr 平台将其馆藏的涉及 100 年非洲历史（始于 19 世纪 60 年代）的一个照片集合在线公布，让利用者帮助改进其目录著录及地理坐标。

为更好地开展数字档案资源开发工作，英国国家档案馆在 2012 年颁布了《国家档案馆的志愿活动》这一策略性文件。该文件侧重阐述了应如何将传统的志愿活动与虚拟合作相结合，并思考将来应如何与志愿者合作的问题。同时，英国国家档案馆还建立了管理架构以制定相应的策略并对进行的项目进行监管，建立的管理架构主要包括：

（1）用户参与监管小组。

该小组成员来自英国国家档案馆不同部门，并积极寻求外部的建议和指导，同时对之前及当下正在开展的志愿者项目进行审查，调查其参与者以了解他们参与的动机。监管小组也确定了评价标准以评估所有的用户参与项目，这些标准确保只有那些符合

---

① Africa through a lens [EB/OL]. (2011 - 06 - 12) [2021 - 10 - 10]. https://www.nationalarchives.gov.uk/africa/.

总体目标及策略的项目能得到批准并开展。

（2）用户参与项目委员会。

该委员会对已经批准的用户参与项目进行管理。和监管小组类似，委员会的成员也来自国家档案馆各个部门。该委员会主要的职责是确保用户参与项目按时按预算地开展，进行风险管理，并向国家档案馆执行小组及管理委员会汇报。

3.1.3　澳大利亚国家档案馆：博观约取

澳大利亚国家档案馆的 arcHIVE 转录项目[①]是澳大利亚国家档案馆实验室发起的第一个实验性项目，旨在促使公众参与对其馆藏档案的转录，帮助档案馆提升其馆藏档案的可检索性及可获取性。这一点也反映在该项目的名称和 logo 中，HIVE 是蜂巢的意思，该项目的 logo 也是一个蜂巢，寓意公众一起合力构建。根据 2017 - 18—2020 - 21 澳大利亚国家档案馆总体计划（Corporate Plan 2017 - 18 to 2020 - 21），澳大利亚档案馆需持续增加其馆藏管理数据库 Record Search 中文件级别的著录的馆藏比例，以使更多的馆藏能为公众所检索和获取。以前该馆主要是通过自己的档案工作人员来做这项工作，但因为资源缩减，他们需要向志愿者寻求额外的帮助，这也是在数字空间让新用户参与的重要方式。

他们所选择的文件都是符合澳大利亚 1983 年《档案法》所规定的公共获取期限规定的文件，档案工作者在 HIVE 上上传这些文件时也会审查以确保这些文件没有包含任何保密或敏感信息。他们最初选取转录的文件是澳大利亚国家档案馆布里斯班分馆所藏的非常受欢迎的一些文件，这些文件已经引起了一些研究者的兴趣。该项目的任务也根据转录的难易程度进行了区分，公众可根据自身的情况选择难易程度合适的转录任务。但该项目的参与人数可能并不多，截至 2018 年 10 月中旬笔者对澳大利亚国家档案馆工作人员进行访谈时，在 HIVE 上的注册用户仅 100 人。但因为他们也允许参与者无须注册就参与，而他们对实际参与人数也未进行过统计，故无法告知实际有多少用户参与其中。他们对于公众参与的动机也没有进行过特别的分析，但采取了一些措施来吸引公众参与，如对完成一定量的转录的公众提供一些免费的小册子或免费的档案数字复印件，栏目设置了领先公告栏，将转录数量排名前五的注册用户名单罗列其上（此项只针对注册用户），等等。同时，澳大利亚档案馆也在积极考虑以转录档

---

① Digital volunteering at the National Archives [EB/OL]. (2019 - 06 - 03) [2021 - 10 - 10]. http://tran-scribe. naa. gov. au/.

案的内容吸引公众参与，如将一些日记、照片或一些特定主题的档案提供给公众转录。被转录的文件一旦转录完成后，会由其档案工作人员对转录质量进行审查，但该档案馆工作人员也称这种审查机制给工作人员增加了很大负担。

HIVE 项目是澳大利亚国家档案馆的一个实验性项目，当前 HIVE 项目的发展存在一些问题：一是 HIVE 项目的可见度不高。目前在澳大利亚国家档案馆的官网上是比较难找到 HIVE 项目的，这点与美、英、新国家档案馆不同，这三国档案馆网站在其首页较明显的位置就列出了他们的数字档案资源社会化开发项目，但在澳大利亚国家档案馆的官网首页找不到 HIVE 项目的任何信息，这很不利于公众参与。二是HIVE 本身也存在一些问题。HIVE 在用户友好及吸引力方面还有待进一步加强。目前在其项目内容的设置上没有提供任何帮助信息，也没有参与公众与档案工作人员互动、参与公众之间互动的相关设置，这影响到项目的人气和吸引力。

3.1.4　新加坡国家档案馆：择善而从

新加坡国家档案馆也发起了"公民档案工作者"项目，该项目名称沿用了美国国家档案馆的项目名称，由此可见，新加坡国家档案馆是从美国国家档案馆那里获得的启发。新加坡国家档案馆之所以发起该项目也是基于透明政府、民主政府的大背景。该馆建有"在线档案"（Archives Online）以提供数字档案资源的获取，但由于档案馆藏量太大，很多档案未能充分地著录、转录，为了让更多的档案能被在线获取，同时也为了进一步提升公众对新加坡国家档案馆及其馆藏资源的认知，并激发公众对新加坡历史的兴趣，他们发起了这个项目。该项目主要包括三项任务：转录文件、描述照片及转录口述历史访谈。例如，2017 年 12 月，他们上传转录的文件是海峡殖民地文件，这是一组 1826—1946 年英国对海峡殖民地包括新加坡、槟城、马六甲进行统治的文件。这些手写的、精致的英文草书无法由 OCR 软件精确识读，从而阻碍了它们的检索及获取。通过汇聚公众的集体努力，这些文件中的故事和内容将能被检索，也能被识读。而所有这些文件也是首次在线提供获取。那些供公众描述的照片在移交给档案馆时没有任何的描述，他们也希望有熟悉照片中的人物或时代、地点的人能够给这些照片贴标签，即使公众无法确定照片的具体信息，也可以对照片进行描述，从而使这些照片能被检索到。如其馆长埃里克·陈（Eric Chin）所言，通过将照片向公众公开并请公众参与描述有助于加速识别这些照片的过程……如果一张照片没有任何的描述，那对利用者而言就没有价值，因为人们利用"在线档案"并进行检索时是输入关键词，需要一些关键词来使得这些档案能被检索到。[①] 另外，因新加坡国家档案馆拥有大量的口述历史访谈档案，这些口述者用不同的语言来讲述他们所经历的故事，普通利用者可能无法理解其中的很多语言，故该馆也挑选了一些口述历史资源请公众参与转录。

总体而言，新加坡的公众参与数字档案资源开发项目具有以下特点。

（1）精心挑选用以社会化开发的档案资源。

与美国国家档案馆不同的是，新加坡国家档案馆是挑选部分档案用以社会化开发，如对于供公众转录的海峡殖民地文件，他们就挑选了其中更易读的并与新加坡相关的文件及一些描述名人的文件；而用以供公众参与描述的照片档案，他们主要是挑选那些涉及不同时代且描述很少或空白的照片。

（2）参与人数有限。

自 2015 年至 2017 年底仅有 432 名注册公民档案工作者，他们大多数是历史爱好者。考虑到新加坡总人口数达 564 万[②]，这个参与人数还是比较少。

（3）充分尊重参与者的劳动成果。

如果公民档案工作者的成果经审查是合适的，将与其他人的著录或转录成果一起被整合到 Archives Online 里，同时这些做出贡献的公民档案工作者的名字也会被作为 Archives Online 的元数据。

通过对美、英、澳、新四国数字档案资源社会化开发现状的分析，可以进一步看出数字档案资源社会化开发实质上是通过多元主体、不同时空的开发活动使档案获得新意义的过程，这个过程并不是一种线性发展的过程，而是结构化的过程。这一结构化过程可以通过借鉴结构化理论及文件连续体理论、建构数字档案资源社会化开发模型得以呈现。

3.2　模型建构

3.2.1　理论依据：结构化理论和文件连续体理论

（1）结构化理论。

吉登斯（Anthony Giddens）在阐述其结构化理论时说过，他的结构化理论是对马

---

①　TAY M. Citizen Archivist to be engaged in archiving Singapore's past：MCI ［EB/OL］．（2015 − 03 − 10）［2021 − 10 − 10］. http://www. todayonline. com/singapore/citizen-archivists-be-engaged-archiving-singapores-past-mci.

②　Population and population structure ［EB/OL］．（2022 − 09 − 27）［2023 − 02 − 26］. https://www. singstat. gov. sg/find-data/search-by-theme/population/population-and-population-structure/latest-data.

克思时常被引用的一段名言的深切反省，即"人们（或者让我们直接用'人类'这个词）创造历史，但不是在他们自己选定的条件下创造"①。吉登斯力图突破现代西方社会理论中存在的主体主义和客体主义、行动与结构的二元对立，他提出在时空向度上得到有序安排的各种社会实践是社会科学研究的基本领域，"结构"是"被循环反复组织起来的一系列规则和资源"②，它是社会实践的构成部分，落实于社会实践，作为记忆痕迹，导引具有认知能力的行动者的行为。③ 对于吉登斯而言，结构具有二重性，总是同时具有约束性和使动性，行动者是具有能动性和反思性的主体，在从事社会实践的过程中，受到结构的约束，但同时又利用解释图式、规范及社会行动中的权力生产和再生产结构，这也就是结构化的过程。

数字档案资源社会化开发是一种社会实践活动，在这一社会实践活动过程中，多元主体作为具有能动性的主体，他们具有开发档案信息的能力（即权力）。如果他们被赋权参与档案馆数字档案资源的开发，他们也就拥有实现权力的资源。他们在进行数字档案资源开发时会受到现有的数字档案资源开发规则的制约，但作为能动主体，他们参与数字档案资源社会化开发的行动必然也会生产和再生产数字档案资源开发规则和资源。例如，通过数字档案资源社会化开发，不同主体的声音、多元的记忆被保存，这将改变单一的元叙事的话语，从而改变整个社会记忆的构成，而多元记忆被保存也将有助于这些记忆的主体争取他们的权利及资源，从而影响到社会资源的权威化及资源的分配；这些不同的声音及话语也将对档案工作实践产生很大的影响，使得档案工作中的档案工作者从集权状态走向分权状态，档案工作的规则也会发生改变。因此，数字档案资源社会化开发也是一个结构化的过程，可以借鉴结构化理论来建构数字档案资源社会化开发模型。

（2）文件连续体理论。

文件连续体理论强调多元主体参与文件管理的各个环节，包括文件的形成、鉴定、保存、获取及处置，并阐述了多元主体共建社会记忆的过程。该理论模型可为数字档案资源社会化开发模型的建构提供借鉴。

文件连续体理论是由澳大利亚莫纳什大学的弗兰克·阿普沃德于 1999 年提出的，该理论的提出是基于澳大利亚档案学理论与实践的发展历史。阿普沃德在借鉴吉登斯结构化理论的基础上建构了文件连续体理论模型，以呈现文件管理的时空延伸性（见

---

① 吉登斯. 社会的构成：结构化理论纲要 [M]. 李康，李猛，译. 北京：中国人民大学出版社，2016：9.
② 吉登斯. 社会的构成：结构化理论纲要 [M]. 李康，李猛，译. 北京：中国人民大学出版社，2016：23.
③ 吉登斯. 社会的构成：结构化理论纲要 [M]. 李康，李猛，译. 北京：中国人民大学出版社，2016：16.

图 3-1）。该理论模型的最初版本中每个轴都用一条实线表示，阿普沃德后来将此实线
删除，目的是避免造成误解，即误解每个轴是截然分开的，或每个轴上的坐标是被割
裂开的。对于文件连续体理论模型，国内很多研究者都曾引用并进行了解读，但有些
解读可能存在一些偏差。本章主要是依据文件连续体理论模型来建构数字档案资源社
会化开发模型，故有必要对此理论模型先加以阐述。文件连续体理论模型由四个轴构
成，包括身份轴、互动性轴、文件管理存储器轴及证据轴，每个轴上有四个坐标，这
些坐标之间相互关联，由此形成了四个维度：形成维、捕获维、组织维和聚合维（或
称多元维）。

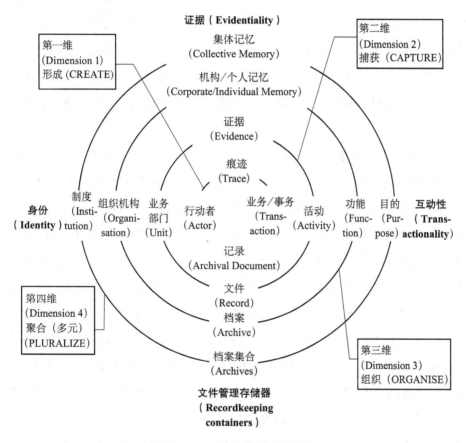

图 3-1 文件连续体理论模型

文件连续体理论模型中的四个轴代表的是文件管理中的四个重要主题：身份、文
件管理存储器、互动性和证据。每个轴上都有四个坐标，身份轴主要指的是文件管理
中的行为主体，包括行动者、业务部门、组织机构、制度。在此需特别解释的是 insti-
tution 这个坐标，我国很多研究一般都把它翻译为具体的"机构"，但在此应该是指
"制度"，如一个国家的文化、教育制度等，而并非具体的机构之意，这与吉登斯结构
化理论中所提出的具有"时空延伸性"的"制度性实践"的概念是一致的。这四个行

为主体中，行动者可能属于某个组织机构某个部门，而机构部门也可能是属于某个组织机构的，而组织机构是整个社会制度的组成部分。文件管理存储器轴包括记录、文件、档案、档案集合①，对于这四个概念，阿普沃德在其首次提出文件连续体理论模型时就进行了界定，他指出："记录"是基于行为而产生的，包括内容、结构及形成背景。但记录尚未被关联起来。阿普沃德认为凡是记录均具有潜在的档案价值，因此，他所建构的文件连续体理论模型中 document 前有 archival 一词进行修饰。而"文件"是记录脱离其形成环境与其他记录相联系的形式。它有着额外的背景层，这也使得该记录能脱离其形成背景而作为文件存在于时空中。阿普沃德还特别强调文件连续体理论中的 record（文件）是逻辑的而并非物理实体，该理论适用于所有的文件，不论它们是纸质的还是电子形式的。这也说明文件连续体理论并不是针对或只适用于电子文件的理论，它是适用于任何形式的文件管理的理论。"档案"是一个组织所有的具有档案价值的文件，是文件的集合。"档案集合"是档案的复数形式，它是指多个组织机构的文件。②

互动性轴包括业务/事务、活动、功能及目的四个坐标，其中 function 翻译为"功能"更为合适，它强调的是一个组织机构的文件应该能反映这个组织机构在社会中的功能，即在社会中的角色。证据轴包括痕迹、证据、机构/个人记忆及集体记忆。

文件连续体理论模型中的每个轴上的四个坐标相互关联，由此形成了四个维度。形成维，描述的是个人层面的文件形成及保存行为，即行动者在办理业务或事务的过程中形成了记录，这些记录是其行为的痕迹。捕获维，对业务部门而言，将其部门每个行动者在业务活动中所形成的记录进行捕获，就形成了这个业务部门业务活动的证据；而对于个人而言，将其在社会活动中所形成的记录进行捕获就形成了行动者个人从事社会活动的证据。组织维，对于组织机构而言，将其各业务部门的文件加以组织，这里的组织指的是具体的档案整理、编目、保存等工作，就形成了这个组织机构的记忆；而对于个人而言，将其所形成的文件加以组织就形成了个人记忆。这些记忆反映了这个组织机构或行动者在社会中的功能，即在社会中的角色。聚合维，各个组织机构或行动者的档案聚合在一起就形成了社会记忆，能反映某一社会制度的概况、目的及功能等。

---

① 这四个术语是基于澳大利亚文件档案管理实践形成的，而澳大利亚文件档案管理实践与中国的文件档案管理实践存在差异，所以很难找到与这些术语完全对应的中文术语，在此暂且将这些术语翻译为意思最接近的这四个中文术语。

② UPWARD F. Structuring the records continuum—part one：postcustodial principles and properties ［J］. Archives and Manuscripts，1996，24（2）：268-285.

　　这四个维度并不是层次分明、递进式发生的，而是作为一个整体而存在。苏·麦克米希曾指出第一维和第二维可视为执行维，即这两维关注的是获得行为的痕迹，并确保它能作为证据。第三维和第四维可被认为是控制、规范、标准化及审查维度，其中第三维关注的"内部"事务，即机构记忆的形成、管理及提供获取，第四维关注的是"外部"事务，即集体记忆的构成。而第一和第二维是根据第三和第四维所制定的规范、标准、设计要求及最佳实践模型来开展的。①

　　阿普沃德也特别强调"维"并不是界限，坐标也并不是一成不变的，事物可能跨越维而同时存在，如文件自其形成时起就可同时作为组织机构记忆和集体记忆而存在和运行，这就类似一块石头被扔进水里（基于行为产生的记录）在水面上几乎同时泛起了层层涟漪（即各个维度同时发生），因此不能将这些维度理解为是依此发生的。

　　文件连续体理论模型的灵感主要来自吉登斯有关时空延伸的论述，因此，文件连续体理论模型的各维也充分体现了文件运动的时空延伸性。

　　自内向外看，文件连续体理论模型如涟漪般向外扩张：第一维形成维可视为从文件形成的直接背景中的延伸的开始，这一维中的所有事物都处在形成的过程中，行为被实施，基于行为产生了记录，但记录尚未被关联起来。在第二维中，有关记录及其相关联的信息被添加，这就形成了文件，这一维中文件可从其形成的直接背景中脱离出来。这就实现了文件从其形成的时间和空间的延伸。如果文件被组织成为机构记忆或个人记忆的组成部分，即第三维，这就发生了更充分的时空延伸，即文件可与同一组织机构或个人的处于任何时空的其他文件一起组织成为机构的或个人的记忆，而这也赋予文件在组织机构中更大的可获取性。当文件与其他的机构的文件跨越更广阔的时空相连构成集体记忆时，这种延伸就进入了更深远的维度即聚合维（第四维）。在此维度中，文件脱离其形成机构而存在，也能满足其形成、捕获及组织过程中所涉及的主体以外的多元化主体的需求。因此，文件连续体理论模型是用图来表示在文件管理中发生的文件从其最初的时空中的脱离及其延伸性。

　　自外向内看，每个维度可视为级联区域，作为集体记忆组成部分的文件也可能螺旋式地向内回溯到文件的形成、捕获及组织，这也反映了文件运动的时空延伸性。芭芭拉·里德（Barbara Reed）曾以一个案例来解释文件的这种由外向内的螺旋式的运动：虐俘照片在《真相监督报》头版刊发，这立即使这些照片处于第四维，即这些照片通过报纸被散发到超越任何一个组织机构的更广泛的群体中，这些照片及它们的内

---

① UPWARD F. Structuring the records continuum—part one: postcustodial principles and properties [J]. Archives and Manuscripts, 1996, 24 (2): 268-285.

容成为当代社会集体记忆的一部分。作为当代社会集体记忆的组成部分，这些照片又成为开启进一步行动的催化剂，由此导致了螺旋式地回溯到不同机构所采取的组织行为的维度，而媒体的猜测所助长的公众的强烈抗议也迫使政治家采取行动，由此导致形成、捕获及组织相关的文件。[①]

另外，阿普沃德将文件置于捕获维也和他对于文件并非中立物的观点一致。文件是由相关机构从众多的记录中选择出来，并将与之相关的背景信息及其他相关记录建立关联而形成的。因此，对于同一社会实践活动，不同的组织机构可能会捕获并形成不一样的文件，而不一样的文件也会对其所存在的社会结构产生不一样的形塑和诠释。

这四维作为一个整体也导致了对于文件的管理并非是单一地由文件管理者或档案管理者分阶段来开展的。文件连续体理论者强调，在文件连续体体例下，文件管理专业人员应与相关人员合作，共同做好文件保存工作，每个社会主体都是文件管理者，而文件管理专业人员只是文件管理者中的专家。[②]

文件连续体理论的终极诉求是建立一个自下而上的、可靠的文件管理体系，以完整保存集体记忆，促进社会民主发展。因此，文件连续体理论对社会记忆的建构具有很大影响，以往被视为文件记录活动客体的其他主体成为文件的共同形成者，并作为积极的能动者参与到文件的鉴定、著录等工作中，以往被边缘化的社群能够积极发出他们的声音，他们的记忆也能被保存，整个社会各个主体都能共同参与、共同建构更为完整的社会记忆。

3.2.2　结构化过程：数字档案资源社会化开发模型

基于数字档案资源社会化开发的实践，在借鉴文件连续体理论的基础上，笔者建构了数字档案资源社会化开发模型（见图3-2）。本模型包括四个轴：行动者、行为活动、记忆及社会科技基础设施，这四个轴也代表了数字档案资源社会化开发中的四个重要主题，每个轴上都有相应的四个坐标。

（1）行动者轴：指数字档案资源社会化开发中涉及的行动者，包括个体、众人、社群及制度。这里的个体是指单个行动者，众人是指由多个个体基于弱联系组成的集

---

① REEDS B. Reading the records continuum: interpretations and explorations [J]. Archives and Manuscripts, 2005, 33 (1): 18-43.

② MCKEMMISH S. Yesterday, today and tomorrow: a continuum of responsibility [EB/OL]. (2016-10-18) [2021-10-16]. https://bridges.monash.edu/articles/conference_contribution/Yesterday_today_and_tomorrow_a_continuum_of_responsibility/4037433.

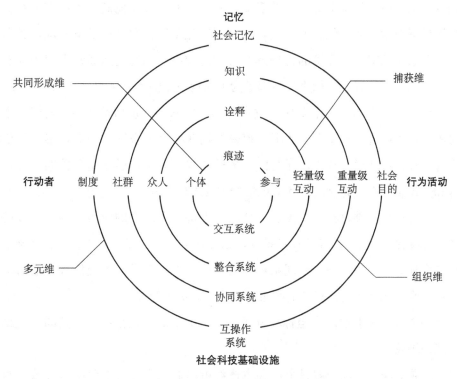

图 3-2　数字档案资源社会化开发模型

合，而社群则强调的是由多个个体基于强联系组成的集合。弱联系基于一种或几种通常和个人无关的互动，并通过很有限的交流得以维系，而且主体也没有责任维系这种联系。而强联系基于各种互动，尤其是个人之间的互动及自我披露，要运用多种媒介，主体有责任维系这种联系。[①] 在此借鉴了文件连续体理论的行动者轴中的"制度"这一概念，同样是指一个国家的文化、教育制度等，所有的个体、众人、社群也都属于社会制度的构成部分。

（2）行为活动轴：指的是数字档案资源社会化开发所涉及的行动者实施的具体行为活动，包括参与、轻量级互动、重量级互动及最终实现一定的社会目的。此处的"参与"是指行动者个体参与到数字档案资源开发中，实施一定的开发行为；这里的"轻量级"及"重量级"则引用了社会学家及社交网络分析家卡罗琳·海索恩斯韦特（Caroline Haythornthwaite）提出的"轻量级大众生产"及"重量级大众生产"概念[②]，指参与者之间及他们对于生产的责任感及参与度。"轻量级互动"是指基于弱联系的众

① GRANOVETTER M S. The strength of weak tie [J]. American Journal of Sociology, 1973, 78 (6): 1360 - 1380.

② HAYTHORNTHWAITE C. Crowds and communities: light and heavyweight models of peer production [C] //Proceedings of the 42nd Hawaii International Conference on System Sciences. January 5 - 8, 2009. Hawaii: IEEE, 2009: 1 - 10.

人之间的互动，由于是基于弱联系的互动，故各个参与者及他们对于数字档案资源的开发的责任感及参与度较低。而"重量级互动"是基于强联系的社群互动，各参与者及他们对于数字档案资源开发的责任感及参与度较高，他们之间通常表现为强有力的协同合作。当然，所有这些行为最终都是为了实现一定的社会目的。

（3）记忆轴：指的是每个个体通过各种形式的参与，包括贴标签、转录、添加背景信息等，留下痕迹，众多个体留下的痕迹被捕获留存下来则成为对档案的重要的诠释，而各个社群往往通力合作，开发出更多样的智力成果，形成基于档案的知识，这些诠释和知识组合在一起就成为社会记忆的重要组成部分。

（4）社会科技基础设施轴：代表的是用以支持各个维度的政策、制度、人员及技术系统的连续体。[①] 它包括各种技术系统，如交互系统用于实现个体参与、整合系统用于整合各个独立个体的成果、协同系统能使社群合作，互操作系统促进分散的多元成果组合在一起，此外还包括相应的政策、制度、人员等的支撑。

该模型中每个轴上的四个坐标相互关联，由此形成了四个维度：共同形成维、捕获维、组织维及多元维。

第一维是共同形成维，即每个社会主体都可以通过交互式平台参与对数字档案资源的开发，并由此留下参与的痕迹。这些参与的社会主体都是档案的共同形成者。

第二维是捕获维，即众多的社会主体留下的参与痕迹被捕获，并可通过平台整合成为对数字档案资源的诠释。

第三维是组织维，即一些社会主体形成社群，各社群成员协同合作对数字档案资源进行更深入的各种形式的开发，这些开发成果组织在一起形成知识。

第四维是多元维，即多元主体的诠释及形成的基于档案的知识一起组成重要的社会记忆，这些社会记忆是社会制度的组成部分，有助于社会制度的目的的实现。当然，这些多元主体的诠释和形成的知识也可能是具有不可通约性的本体，这也体现了诠释及智力成果的多元性。

在第一维中，公众所享有的可能是非常有限的能动性，一般是基于档案机构的邀请而参与数字档案资源的开发。例如，美、新两国国家档案馆的"公民档案工作者"项目中的贴标签、转录，这些都可被视为第一维的活动。这些活动都是由档案机构发起的，档案机构邀请各个社会主体参与其中，各个社会主体必须遵照档案机构的要求或规则给档案机构所提供的数字档案资源贴标签、进行转录。此时，社会个体的能动

---

① 此概念参考了 ROLAN G. Agency in the archive：a model for participatory recordkeeping [J]. Archival Science，2017（17）：195-225。

性较为有限。在第二维中，参与人数众多，就会形成更强有力的话语，这些话语组合在一起便是对档案资源的重要诠释。例如，美国国家档案馆将公众所贴的众多标签整合到其档案资源库中，利用者可通过标签检索到自己所需的档案。因此，这些标签已经成为档案资源的重要诠释，这也打破了档案机构单一话语的局面，体现了这些参与者更强的能动性，也将使公众获得更多的权利。例如，新加坡国家档案馆在整合公众参与成果的同时，将参与公众的名字也作为元数据保存，这就体现了对参与公众的署名权的尊重。第三维中的社群则享有较强的自主性，即可以自主地对数字档案资源进行多种形式的开发。例如，美国国家档案馆的 DocsTeach 项目，参与这个项目的通常是中小学教师，因为拥有共同的职业身份，故他们构成了一个社群，此时，他们对于数字档案资源的开发具有较强的自主性，即他们可以根据他们的教学需求和经验自主地对数字档案资源进行开发，包括自主设计各种教学活动或教学工具，并与社群其他成员共享，他们也可合作自主地开发教学活动及教学工具。

在所有的这些维中，档案工作者扮演的是资源提供者及协调者的角色，但仍享有接受或拒绝相关开发成果的权利。当然，所有这些活动都必须借助相应的社会科技基础设施，包括各种技术系统。如第一维需借助各种交互平台，包括各种社会化媒体平台及档案机构自己开发的与公众交互的平台；第二维不仅需要各种交互平台，也需要有整合平台，即能将众人的开发成果进行整合；第三维则可能需要专门的协同系统和机制来保证社群的协同合作；第四维的实现需要这些系统和平台之间可以实现互操作，也包括必须有相应的制度、政策等来保障这些互动的实现。

数字档案资源社会化开发模型也体现了时空的延伸性，任何个体都可能同时处于不同的维度中，他/她既可以作为单个主体或众人的一员参与数字档案资源开发，也可以作为社群的一员参与数字档案资源的开发；同样地，不同的主体也可能超越时空对同一文件产生不同的诠释，这些诠释一起构成了对于文件的说明或背景信息，从而成为社会记忆的重要组成部分。当然，所有这些时空的互动都会受档案结构和所处的社会结构的影响，但同时也会改变和形塑这些档案结构和社会结构。

数字档案资源社会化开发是今天开放创新时代档案资源开发的一种新范式，作为能动主体的社会公众通过多元的参与开发行为，赋予档案新的意义，成为档案资源的共同形成者、社会记忆的共同建构者。在这一过程中，他们不断地受到档案结构和社会结构的规范，同时也不断生产和再生产档案结构和社会结构。档案机构要在今天的数智时代生存和发展下来，开展数字档案资源社会化开发应是一项重要的任务。

档案馆开展数字档案资源社会化开发的影响因素

数字档案资源社会化开发涉及的主体主要有档案机构和社会公众，其中，档案机构是组织者、协调者、资源提供者，社会公众是开发的参与者，有时也是开发的共同组织者，数字档案资源社会化开发的开展需要这两大主体的共同努力。如前所述，对于数字档案资源社会化开发，不同的档案机构持不同的态度，大致可分为创新者和旁观者两大类，那么是什么原因促使创新者积极开展数字档案资源社会化开发工作，又有哪些因素导致旁观者未开展或未打算开展这方面的工作呢？本章基于建构型扎根理论方法论，通过对已经开展数字档案资源社会化开发的档案机构及未开展此项工作的档案机构的档案工作人员进行半结构化访谈来收集数据，并对这些数据进行编码分析，以探究影响档案机构开展数字档案资源社会化开发的因素。本章的数据收集及分析分两个阶段完成（见图4-1）：第一阶段先对部分档案工作者进行半结构化访谈，然后对访谈所获得的数据进行初始编码、聚焦编码以得出初始类属及其属性；第二阶段根据第一阶段的发现进行理论抽样，对剩余档案工作者再进行半结构化访谈，进一步收集数据直到达到理论饱和，从而确定类属及其属性，提炼出核心类属，并最终得出理论。撰写备忘录及进行比较则贯穿整个研究过程始终。

4.1 档案馆的抉择

4.1.1 创新者：动力驱使

已经开展数字档案资源社会化开发的档案机构样本选择了美、英、澳、新四国国家档案馆，在2017年10月至2018年10月通过Skype和电子邮件对这些项目共4位负

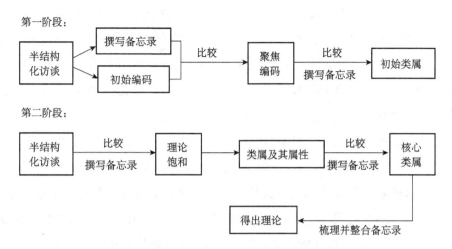

图 4 - 1 基于建构型扎根理论的数据收集及分析过程

责人进行了半结构化访谈,访谈的内容涉及该项目启动的原因、该项目遇到的困难或障碍及该项目可持续性发展的措施等方面(访谈提纲见附录 1)。此外,笔者还通过网络收集了相关资料,深入探究这四国国家档案馆启动这些社会化项目的原因、运作发展情况及面临的问题和障碍。

基于对访谈收集的数据的分析可以发现,数字档案资源社会化开发创新者之所以开展这项工作主要是基于几大动力。

(1)自上而下的动力:开放政府和透明政府建设的推动。

自 20 世纪 90 年代以来,各国政府都在致力于开放政府、透明政府的建设。例如,在美国,2009 年奥巴马上任伊始就签发了"透明及开放政府备忘录",并保证他的政府将达到前所未有的开放程度,即开放政府成为其首要任务。围绕此任务,美国联邦政府采取了一系列措施:2011 年夏季美国联合其他国家启动了全球"开放政府联盟(Open Government Partnership,OGP)"计划,并于 2011 年 9 月发布了第一个《开放政府国家行动计划》;2013 年 12 月,白宫又发布了第二个《开放政府国家行动计划》,旨在致力于与公众及民间社会组织合作以执行动议,从而提升公共诚信,更有效地管理资源并提升公共服务。而在开放政府、透明政府的建设过程中,数据开放已经成为其重要内容。如松多瓦尔-阿尔马赞(Sandoval-Almazán)在对开放政府这一概念进行界定时就强调,开放政府是一个技术制度平台,通过这个平台可将政府数据转变成开放数据,从而在公共决策制定、公共服务提升及问责过程中公众可以使用、保护这些数据,并利用这些数据开展合作。①

---

① SANDOVAL-ALMAZÁN R. Open government and transparency:building a conceptual framework [J]. Convergencia Revista de Ciencias Sociales,2015(68):10.

　　数据开放的提出是受 20 世纪 90 年代互联网领域发起的"开源运动"即开放软件源代码运动的影响，而政府是最大的数据拥有者，因此数据开放更多的是指政府数据的开放。美、英、澳、新等国近些年来在数据开放方面取得了很大进展。奥巴马在 2006 年签署了《联邦资金责任透明法案》(FFATA)，要求联邦政府向全社会开放所有公共财政支出的原始数据，包括政府和私营机构的购买合同、公共项目的投资、直接支付以及贷款等明细。2007 年根据该法的规定，USAspending. gov 上线，成为联邦政府发布公共支出信息的门户网站，2009 年联邦政府又上线了 Data. gov 网站，Data. gov 网站的主要目标就是开放联邦政府的数据，让数据走出政府，得到更多创新型应用。与美国相似，2006 年英国也开始了开放数据的运动。2010 年英国政府的数据开放平台 Data. gov. uk 正式上线，时任首相卡梅伦为进一步深化数据开放运动，提出了"数据权 (right to data)"的概念，强调数据权是信息时代每个公民都拥有的一项基本权利，并承诺要向社会普及数据权。[①] 2011 年英国劳工部、商业部启动了"我的数据（MyData)"项目，该项目将开放数据的理念由公共领域推进到了商业领域，众多商业公司加入此项目，承诺向社会开放公司收集到的与客户相关的数据。在美国的推动和倡议下，2011 年包括美英在内的 8 个国家宣布组成了"开放政府联盟"，并发布了《开放政府宣言》，承诺向社会开放更多的信息包括数据。[②] 之后新加坡、澳大利亚等 40 多个国家申请加盟，截至 2022 年，其成员已增加至 78 个国家。

　　数据开放本身也是政府理念或政府工作范式的转变，它意味着对数据的掌握、对知识的生成的去中心化。数据由政府流向社会，社会公众利用这些数据生成知识，这大大促进了社会创新，同时也可为政府节省数据开发的成本。因此，数据开放运动的深化也使得很多国家的社会形态和社会结构发生了改变。2010 年 7 月卡梅隆发表了题为《大社会》的演讲，提出了要去中心化，要让更多的权力由中央下放到地方，由地方下放到社区，由政治家下放到公民大众，让大众承担更多的责任，同时政府应培育并支持一种全新的志愿者文化。他还特别提出要赋予社区更多权力，要透明化，公布政府数据，要鼓励人们在社区活动中成为志愿者，承担更多的责任等。[③]

　　各国政府开展的开放政府、透明政府的建设促使作为政府部门的国家档案馆也必须采取措施参与其中。美国国家档案馆馆长戴维·费里罗特别提到 Citizen Archivist 项

　　① CAMERON D. Big society speech [EB/OL]. (2010 - 07 - 19) [2021 - 10 - 11]. https://www. gov. uk/government/speeches/big-society-speech.

　　② Open government declaration [EB/OL]. (2013 - 10 - 03) [2021 - 10 - 11]. https://www. opengovpartnership. org/process/joining-ogp/open-government-declaration/.

　　③ CAMERON D. Big society speech [EB/OL]. (2010 - 07 - 19) [2021 - 10 - 11]. https://www. gov. uk/government/speeches/big-society-speech.

目是美国开放政府计划的重要内容，因为该计划明确提出要增强公众的参与度。而英国国家档案馆的工作人员也强调因为英国政府提倡数据开放、提倡大社会，很多部门经费削减，人手不再增加，因此，需要借助公众的力量为档案馆做些事情。数字档案资源社会化开发其实质也是政府数据开放，是将作为档案保存的政府数据向社会开放，让社会公众贡献其智慧挖掘档案资源的价值，并进行大众创新。

（2）自下而上的动力：社会公众参与思想的激发。

美、英、澳、新等国开放政府、透明政府建设的发展对他们的公众产生了影响，大大地激发了公众参与政府事务的热情。很多档案利用者就具有强烈的参与馆藏档案资源开发的意愿，如英国启动 Your Archives 项目的部分原因就是很多利用者希望档案馆有途径让他们贡献他们的知识。这种情况也发生在澳大利亚，笔者访谈的澳大利亚国家档案馆数字档案资源社会化开发负责人解释道："在我们的数字世界，利用者想要分享信息，通过添加他们自己的内容为我们的数据增值，发表评论，纠正我们的数据错误，和其他利用者进行交流。现在他们正告诉我们他们能做得更多，他们能够自我组织、一起合作来使得我们的信息更具可获取性、更准确、更有趣。我们为什么不马上利用这个超级棒的提议呢？"这与西方国家兴起的社会组织的理念是一致的。① 这种社会力量已经成为社会发展的重要力量，这股力量也是一股自下而上的动力，促使档案机构采取措施让公众参与档案资源的开发工作。

（3）内动力：档案工作范式的转变。

档案馆是由国家设立、为国家服务的机构，它是国家官僚结构及组织文化的组成部分。档案学也就不可避免地要从国家理论及模式中、从对古老的国家文件的性质和特征的研究中建立其早期的合法性。但在过去的一个多世纪，世界很多国家档案馆存在的理由发生了很大的变化：档案馆从基于国家概念的司法—行政的合法性向基于公共政策及公共利用的社会—文化的合法性转变。② 这种转变是与 21 世纪以来世界很多国家在政治、经济、文化及科技方面的变化紧密相关的：民主化进程在持续推进，公民私权利意识觉醒并不断地增强；后现代主义思潮的影响越来越广泛，去中心化、去权威化、赋权、参与等思想和理念越来越深入人心；信息技术取得了巨大发展，远距离地获取、共享信息已经易如反掌；数据开放等理念也越来越为人所认可并被执行。与此同时，档案机构也面临着有限的人力、物力、财力与档案资源开发利用最大化之

---

①　JEZARD A. Who and what is "civil society" [EB/OL]. (2018-04-23) [2021-10-11]. https://www.weforum.org/agenda/2018/04/what-is-civil-society/.

②　COOK T. Archival science and postmodernism: new formulations for old concepts [J]. Archival Science, 2001, 1 (1): 3-24.

间的矛盾。这些因素结合在一起最终导致档案工作的集权范式出现了松动。美国国家档案馆馆长戴维·费列罗在其博客中指出，美国国家档案馆拥有大量的各种形态的档案，要将这些档案在线供公众获取对于档案馆而言会有很多挑战，因此他认为需要重新思考传统的提供获取的方法，即专业的档案工作者对一切工作都大包大揽的方法，转而支持利用互联网带来的合作的力量。他指出，"公民档案工作者"项目不仅能帮助档案馆完成大量的工作，也有助于档案馆实现公众教育的目标，并能增强公众对档案馆工作的认知及启发未来一代的档案工作者。[①] 美国国家档案馆数字档案资源社会化开发项目负责人在接受笔者访谈时也提到，研究者要比他们更了解他们馆藏的文件，因为研究者花了大量时间去研究一些档案，他们认为让公众参与数字档案资源开发是利用研究者的知识，这样不会让这些知识白白流逝。因此，很多西方国家的档案工作范式开始从传统的集权式向分权式转变，即赋予公众参与档案工作的权力，充分利用公众的力量和智慧。这一范式转变有助于更多的档案被检索、被获取，也能使更多的公众了解档案、了解档案工作，从而提高社会档案意识，这已成为各国在开展数字档案资源社会化开发项目时的共识。

当然，这一范式的转变与西方档案学界的档案工作社会化的思想也是一致的。如前所述，早在 1992 年埃里克·凯特拉就提出"档案民有、民治、民享（archives of the people，by the people，for the people）"的思想。[②] 特里·库克在 1997 年就指出档案学社会范式的转变代表了档案话语的根本转变，即从基于国家的话语转变为反映更广阔的国家为之服务的社会话语。[③] 之后，凯特·泰默（Kate Theimer）提出 Archives 2.0 的思想[④]，伊斯托·胡维拉（Isto Huvila）及安妮·吉利兰等学者提出"参与式档案馆"的概念[⑤]，凯蒂·希尔顿（Katie Shilton）和拉米什·斯瑞尼瓦桑提出参与式整理与鉴定模式[⑥]等，无不说明档案工作范式的社会化转向已经成为学界

① FERRIERO D. Cultivating citizen archivist [EB/OL]. (2010 - 04 - 12) [2021 - 10 - 11]. https://aotus. blogs. archives. gov/2010/04/12/cultivating-citizen-archivists/.

② KETELAAR E. Archives of the people, by the people, for the people [J]. South Africa Archives Journal, 1992 (34)：5 - 16.

③ COOK T. What is past is prologue：a history of archival ideas since 1898, and the future paradigm shift [J]. Archivaria, 1997 (43)：17 - 63.

④ THEIMER K. What is the meaning of Archives 2. 0? [J]. The American Archivist, 2011, 74 (Spring/Summer)：58 - 68.

⑤ HUVILA I. Participatory archive：towards decentralized curation, radical user orientation, and broader contextualisation of records management [J]. Archival Science, 2008, 8 (1)：15 - 36；GILLILAND A J, MCK-EMMISH S. The Role of participatory archives in furthering human rights, reconciliation and recovery [C] // Atlanti：review for modern archival theory and practice, 2014：79 - 88.

⑥ SHILTON K, SRINIVASAN R. Participatory appraisal and arrangement for multicultural archival collections [J]. Archivaria, 2008 (63)：87 - 101.

共识。

随着社会环境及信息技术的发展，英美等国档案机构自身也开始反思传统的档案工作范式，并寻求档案工作范式的转变，而数字档案资源社会化开发的实践正是这一范式转变下的新尝试。

（4）助动力：社会化媒体平台的发展及运用。

世界各国社会化媒体平台近些年来得到了飞速发展。社会化媒体的核心理念主要包括参与、互动、平等、透明，通过社会化媒体平台任何人都可以生产及传播信息和知识，也可以和任何人进行信息和知识的平等交流、沟通和分享。社会化媒体平台的出现改变了传统信息和知识生产及传播的精英范式，赋予了普通公众生产及传播信息和知识的可能。因此，社会化媒体平台聚集了大量的用户。如 2019 年第二季度，Facebook 上的日均活跃用户数达 15.8 亿[①]；2019 年第一季度 Twitter 上的月均活跃用户数达 33 亿[②]。截至 2019 年 10 月，英文 Wikipedia 上有 37 272 337 名注册用户，总计贡献了 5 940 452 篇文章，共 48 668 887 页。[③]

各国政府在打造开放政府、透明政府的过程中也不可避免地要利用社会化媒体这一重要平台。例如，奥巴马在 2008 年竞选美国总统期间对社会化媒体的善用大大帮助了他的当选，甚至有媒体将他利用社会化媒体竞选比作和罗斯福和肯尼迪当年采用广播、电视进行沟通交流一样的创举。[④] 奥巴马就任美国总统后更是极力推动社会化媒体平台在联邦政府中的运用，他自己开通了 Twitter、Facebook 账户，与公众进行互动交流。这也带动并促使了各联邦机构运用社会化媒体平台传播分享信息，与公众进行沟通交流，即社会化媒体平台成为实现开放政府、透明政府的重要手段。美国国家档案馆也在各大社会化媒体平台上有自己的站点，通过这些站点分享馆藏资源及各种信息，并让公众参与贴标签、评论、编辑文章等开发工作，进而开发了 Citizen Archivist、DocsTeach 平台及 App、World War I App 等社会化媒体平台，促进其馆藏数字档案资源的社会化开发工作。同样，各种社会化媒体平台也是英、澳、新国家档案馆传播馆藏资源和信息、与公众进行沟通交流及开展数字档案资源社会化开发的重要工具。如

---

① Number of daily active facebook users worldwide as of 2nd quarter 2021 (in millions) [EB/OL]. (2023 - 02 - 23) [2023 - 02 - 26]. https://www. statista. com/statistics/346167/facebook-global-dau/.

② Number of monthly active Twitter users worldwide from 1st quarter 2010 to 1st quarter 2019 [EB/OL]. (2022 - 07 - 27) [2023 - 02 - 26]. https://www. statista. com/statistics/282087/number-of-monthly-active-twitter-users/.

③ English Wikipedia right now [EB/OL]. (2023 - 02 - 23) [2023 - 02 - 26]. https://en. wikipedia. org/wiki/Wikipedia：About.

④ LEWIN J. Is social media behind Barack Obama's success? [EB/OL]. (2008 - 06 - 06) [2021 - 10 - 08]. https://podcastingnews. com/content/2008/06/06/is-social-media-behind-barack-obamas-success/.

前所述，英国国家档案馆开发的 Your Archives 项目就充分利用了 Wikipedia 的平台和技术。社会化媒体平台的发展也在一定程度上促使了各国档案馆开展数字档案资源社会化开发，这一方面体现为"使能"，即使档案馆开展数字档案资源社会化开发成为可能，另一方面也使得档案馆的工作范式发生了改变。

综上，国外档案馆之所以启动数字档案资源社会化开发项目，既有来自外部的动力，包括自上而下的动力即开放政府和透明政府建设的推进，也包括自下而上的动力即社会公众参与的意愿和热情；又有来自内部的动力，即档案工作范式的转变；同时也借助了社会化媒体平台的发展和应用。各国档案馆启动数字档案资源社会化开发项目的动力因素见图 4-2。

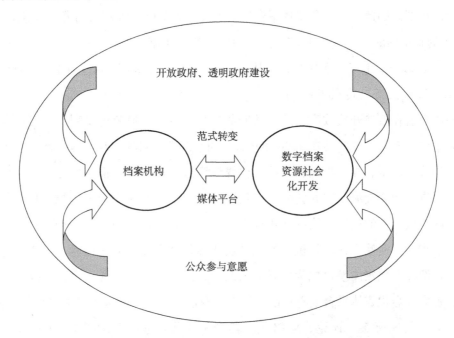

图 4-2　各国档案馆启动数字档案资源社会化开发项目的动力因素

这些动力在之后对芬兰国家档案馆及苏黎世当代历史档案馆访谈数据进行分析时也得到了验证。

芬兰国家档案馆和苏黎世当代历史档案馆现在正准备启动相关的数字档案资源社会化开发项目。芬兰国家档案馆在 2017 年 1 月对公众进行了相关调查，在此基础上准备先启动公众档案数字化项目。他们已经与摩门教堂开展了合作，使用他们的数字化平台，该平台可允许公众大批量地形成高质量的图片。他们发起该项目旨在让公众将他们感兴趣的内容数字化：当地的历史学者可以将当地的历史文件数字化，医学学者可以将医学文件数字化，等等。他们也将为一些里程碑事件举行庆祝活动并与公众进行交流。同时，他们也对很多数字档案资源社会化开发项目开展了调研，目前已经开展了一个小范围的项目，大概有 50 个志愿者参与馆藏的一些档案的转录工作，其目的是训练 HTR 软件。该软件是由欧盟资助的 READ 项目开发的，用于转录手写文本的内容。他们将来打算开始更大规模的文本转录项目，也已经开发了一个网页界面，并于 2018 年底启用。苏黎世当代历史档案馆也正计划要将一些 20 世纪 20 年代和 30 年代的电影以数字形式在线公布，档案馆对这些电影所涉及的地方和人物一无所知，希望让公众来鉴别电影中的地方及人物，以增强这些电影的可获取性及可理解性。

这两个档案馆之所以准备采取上述数字档案资源社会化开发项目，也是因为这两国政府近年来也在积极推进开放政府、开放数据运动。如芬兰政府发布了"开放数据计划（Open Data Programme）"以促进信息资源以机器可读的形式无偿开放，并为公众、企业及社会利用。其首府赫尔辛基与其比邻的三个城市一起组建了"赫尔辛基地区信息共享平台（Helsinki Region Infoshare）"，将他们的数据一起提供给公众利用，该平台获得了欧盟委员会颁发的公共管理创新奖。[①] 瑞士也在大力推进数据开放，2014 年瑞士开放政府数据策略被通过，要求政府数据以机器可读的开放格式提供给公众获取并免费使用，并致力于建立开放数据文化。瑞士联邦档案馆是负责牵头实施开放数据计划的机构。[②] 瑞士已经建有 Open Data Swiss 平台，提供政府数据给公众免费获取利用，苏黎世也建有开放数据平台 Open Data Zurich。这两国公众对参与数字档案资源开发也具有较高的热情，而借助各种社会化媒体平台也可实现公众参与。因此，这两个档案馆对数字档案资源社会化开发十分乐观，并愿意去尝试。

4.1.2　旁观者：消极认知

未开展数字档案资源社会化开发的档案机构主要选取了我国 8 家省级、区级综合档案馆及韩国国家记录院、苏黎世当代历史档案馆、芬兰国家档案馆，在 2017 年 7 月至 2018 年 5 月对这些机构共 35 位档案工作人员进行了半结构化访谈（访谈提纲见附录 2）。我国 8 家省级及区级综合性档案馆包括东部地区和中部地区，其中有 5 家档案馆已经实现了馆藏档案百分之百数字化，其他 3 家档案馆由于资金问题，数字化比例还较低，目前仍在集中开展数字化工作。在我国 8 家档案馆中只有 1 家省级档案馆开展

① What is HRI? [EB/OL]. (2018-11-01) [2021-10-23]. https://hri.fi/en_gb/hri-service/what-is-hri.
② Open Government Data Switzerland [EB/OL]. (2022-01-01) [2023-02-26]. https://www.egovernment.ch/en/umsetzung/e-government-schweiz-2008-2015/open-government-data-schweiz.

过合作编研,合作的对象主要是一些媒体机构、图书馆及历史学者,该馆还设有专家委员会,在开展档案编研时会邀请相关专家参与。所有 8 家档案馆均未开展数字档案资源社会化开发。之所以选取这些档案机构作为未开展的样本,一是因为考虑到地理位置及合作关系,对这些机构进行访谈较为可行,我国的 8 家档案机构及韩国国家记录院是采取面对面深度访谈的形式,瑞士及芬兰的档案机构主要是通过 Skype 和电子邮件的形式进行访谈;二是考虑样本的覆盖面,样本的覆盖面越大,就越能发掘其中的共性、差异性以及背后的原因。但对这些档案机构进行调研后发现,芬兰国家档案馆及苏黎世当代历史档案馆正在准备开展数字档案资源社会化开发工作,故将这两国的数据主要用于对创新者动力研究发现的验证。基于访谈数据分析,笔者发现档案机构未开展数字档案资源社会化开发的主要原因如下。

(1) 对数字档案资源社会化开发的认知不高。

被访谈的我国档案机构对于数字档案资源社会化开发这一概念及现今正在开展的数字档案资源社会化开发项目都不太清楚。待我们解释这一概念及相关项目后,他们一般都会认为在我国进行数字档案资源社会化开发是不太可行的。

(2) 档案开放的限制。

档案开放的限制是被访谈的我国档案馆档案工作人员重点提到的一个原因。数字档案资源社会化开发是以档案开放为前提的,而且是要将开放的数字档案资源通过网络或其他如社会化媒体等在线平台提供获取,他们普遍认为在我国当前的环境下是比较难实现的,这主要是因为我国档案开放的法律法规不够完善,而且在保密与开放之间,保密是要优先考虑的。

(3) 对公众的消极认知。

对公众的消极认知主要包括两个方面:一是认为公众对档案及档案工作的认知不高。如韩国国家记录院工作人员特别提到,开展数字档案资源社会化开发的一个前提是要提高公众对档案及档案馆的认知。他谈及现在很多公众都不知道档案是什么,以及档案工作人员主要从事哪些工作,在这样的情况下是没法开展数字档案资源社会化开发的。他的这一观点与我国很多档案馆工作人员的观点类似。因此,公众的档案意识不强也是档案工作者认为档案馆现在不具备开展此项工作的条件的原因。二是认为公众开发数字档案资源的成果质量会不高。我国很多档案工作人员认为目前我国公众的能力和素质达不到数字档案资源开发的要求,即使他们来参加数字档案资源的开发,开发的结果质量也可能会比较低,这不但达不到开发的目的,反而会给档案馆增加麻烦。

影响因素及其作用机制

4.2.1　影响因素：认知、组织文化与社会环境

在对开展及未开展数字档案资源社会化开发的档案机构的访谈数据进行编码的过程中，笔者发现这两类档案机构在对数字档案资源社会化开发的认知及档案机构组织文化方面存在着较大差异（见表 4-1、表 4-2）。

表 4-1　部分初始编码

访谈摘录	初始编码
我们有大量各种形态的档案，要将这些档案在线提供利用对于我们有很多挑战 "公民档案工作者" 项目利用网络带来的合作的力量，不仅能帮助档案馆完成大量的工作，也有助于档案馆实现公众教育的目标，并能增强公众对档案馆工作的认知及激发未来一代的档案工作者我们面临的最大的挑战是缺少资金来完善或改变我们的界面和你的公民档案工作者保持联系并建立关系是非常重要的。了解你的利用者的兴趣及什么原因促使他们参与，会有助于他们做出贡献	面临挑战 帮助档案馆完成工作 有助于公众教育 增强公众对档案馆工作的认知 激发未来的档案工作者 缺少资金 和公民档案工作者保持良好关系 了解利用者的兴趣及参与动机
"公民档案工作者" 项目的目标是让我们的档案更具可获取性及可查找性，去更多地利用更广大社群的集体知识，促进公众对于历史档案的参与我们希望汇集来自那些可能对照片中的人物或地点有了解的公众的信息，来使这些照片得到标注并可查找通过参与档案资源的开发，我们希望公众能更多地了解我们的档案馆及其资源，并能鼓励更多的公众对我们国家的历史产生兴趣我们开展此项目面临的主要问题是一些利用者对这个项目感兴趣，并希望能做出贡献，但因为他们年龄较大，使用网络不那么容易。我们需要和他们见面并指导他们如何操作要关注利用者的体验。网站上尽量不要有太多的任务，并确保网络是干净、简单及用户友好的和你的志愿者培养良好的关系，使他们觉得他们是被尊重、被感激的。重视他们的反馈并与他们一起合作提高用户体验	让档案更具可获取性及可查找性利用集体知识促进公众参与便于档案的查找 增强公众对档案馆及其资源的了解 鼓励公众的历史兴趣 老年人使用网络不易指导老年人参与项目 关注利用者的体验 和志愿者培养良好关系重视志愿者的反馈并与他们合作

续表

访谈摘录	初始编码
我们还是第一次听说这个概念,对这还真的不了解。如果让社会公众参与档案馆的编目、转录或其他开发工作的话,我个人觉得现阶段还不太可行。一是因为这涉及档案要在互联网上进行开放的问题,对这个问题我们还是非常谨慎的;二是社会公众中很多人的素质没达到做这事的要求,他们可能不愿意来参与,即使来参与也未必做得好。像我们馆以前有大学生来实习,让他们整理档案,他们也做不好,我们还要返工重做,反而增加了我们的工作量,后来我们就不要他们做那些整理的事了。所以你让一般的社会公众来做编目或转录,我觉得他们可能做不了	不了解这个概念 不太可行 档案在线开放需谨慎 公众不愿意参与 公众未必能做好 会增加工作量
我们之前没有听说过(美国国家档案馆的"公民档案工作者"项目),我们的工作还是挺落后的,现阶段还主要在做数字化的工作,目前我们的馆藏只有30%数字化了。对于满文档案我们有专门的部门,部门工作人员都是懂满语的,由他们专门来整理满文档案,我们档案馆也会请专门的翻译公司来做满文档案的翻译工作。没有考虑要借助社会力量,因为觉得还是专业的公司会做得更专业些	没有听说过 工作较落后 专门部门做 外包给专业公司做
我们也没太关注这方面的工作。的确我们的馆藏中有很多历史档案,手写的,字迹挺难辨认,我们也不可能去做转录,只是提供给利用者利用。我们也不敢随便让公众去帮我们做转录,这主要还是档案的安全问题,要让公众参与,肯定是要放在互联网上,但一些历史档案上网还是挺有风险的	不太关注 不做转录 只提供利用 存在风险

表4-2 部分聚焦编码及初步类属

初始编码	聚焦编码	初步类属
不太可行 行不通 反而会增加我们的工作量	不可行	档案工作者对数字档案资源社会化开发的认知
不做转录 只是提供利用 不太关注	不重要	
没有听说过这项工作 不太了解这项工作	不了解	
便于档案的查找 让档案更具可获取性及可查找性	便于查找档案	
增强公众对档案馆工作的认知 增强公众对档案馆及其馆藏的了解	增强公众的档案意识	

续表

初始编码	聚焦编码	初步类属
不做转录 只是提供利用 专门部门自己做	以档案工作者为中心	档案机构组织文化
外包给专业公司做 公众未必能做好 公众不愿意参与	不信任公众	
档案开放需谨慎 存在风险	风险规避意识	
和志愿者保持良好关系 和公民档案工作者保持良好关系	合作态度	
重视利用者的体验 了解利用者的兴趣和参与动机	以利用者为中心	

　　表 4-1 是部分访谈摘录及初始编码，表 4-2 是根据表 4-1 的初始编码进行的聚焦编码。例如，通过对中国档案机构的访谈数据的初始编码的比较，发现"不可行"是出现较为频繁的一个编码；而通过对国外档案机构访谈数据的初始编码的比较，发现"便于查找档案"是出现较为频繁的一个编码。因而笔者将这两个编码提炼为聚焦编码，并指导接下来的访谈。结果发现，接下来的访谈中也基本上出现了这种差异。这种差异属于档案工作者对数字档案资源社会化开发的认知差异，故"档案工作者对数字档案资源社会化开发的认知"也就成为一个初步类属，这也进一步指导笔者去研究造成这种认知差异的原因。

　　在后续的访谈及数据分析过程中，笔者明显感觉到两类档案机构在其工作理念、价值观等方面存在的差异性。已开展数字档案资源社会化开发的档案机构都会强调要以档案利用者为中心，要使所有的档案资源都能为利用者所检索和获取；未开展数字档案资源社会化开发的档案机构对公众都有较强的排斥心理，认为"公众不愿意参与""公众未必能做好"，认为这种专业的工作还是需要档案工作者或档案机构认可的专业的外包机构去做，这也表明了这些档案机构仍是以档案工作者为中心的，强调其工作的权威性。这些也就彰显了这些档案机构在组织文化方面有较大差异。

　　因此，档案工作者对数字档案资源社会化开发的认知及档案机构的组织文化是影响档案机构是否会开展数字档案资源社会化开发的重要因素。另外，通过对数据的分析，笔者发现档案机构所处的外部社会环境，包括政治环境、技术环境、法律环境等，也会对档案机构是否开展数字档案资源社会化开发产生影响。

（1）档案工作者的认知。

档案工作者对数字档案资源社会化开发的认知是指档案工作者对数字档案资源社会化这个概念及其可行性、意义等的认识和了解。从笔者所收集到的数据来看，开展数字档案资源社会化开发的档案机构和没有开展数字档案资源社会化开发的档案机构的人员对数字档案资源社会化开发的认知完全不同。前者对于数字档案资源社会化开发对馆藏档案的可查找性、对档案馆工作的有益性及对社会档案意识的提升等方面的意义有着非常清楚的认知；而后者一般对此概念认知不清，他们不太清楚数字档案资源社会化开发的内涵和意义，对现今正在开展的相关项目也不清楚。我国有些档案工作者表示他们之前从未听说过这个概念，对国外相关的项目也不知道。但在我们解释了这个概念及相关项目后，他们的第一个反应是这在我国是不可行的。

认知直接影响到行动。一般只有对某事物有清楚的认知，才会促使主体去采取行动；如果主体对某事物缺乏认知，那该事物通常不会进入主体的关注范围，主体自然也不可能采取相应的行动。而且让公众参与对于很多档案工作者而言是一个全新的现象，与他们旧有的认知可能是冲突的，所以有些档案工作者的本能反应就是抗拒。

（2）档案机构组织文化。

所谓档案机构组织文化是指将档案机构成员与其他组织机构成员相区分的思维的集体程序，包括成员所特有的理念、价值观、伦理观及特有的行为模式、相互交流的模式。组织文化决定了组织成员的思维、感知及行为方式，同时对组织对于各种新技术、新知识的采用及组织绩效有很大影响。

据笔者的分析，很多未能开展数字档案资源社会化开发的档案机构都自我定位为档案开发的绝对主体，如提到"应该是我们档案工作者自己做"，或"通过政府购买行为，由我们认可的专业的第三方做也是可以的"，而对于交给公众来做基本没有考虑过，并均表示出对社会公众的不信任，如"他们可能不愿意来参与""他们也做不好"，这些都表明档案机构以档案工作者为核心、视社会主体为被动的档案信息接收者的理念，也表明了他们认为公众参与会对他们的专业权威带来威胁，不愿意他们对于所保管档案的控制权被削弱，正如布拉汉姆（Brabham）所述，专业化也意味着权力。[①] 因此，只要公众被认为是某一专业的外行人，他们就会被认为不能拥有这一权力。同时，档案机构都强调保密是首位的，认为如果让社会公众参与数字档案资源的社会化开发，必然会对档案信息安全带来很大的风险，这表明了他们有极强的风险规避意识。因此，

---

① BRABHAM D C. The myth of amateur crowds: a critical discourse analysis of crowdsourcing coverage [J]. Information, Communication & Society, 2012, 15 (3): 394 - 410.

这些档案机构的组织文化相对而言具有封闭性和保守性，这也就导致了这些档案机构未能或不会采取措施让公众参与开发馆藏数字档案资源。而开展数字档案资源社会化开发的档案机构一般都坚持要以利用者为中心、要和志愿者保持良好的合作、要激励公众贡献智慧，体现的是以利用者为中心、公众参与的理念。在谈及数字档案资源社会化开发存在的障碍时，开展数字档案资源社会化开发的档案机构没有提及保密性是其中的障碍，而是强调资金及参与者的年龄等因素，这也表明了这些档案机构与未开展数字档案资源社会化开发的档案机构相比，其开放程度更高，这些机构的组织文化更具开放性、包容性。

档案机构组织文化不同也会直接导致档案工作范式不同。长期以来，档案机构的工作范式是以档案工作者为中心的，由档案工作者对一切档案工作大包大揽，此范式就是前面所述及的集权式的档案工作范式。这种集权式的档案工作范式是有了国家、有了国家的档案工作就形成了的范式，这种范式的形成也充分体现了档案及档案工作所具有的政治性、保密性。在西方，从中世纪一直到法国资产阶级大革命之前，文件被留存主要是为了确保君主的统治，是为了保护他们的领土，并不是为了让公众来审查政府的行为或考虑到公众的兴趣。1789 年法国资产阶级大革命之后，公众被赋予了利用国家档案馆档案的权利，但具体的档案管理工作仍是由档案工作者负责，对于哪些文件值得保存、档案的哪些信息需要著录下来、哪些档案可被开发利用、以何种方式开发利用等仍是档案工作者的权力。而到了 21 世纪，随着科学技术的发展，随着各国民主人权运动的推动，有些国家档案机构的组织文化发生了变化，同时也因为档案机构自身人力、物力、财力的有限，这些国家档案工作的集权范式出现了松动。如已经开展数字档案资源社会化开发的美、英、澳、新等国，其档案工作的范式都在经历着由集权走向分权。因此，档案机构组织文化是影响档案机构是否会开展数字档案资源社会化开发的又一重要因素。

（3）外部社会环境。

通过对美、英、澳、新四国国家档案馆的分析，可以发现开展了数字档案资源社会化开发的档案机构所处的社会环境是开放政府、数据开放及社会化媒体飞速发展、广泛运用的环境，这种环境在很大程度上促使档案机构也走向开放，让公众参与档案事务。而在对我国档案机构进行的访谈中发现，我国当前的法律环境特别是我国档案开放法律规范在档案保密与开放的范围、法律责任及档案解密等方面的规定还不够完善等是绝大多数档案机构认为数字档案资源社会化开发在我国不可行的重要因素。因此，国外档案馆在提及数字档案资源社会化开发的障碍时一般都会提到资金短缺，或其他资源短缺包括设备及人员短缺，如美国国家档案馆特别提到资金短缺。据报道，美国国家档案馆 2010 年的财政拨款是 4.75 亿美元，但第二年缩减到 4.2 亿美元，2018 年财政拨款是 4.032 亿美元，2020 年将缩减到 3.58 亿美元。[①] 而芬兰国家档案馆则特别强调缺少合适的信息基础设施或用户界面，以及缺少所收集数据的保管和有效性保证的资源。而我国档案馆一般都归结为档案开放方面的障碍。我国近些年来也在大力推进开放政府、数据开放，但档案似乎游离于开放政府、数据开放的范围之外。我国对于现行政府信息的公开和档案开放是分别立法，而很多国家是将档案开放纳入政府信息开放、政府数据开放的范畴，这一立法环境上的差异也会导致在档案开放方面的差异。

因此，通过运用建构型扎根理论可以得出三个核心类属：档案工作者的认知、档案机构组织文化及外部社会环境（见表 4-3）。

表 4-3　核心类属及其属性

核心类属	类属	属性
数字档案资源社会化开发的影响因素	档案工作者的认知	概念认知 意义认知 可行性认知
	档案机构组织文化	自我角色定位 对利用者的态度 不确定性规避
	外部社会环境	政治环境 技术环境 法律环境

4.2.2　作用机制：互惠互利式模型

著名心理学家班杜拉（Albert Bandura）指出："人的机能的实现是根据三合一互惠互利式模型解释的。在该模型中，行为、认知和环境因素三者作为相互决定的因素共同起作用。"[②] 主体的行为、认知及该主体所处的环境三者之间是相互作用的：认知会导致一定的行为，又会受到环境的影响；环境会因行为而有所改变，同时也会影响

① STILES T J. America is losing its memory [EB/OL]. (2019-05-07) [2021-10-23]. https://www.washingtonpost.com/opinions/america-is-losing-its-memory/2019/05/07/28f8eb80-6ddd-11e9-be3a-33217240a539_story.html? noredirect=on&utm_term=.484a469f457d.

② 班杜拉. 思想和行动的社会基础：社会认知论 [M]. 林颖，等译. 上海：华东师范大学出版社，2011：25-29.

到行为；行为会影响认知，也会影响到环境。本章的研究也进一步验证了这一理论，即影响档案机构开展数字档案资源社会化开发的因素也主要包括档案工作者的认知、档案机构组织文化及档案机构所处的社会环境，这三个要素也是相互作用、相互影响的（见图4-3）。

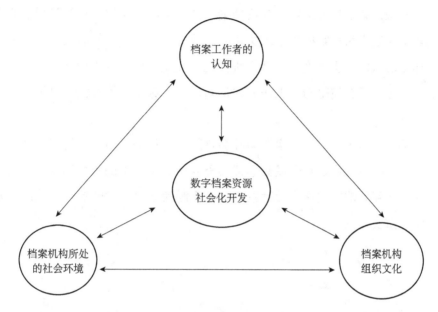

图4-3 档案机构开展数字档案资源社会化开发影响因素作用机制模型

认知会直接影响到行为，如果档案工作者能清楚地认识到数字档案资源社会化开发的价值和意义，就可能会实施相应的行为。而档案工作者对数字档案资源社会化开发的认知会受到档案机构所处的社会环境的影响。如前所述，美、英、澳、新等国大力开展开放政府、开放数据运动，这种信息公开、数据开放的大环境对他们的档案工作者的认知产生了很大的影响，促使档案工作者充分认识到社会主体参与数字档案资源开发的价值和意义，以及给档案工作带来的改变，从而促使他们实施了数字档案资源社会化开发的行为。认知也会受到组织文化的影响，组织文化决定了组织成员的思维、感知及行为方式，同时对组织对于各种新技术、新知识的采用及组织绩效具有很大影响，故开放创新型组织文化会促使档案工作者不断地更新知识和认知，从而采取创新行为，并促使档案工作范式转变，相反，封闭保守型组织文化会使档案工作者故步自封。因此，如果档案机构组织文化与信息公开、数据开放的大环境所呈现的价值取向是一致的，那么，在这种社会环境及档案机构组织文化两个因素的影响下，档案工作者的认知会不断深入，档案机构也会顺势而为，积极让公众参与到开放档案的开发工作中来，让公众成为数字档案资源开发的重要主体。

组织文化也可能会受到社会环境和档案工作者的认知的影响。如果档案机构组织文化与大的社会环境的价值取向不一致，可能会导致两种情况：一是档案机构做出改变，顺应社会环境，加强认知并付诸行动，从而改变原有的组织文化；二是档案机构固守自己原有的组织文化，就会导致他们不会采取新的行动。我国近些年来在开放政府信息、开放数据方面也取得了很大的进展，但一些档案机构组织文化仍较封闭，这限制了档案机构及其工作人员对于开放档案让公众参与的认知，也就限制了他们的行为。而档案工作者作为档案机构组织文化的承载主体，如果他们的认知尤其是领导层的档案工作者的认知发生了变化，档案机构组织文化就可能会发生变化。当然，随着行动的深入，也必然会使得档案工作者的认知进一步深化，档案机构组织文化也会发生改变。

因此，档案工作者对数字档案资源社会化开发的认知、档案机构组织文化及外部社会环境是影响档案机构是否开展数字档案资源社会化开发的重要因素。它们之间又是相互作用、相互影响的，这为后续数字档案资源社会化开发开展及可持续性发展策略研究提供了重要依据。

第 5 章

公众参与数字档案资源社会化开发的动机

"One day all of our records will be online. You can help make it happen. （终有一天，我们所有的文件都将在线提供利用。你可以帮助我们实现它。）"这是美国国家档案馆 Citizen Archivist 项目首页的宣传语，也道出了美国国家档案馆发起此项目的终极目标，而要实现这个目标就必须有公众的参与。但档案机构发起了数字档案资源社会化开发项目，公众就会来参与吗？在实践中，有些数字档案资源社会化开发项目参与人数众多，取得了较大的成功，如 Old Weather 项目，一年之内有 685 000 页日志被转录。但也有些项目由于参与人数少而被迫关闭或在苦苦挣扎，如英国国家档案馆的 Your Archives 项目，其最终关闭的部分原因就是参与人数太少。英国国家档案馆内部统计表明：Your Archives 项目有 92.66％的注册用户从未参与过编辑，而参与编辑的用户中 62.8％的人只编辑过一次。[①] 正是如此少的人实质参与，最终导致 2012 年 1 月英国国家档案馆对外宣布停止 Your Archives 项目。

社会主体参与社会活动受动机因素的影响，不同的人参与同一项目的动机可能会有所不同。因此，有必要了解公众参与数字档案资源开发的动机，这对如何吸引并留住参与者，从而确保数字档案资源社会化开发项目的开展及可持续性发展是至关重要的。同时，了解参与动机对于数字档案资源社会化开发项目的设计也非常重要。

---

① EVELEIGH A M M. Crowding out the archivist? implications of online user participation for archival theory and practice [D]. London：University College London，2015：179.

5.1 公众的抉择

5.1.1 理论依据: 自我决定论

"动机"是认知心理学的核心概念,是激发和维持有机体的行动,并将使行动导向某一目标的心理倾向或内部驱力。[①] 现有研究已经发现影响行为的很多动机因素,包括个人层面的和群体层面的。一些理论框架也被提出以解释人类行为的动机,但尚未有一种理论能代表所有人类的动机。目前,档案学界尚未有对公众参与数字档案资源开发项目的动机的相关研究,但其他一些领域对于公众参与动机的研究成果颇丰,这些研究成果大多是基于心理学领域中德西(Deci)和瑞安(Ryan)提出的自我决定论(self-determination theory,SDT),本章也主要以自我决定论作为理论依据。

自我决定论指出在自我决定中涉及三种内在心理需求:能力需求,即寻求对结果的控制及感知掌控;归属需求,即想和他人互动、与他人建立联系及关心他人;自主需求,即成为自我生活的主宰。这三种内在心理需求促使自我自发行动。如果这些需求得到满足就会促使行为者继续参与;如果这些需求受挫,行为者就可能不会坚持参与。[②] 德西和瑞安基于自我决定论将人的动机分为无动机、外在动机和内在动机。无动机即缺乏行动机,这是因为认为某一活动无价值,不觉得自己有能力去做它,或不相信它能产生想得到的结果。外在动机可根据自主程度由弱到强分为几种:外部调控,即实施某一行为是为了满足外在的要求或获得外在的奖励;内射调控,即出于压力去实施某一行为,以避免内疚、焦虑或为了得到自我提升或获得自豪感;认同调控,这是一种更为自主的或自决的外在动机的形式,行为者认同行为对个人的重要性,并由此接受其规则作为自己的规则;整合调控,这是最具自主性的外在动机,此时认同的规则完全被自我同化,这通常是通过自我审视及将新规则与自己的其他价值观和需求统一来实现的。一个人越是内化某一行为的原因,并将其同化,他/她的被外在动机驱动的行为就越能成为自我决定的。整合调控与内在动机有很多相似之处,但它仍是外在的,因为整合调控所激发的行为被实施还是因为它的工具价值。而内在动机就是自我决定行为的原型,是指完全出于自己的兴趣或享受去做某事。[③]

---

① 林崇德,杨治良,黄希庭. 心理学大辞典 [M]. 上海:上海教育出版社,2003:223.

② RYAN R M, DECI E L. Self-determination theory: when mind mediates behavior [J]. The Journal of Mind and Behavior, 1980, 1 (1): 33 - 43.

③ RYAN R M, DECI E L. Intrinsic and extrinsic motivations: classic definitions and new directions [J]. Contemporary Educational Psychology, 2000 (25): 54 - 67.

　　自我决定论已经被用于分析很多众包项目参与者的参与动机的研究。例如，在公众科学家项目参与者的动机研究中，已有研究总结了志愿者参与公众科学家的动机主要有自我导向动机及利他动机[①]，其中自我导向动机包括对所研究的主题有个人兴趣[②]，渴望学习新事物[③]，渴望发现新事物[④]，渴望融入大自然[⑤]，及渴望与其他有共同兴趣的人开展社交活动[⑥]；而利他动机包括渴望为某事做志愿者[⑦]，希望为科学做出贡献[⑧]，感觉提供帮助是很重要的[⑨]。达娜·罗特曼（Dana Rotman）等人在对美国、印度及哥斯达黎加三国的公众科学家项目进行调查的基础上，总结出这些项目中参与者最开始参与时的动机主要是基于自我导向的动机，包括个人兴趣、自我提升、自我效能及社会责任，而长期参与则是基于自我导向动机及合作动机，包括信任、共同的目标、承认、贡献及指导等。[⑩] 赵宇翔〔Yu-xiang（Chris）Zhao〕等基于自我决定论，运用实证研究方法，对公众参与众包竞赛的动机开展研究。他们指出在众包竞赛中大多数的参与者是基于内在动机和外在动机混合的动机，而要获得金钱回报的动机与参与努力紧密相关。有关内射动机的研究发现众包竞争中参与者可能会因为发起人及其他参赛者的肯定而积极参与，同时，内在动机对于参与努力也是有影响的。[⑪]

　　目前尚未有研究将此理论用于对数字档案资源社会化开发主体动机的分析，而且

①　KRAGH G. The motivations of volunteers in citizen science [J]. Scientist, 2016 (8)：32 - 34.

②　JOHNSON M F, HANNAH C, ACTON L, et al. Network environmentalism：citizen scientists as agents for environmental advocacy [J]. Global Environmental Change, 2014 (29)：235 - 245.

③　THIEL M, PENNA-DIAZ M A, LUNA-JORQUERA G, et al. Citizen scientists and marine research：volunteer participants, their contributions, and projection for the future [J]. Oceanography and Marine Biology：An Annual Review, 2014 (52)：257 - 314.

④　RADDICK M J, BRACEY G, GAY P L, et al. Galaxy zoo：exploring the motivations of citizen science volunteers [J]. Astronomy Education Review, 2010, 9 (1)：10103 - 10118.

⑤　RADDICK M J, BRACEY G, GAY P L, et al. Galaxy zoo：exploring the motivations of citizen science volunteers [J]. Astronomy Education Review, 2013, 12 (1)：1 - 27.

⑥　JOHNSON M F, HANNAH C, ACTON L, et al. Network environmentalism：citizen scientists as agents for environmental advocacy [J]. Global Environmental Change, 2014 (29)：235 - 245.

⑦　WRIGHT D R, UNDERHILL L G, KEENE M, et al. Understanding the motivations and satisfactions of volunteers to improve the effectiveness of citizen science programs [J]. Society & Natural Resources, 2015, 28 (9)：1013 - 1029；HOBBS S J, WHITE P C L. Motivations and barriers in relation to community participation in biodiversity recording [J]. Journal for Nature Conservation, 2012, 20 (6)：364 - 373.

⑧　HOBBS S J, WHITE P C L. Motivations and barriers in relation to community participation in biodiversity recording [J]. Journal for Nature Conservation, 2012, 20 (6)：364 - 373.

⑨　DAVIES L, BELL J N B, BONE J, et al. Open Air Laboratories (OPAL)：a community-driven research programme [J]. Environmental Pollution, 2011, 159 (8/9)：2203 - 2210.

⑩　ROTMAN D, et al. Motivations affecting initial and long-term participation in Citizen Science Projects in three countries [C]. IConference, 2014：110 - 124.

⑪　ZHAO Y X, ZHU Q. Effects of extrinsic and intrinsic motivation on participation in crowdsourcing contest：a perspective of self-determination theory [J]. Online Information Review, 2014, 38 (7)：896 - 917.

现有大多数研究未能将公众参与动机视为动态发展的过程，即现有的大多数研究都只是将公众参与动机视为静止的研究对象，关注的主要是某个阶段的动机，但实际上，公众参与动机是一个动态发展的过程。而与其他一些公众参与项目不同的是，数字档案资源社会化开发有其特殊性，这是由于数字档案资源本身的特殊性。因此，本章将主要基于自我决定论，将公众参与动机视为动态发展的过程，来对公众参与数字档案资源社会化开发的动机开展研究。

5.1.2 美国 "公民档案工作者" 项目参与者： 我为什么参与

鉴于我国综合档案馆目前尚未有较成熟的数字档案资源社会化开发项目，笔者最初联系了美、英、澳、新四国国家档案馆工作人员，想请他们帮忙向他们项目的参与者发放问卷，但因各档案馆与参与者之间的隐私保护协议，故这一最初设想未能得以实现。之后，在美国国家档案馆工作人员的建议下，笔者于 2016 年 12 月至 2017 年 12 月在其 History Hub 中发布消息，尝试招募参与者参与本课题的调查，但一直未有人响应。直到 2019 年 3 月，因一名公民档案工作者的参与及大力推荐，才陆续有人参与，截至 2020 年 6 月笔者通过电子邮件最终对 15 人进行了问卷调查和访谈（调查问卷和访谈提纲见附录 3 及附录 4）。笔者对所获得的数据进行了编码分析。

在访谈的 15 位公民档案工作者中，有 7 位男士、8 位女士。年龄在 50 岁以上的有 8 位，30～49 岁的 4 位，18～29 岁的 3 位。在 15 位公民档案工作者中，有 8 位主要参与了转录，2 位参与了贴标签，3 位既参加了转录又参加了贴标签，2 位参与了上传和分享。

通过对访谈数据的编码分析，发现访谈对象最初参与动机可分为以下三类（见表 5-1）。

（1）利他。主要是为了帮助他人，或认为自己的贡献对他人有利。如访谈对象 3 说：“我热爱历史，也希望能有更丰富的历史资源供研究者及公众获取。”访谈对象 2 指出：“我认为为历史学的学生提供可检索和可理解的文本是非常重要的。”访谈对象 7 强调说：“我曾在档案馆实习过，所以我了解档案馆档案的价值，我愿意做出自己的贡献。”根据 SDT 理论，这种利他动机可归为整合调控动机，即将帮助他人、为他人或社会做贡献视为自己的人生理念或信念，而对档案馆资源进行转录或贴标签是符合自己的人生理念、信念的，此时，他们已经将此行为与人生理念或信念同化，成为自我决定的行为。

（2）自身外在需求。主要是基于满足自己的一些外在需求，如访谈对象 5 和 6 都是大学生，他们参与的最初动机都是为了完成课程作业的要求，访谈对象 1 参加的理由是为了查找信息，他们都是基于外在的需求而去参与的。根据 SDT 理论，他们的参与动机更多的是外部调控动机，即实施某一行为是为了满足外在的要求。

（3）感兴趣。这类动机主要是基于自己的兴趣、爱好，如访谈对象 4 谈及"因为快退休了，想找些有意义的事情做。而'公民档案工作者'项目很适合我，我可以在家也可以在图书馆按我自己选择的节奏来做，我也有机会去做我感兴趣的主题"。访谈对象 2 特别提到"我也很享受能获取、阅读并且转录这些最初书写时的历史"。根据 SDT 理论，他们的参与动机都属于内在动机，即实施这一行为完全是出于自己的兴趣、爱好，并享受参与这一活动的过程。

表 5-1　访谈对象最初参与动机的编码及类属

访谈对象	最初参与的动机	编码	类属
1	我最开始是为了查找有关我父亲的一些信息	查找信息	自身外在需求
2	我认为为历史学的学生提供可检索和可理解的文本是非常重要的。我也很享受能获取、阅读并且转录这些最初书写时的历史	对历史学学生重要享受获取阅读及转录历史	利他享受
3	我热爱历史，也希望能有更丰富的历史资源供研究者及公众获取	热爱历史帮助他人获取历史资源	喜欢利他
4	因为快退休了，想找些有意义的事情做。而"公民档案工作者"项目很适合我，我可以在家也可以在图书馆按我自己选择的节奏来做，我也有机会去做我感兴趣的主题	想做有意义的事方便做自己感兴趣的主题	利他感兴趣
5	我最开始是因为课程需要查找相关资料的	完成课程要求	自身外在需求
6	我是为了完成课程的要求，来这里查找一些资料和线索	完成课程要求	自身外在需求
7	我曾在档案馆实习过，所以我了解档案馆档案的价值，我愿意做出自己的贡献	愿意做贡献	利他
8	参加这些项目是非常有趣的	参加项目有趣	感兴趣
9	我喜欢历史研究，也希望能帮助更多的历史资料为公众所获取	喜欢历史研究帮助历史资料为公众所获取	感兴趣利他
10	我参加这些项目主要是为了填补我的空闲时间	填补空闲时间	自身外在需求
11	我对转录历史资料很感兴趣	对转录感兴趣	感兴趣

续表

访谈对象	最初参与的动机	编码	类属
12	我喜欢转录历史资料	对转录感兴趣	感兴趣
13	我参加转录项目是为了能进一步推进威尔士历史为更多人知晓和研究	推进历史为人知晓和研究	利他
14	我对档案馆的文件很感兴趣，参加这一项目是了解国家历史很棒的方式，而且这也对未来的研究者有帮助。我的职业是公共图书馆的管理人员，但我总是对档案工作很感兴趣，这也是我在业余时间涉猎这一领域的方式	了解国家历史 对研究者有帮助 对档案工作感兴趣	感兴趣 利他 感兴趣
15	我想为有价值的项目做志愿者，做有价值的事情	为有价值的项目做志愿者	利他

15 位访谈对象中除了访谈对象 13 外，都持续参与了项目，他们持续参与的理由包括"可以帮助别人（利他）""这是一个很好的兴趣爱好及志愿机会（感兴趣）。我享受阅读文件以及帮助人们获取历史信息（享受，利他）"（见表 5-2），即主要是出于整合调控动机及内在动机，这两种动机都能促使主体持续参与。笔者还对 14 位访谈对象的最初参与动机和持续参与动机进行了对比，以了解他们的参与动机是如何发生变化的（见表 5-3）。通过比较发现，访谈对象 1、5、6、10 的动机由最初的外部调控动机转化为整合调控动机或内在动机，即他们参与动机内化程度大大增强，因而实现了持续参与。而其他 10 位访谈对象最初的参与动机要么是内在动机，要么是整合调控动机，而这些动机一直保持未变，从而促使他们持续参与。

表 5-2 访谈对象持续参与动机的编码及类属

访谈对象	继续参与的理由	编码	类属
1	我觉得参加转录项目可以帮助别人	可以帮助别人	利他
2	这是一个很好的兴趣爱好及志愿机会。我享受阅读文件以及帮助人们获取历史信息	是一个好的兴趣 可以帮助别人	感兴趣 利他
3	当我对我们国家历史上一些有趣的人物的作品进行转录或审查时，我真的很享受阅读他们的思想，并查找更多关于他们所生活的时代的资料。我已经从中收获良多。如果我读到让我感兴趣的内容，我会持续去研究它，并想要了解更多的内容	享受 有收获 感兴趣	享受 有收获 感兴趣
4	这是件非常有意义的事，它对于国家档案馆和公众来说都非常重要，这也会给我带来快乐	有意义的事 带给我快乐	利他 觉得快乐
5	我觉得这个过程（转录）很有趣，就像把一块拼图放在它应在的位置一样。而且我还可以从中了解和获得很多新的信息	感兴趣 获得新信息	感兴趣 有收获

续表

访谈对象	继续参与的理由	编码	类属
6	（转录）让我能够借第一手资料体验过去的人们相互交流的方式。感觉能够回到历史，并将过去带到现在	一手体验历史	感兴趣
7	我喜欢老的文件和它们中的故事	喜欢老的文件及其中的故事	喜欢
8	我会继续参加，因为转录历史文件可以让我在下班后大脑得到休息和放松，我挺享受	让我休息和放松	享受
9	这是让我得以逃避我应该做的工作的有效方式。和我要做的工作比，转录更有趣，而且和其他项目相比，转录更有用	感兴趣	感兴趣
10	我觉得这项工作对那些从事家谱研究的人比如我自己很有价值。这些文件应能在线获取，而且在疫情期间我被要求待在家里，我觉得自己在参加一些有价值的事	有价值	利他
11	当我完成文件转录工作时，这份文件中的每个字现在都可用现代检索技术检索了。检索这份转录文件的人就能够利用这份文件中的任何一个字，这会大大提升研究的容易度及灵活度。这让我觉得我的工作很有价值	对研究有帮助有价值	利他
12	我在转录的过程中不断地发现非常有意思的文件，这就有点像乡村集会上的摸奖亭，你扔了一根钓鱼线到幕布后，然后发现你所拉出来的奖励是多么让你惊喜。我很喜欢这种经历	感兴趣喜欢	感兴趣喜欢
14	我开始以为转录的文件主要局限于重要的政府文件，但浏览网页后发现也有大量的个人文件和日记。转录这些个人文件感觉在和他们对话，我很喜欢这种感觉，也觉得非常有意思，所以会继续下去	喜欢感兴趣	喜欢感兴趣
15	对于老年人来说一个大的挑战是要找到使命感。对这个项目感兴趣的好些人都觉得这个项目可给他们带来愉悦感，因为他们所做的事情对于国家档案馆这样的重要的机构而言是非常重要的，我也是这样感觉的，所以会继续参与下去	有价值做有意义的事	利他

表 5 - 3　访谈对象最初参与动机与持续参与动机比较

访谈对象	最初参与动机	持续参与动机
1	满足自己的需求（外部调控）	利他（整合调控）
2	利他（整合调控）享受（内在动机）	感兴趣（内在动机）利他（整合调控）

续表

访谈对象	最初参与动机	持续参与动机
3	喜欢（内在动机） 利他（整合调控）	享受（内在动机） 有收获（整合调控） 感兴趣（内在动机）
4	利他（整合调控） 感兴趣（内在动机）	利他（整合调控） 觉得快乐（内在动机）
5	自身需求（外部调控）	感兴趣（内在动机） 有收获（内在动机）
6	自身需求（外部调控）	感兴趣（内在动机）
7	利他（整合调控）	喜欢（内在动机）
8	感兴趣（内在动机）	享受（内在动机）
9	感兴趣（内在动机） 利他（整合调控）	感兴趣（内在动机）
10	自身外在需求（外部调控）	利他（整合调控）
11	感兴趣（内在动机）	利他（整合调控）
12	感兴趣（内在动机）	感兴趣（内在动机） 喜欢（内在动机）
13	利他（整合调控）	不确定
14	感兴趣（内在动机） 利他（整合调控）	喜欢（内在动机） 感兴趣（内在动机）
15	利他（整合调控）	利他（整合调控）

因此，对 14 位持续参与的访谈对象数据的分析发现并验证了 SDT 理论中的这一思想，即内化程度越高，自我决定程度越高，越能持续参与，而内在动机是促使人持续参与的最主要的动机。选择继续参与的访谈对象都表示他们最喜欢做的项目就是当前他们在做的项目，比如参与转录的访谈对象都提到他们可以选择转录很有趣的文件，他们很喜欢阅读这些文件。参与贴标签的访谈对象提到给文件贴标签的任务比较简单，能较轻松地完成。因此，任务设置会对参与动机产生影响。任务设置种类越多，给予参与者的自主选择权越大；任务设置难易程度越适当，就越能提升参与者的自主感并由此提升内在动机。美国国家档案馆 Citizen Archivist 项目的任务设置比较多样化，参与者可在其馆藏资源数据库（National Archives Catalogue）中选取任何自己感兴趣的档案做出贡献，也可以在其任务栏目中选取自己感兴趣的任务，这些任务都是根据难易程度的不同而设置的，也有许多不同主题的任务，而参与者做出的贡献也会及时显示在他/她自己账户中的"我的贡献"一栏中。这些任务设置都有助于提升参与者的自主感并提升其内在动机，促使参与者持续参与。

15 位访谈对象中只有访谈对象 13 表示不确定会不会持续参与，因为继续参加这些项目会拖延他自己的研究，使他自己的研究忙不过来，但他同时也表示如果时间能安排过来，他还是会继续做的，因为他认为这是有价值和有意义的事。较为特别的是他并不认为他所做的（上传有关威尔士历史的档案）是他最喜欢的项目，对其他项目他也没表示出太多的兴趣，即虽然他认为他参与的项目是有意义的，但他并没有从中获得乐趣，因此他的整合调控动机未能转换为内在动机，这就可能会导致他参与行为的中断。

5.1.3　"上大故事" 项目参与者：我为什么不再参与

为进一步了解公众参与动机，笔者决定自建一个平台以开展进一步的研究。2017 年 12 月笔者启动了"上大故事"网站①的建设，这一网站的主要目的是收集、保存并开发利用上海大学（以下简称上大）的师生员工在校学习、生活、工作期间的各种故事、各种记忆，最终自下而上地建构属于这所学校的师生员工这一群体的集体记忆。网站设有"添加故事""搜索故事"及对别人的故事发表评论、贴标签等功能（见图 5-1）。

图 5-1　"上大故事"网站主页

网站于 2018 年 6 月建成，在正式投入使用之前，笔者先将一批上大老一辈师生的数字化档案上传到该网站的数据库，之后，招募了一批学生对网站的功能进行测试和改进，在改进之后于 2018 年 9 月正式投入使用。笔者于 2018 年 9 月选取了上大一个本

---

①　因后续经费问题，该网站已于 2020 年 12 月 31 日起停止使用。

科班级的学生作为研究对象，该班级的学生在这一学期都选修了同一门核心专业课。该班级共有35位同学，其中女生26名，男生9名，年龄均在18~21岁，所学专业均是档案学，他们都是第一次接触到这个网站，也是第一次参与类似的项目。因此，研究对象都是处于同一环境中，参与的时间都一样，具有可观察和研究的价值。课程老师在学期初（2018年9月）要求每位同学在一个月内至少上传一个他们的故事到这个网站，并至少对其他同学的故事发表一次评论或贴一次标签，同学们的参与情况将作为他们这门课程平时成绩的10%。笔者对该班级同学的参与情况进行了为期三个月的观察，三个月后，再对参与的同学进行了问卷调查及访谈（调查问卷及访谈提纲见附录5及附录6），以进一步收集有关他们参与动机的数据，并对所收集到的数据进行编码分析。

通过三个月的观察，笔者发现以下情况（见图5-2）。

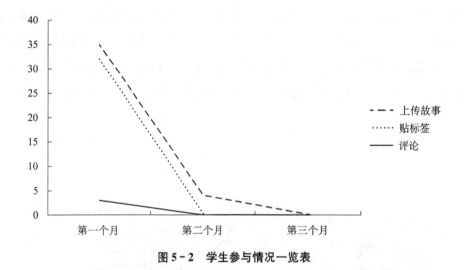

图5-2 学生参与情况一览表

（1）在老师提出要求之后一个月内，全班同学都参与了，100%的同学上传了一个故事，而91.5%的同学（32位同学）选择对其他同学的故事贴标签，只有8.5%的同学（3位同学）选择发表评论。

（2）第二个月，仅有11.5%的同学（4位同学）仍在上传他们的故事，但无人发表评论或贴标签。

（3）到第三个月月末，没有同学再上传任何故事或发表评论、贴标签。

于是，笔者试图进一步了解：（1）第一个月后为什么88.5%的同学（31位同学）不再参与？而11.5%的同学（4位同学）为什么选择继续参与？（2）为什么11.5%选择继续参与的同学到第三个月后也选择放弃参与？

围绕上述问题，笔者在第三个月结束后对35位同学进行了问卷调查及访谈，并对所收集到的数据进行了编码分析。通过观察及对数据的分析和编码，笔者发现：

（1）外在动机会促使人们参与，而且，如果外在动机所提供的奖励或惩罚对参与主体而言是非常重要的，参与者也能生产出高质量的产品。在本书中，所有同学在学期开始后的一个月内都参与了该项目完全是因为外在动机，即为了获得 10％ 的平时成绩。因此，不管他们是否愿意或是否感兴趣，他们都必须参与。这个发现也与巴特森（Batson）等人所提到的"个人主义（egoism）"① 的动机是一致的，即很多人参与某一行为的最终目的是为自己谋福利，是为了自利。因此，如果参与某一活动对自己是有利的、有好处的，很多人可能会选择参与，而无论他们对此活动是否感兴趣。SDT 理论认为外部调控是外在动机中自主性最少的动机形式，出于外部调控而实施的行为是为了满足外在的需求或为了获得额外的奖励。因此，外部调控也就意味着最少的坚持、最少的积极自我感知，以及没那么好的参与质量。② 而在本研究中，因为要获得 10％ 的平时成绩对各位参与者而言是非常重要的，所以他们都会花时间和精力去参与并完成任务。从上传的故事来看，每位参与同学都精心挑选了自己想要分享的故事的照片，并撰写了自己的故事，每个故事都具有其特定的价值。因此，如果外部调控中的奖励或处罚对于参与主体而言足够重要的话，他们的参与质量也会比较高，并不必然会比出于内在动机或内化程度高的动机的参与质量低。

（2）参与者参与的动机处在变化之中。本研究中所有的参与者最初参与的动机都是外在动机，即为了得到平时成绩。而在一个月之后，参与行为的目的达到，外在动机消失了，88.5％ 的同学就不再参与。正如 SDT 理论所阐述的，单纯出于外在动机的参与难以具有可持续性。但仍有 11.5％ 的同学选择继续参与，这说明这 11.5％ 的同学的动机已经发生了变化，他们并不是基于外在的奖励或惩罚去参与其中。对 11.5％ 选择继续参与的同学的问卷调查及访谈数据显示，这些同学选择继续参与的动机也是多样的，包括认为这件事有意义，即产生认同动机，或觉得这事挺有意思，他们愿意上传他们的故事，即产生了内在动机。但最后学期结束之后这 11.5％ 的同学也没有再坚持，这也就意味着当初促使他们坚持的动机又发生了改变。因此，主体参与某一活动的动机并不是一成不变的，而是处在变化之中的。

（3）系统的功能可用性及群体志愿者的文化环境是影响参与者参与动机变化的重要因素。通过对访谈及问卷调查数据的分析编码，笔者发现对同学们参与动机的变化

① BATSON C D，AHMAD N，TSANG J A. Four motives for community involvement [J]. Journal of Social Issues，2002，58（3）：429-445.

② RYAN R M，DECI E L. The "what" and "why" of goal pursuits：human needs and the self-determination of behavior [J]. Psychological Inquiry，2000，11（4）：227-268.

产生影响的因素主要有两种：一是系统的功能可用性。功能可用性（affordance）这一概念是由詹姆斯·吉布森（James Gibson）于 1977 引入以说明有机体与其环境的关系的[1]，后诺曼（Norman）将此概念引入人机交互（HCI）中，认为功能可用性是指物体的可感知的及实际的特征，主要是那些决定了该物体可能被如何利用的基本特征[2]。诺曼实际上将功能可用性分为可感知的功能及实际功能。系统的功能可用性也可指系统所能提供给其利用者的可感知的及实际的功能。而任何系统的功能可用性，特别是其可感知的功能可用性都会影响到参与者的心理情感需求，包括能力需求、自主需求、归属需求的满足，从而会对其参与动机产生很大影响。前面所提及的美国国家档案馆"公民档案工作者"项目平台上的项目任务设置比较多样化，参与者做出的贡献也会及时显示在他/她自己账户中的"我的贡献"一栏中，这也是其系统功能可用性强的体现，这些可感知的功能可用性会增强参与者的自我效能感，有助于激发其持续参与。在本研究中，最后放弃参与的同学放弃的原因之一是他们认为系统不那么友好，用起来比较费劲，包括：上传图片时，很难调整图片大小；上传了图片后，网站却显示他们上传不成功；贴了标签或发表了评论后，这些标签或评论并未及时显示在网页上；等等。即系统在可感知的功能上是欠缺的，导致他们觉得很受挫，不愿意继续参与。就如一位同学所言："当这些问题出现时，我会觉得好烦啊。我也就不愿意再参加了。"

二是群体志愿者的文化环境的影响。在第二个月坚持下来的 11.5% 的同学中，最后放弃的理由之一是"我周围的人都不参加，就我一个人参加，觉得没意思"。由此可见，参与主体所处的环境会对他/她的参与动机产生影响，进而影响到参与行为。就本研究而言，这里的环境主要是指参与者所处群体中的志愿者文化环境。所谓志愿者文化环境是指鼓励个人去从事志愿活动，从事志愿活动被认为是日常行为的文化环境。根据 SDT 理论，归属需求是促使人参与某一行为的重要动机之一，如果一个个体身处志愿者文化浓厚的群体中，出于归属需求，他/她可能会选择通过参与志愿活动以满足其归属需求。美国国家档案馆访谈对象 4 提及他会向他的朋友讲述他在参与数字档案资源社会化开发项目中所发现的有趣的档案的内容，他的一些朋友对此也很感兴趣，因而也参与进来。参与这一志愿活动对于他已经退休的朋友而言是做一些有用的、有价值的事情的机会，也能给他们带来快乐和生活的意义。这种志愿者文化浓厚的群体氛围也会进一步增强参与者的内在动机及参与的持久性。而在本研究中，第二个月的

---

① GIBSON J J. The theory of affordances [M] // SHAW R, BRANSFORD J. Perceiving, acting and knowing. New York：Wiley, 1977：67 - 82.

② NORMAN D A. The psychology of everyday things [M]. New York：Basic Books, 1988：9.

11.5％的参与者因为受到其身处群体志愿者文化环境的影响，之前支撑他们参与的内在动机慢慢消失，导致他们最后也不再参与。

 公众参与动机动态发展模型

通过上述两方面的调查研究可以发现，公众参与数字档案资源社会化开发项目的动机是一个动态发展的过程（见图 5-3）。

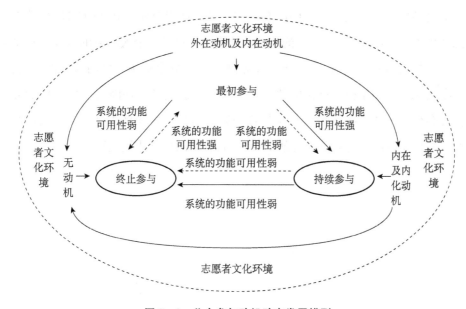

图 5-3 公众参与动机动态发展模型

公众最初可能是因为外在动机或内在动机参与，基于外在动机的参与行为也可能会产生质量高的参与成果；但在参与的过程中，参与者的动机会发生变化，造成这些动机变化的原因之一是系统的功能可用性。如果系统的功能可用性弱，这可能会导致基于外在动机的参与者在其外部需求得到满足后继续参与的动机消失，从而终止参与，但一部分基于内在动机的参与者有可能选择继续参与。如果系统的功能可用性强，基于内在动机的参与者一般都会选择继续参与，同时也可能会使部分最初出于外在动机的参与者动机出现变化，由外在动机转变为内在动机，或其参与动机的内化程度变高，参与积极性得以激发，从而实现持续参与。但如果在持续参与过程中，系统的功能可用性方面持续无法满足参与者的需求，又可能会使参与者的参与动机消失，从而终止参与。

这整个过程会受到参与者所属群体志愿者文化环境的影响，处在不同志愿者文化环境中的主体可能被激发出的动机的类型和程度是不一样的。如果是处于志愿者文化强的环境中，主体从事志愿活动的内化动机程度就会更高，最初参与者中基于内在动机或内化程度高的参与动机的参与者比例会更高，能持续参与的参与者的比例也会更高；反之，最初参与者中基于内在动机或内化程度高的参与动机的参与者比例可能会较低，而基于内在动机或内化程度高的参与动机的参与者也可能会受到群体文化的影响，最终终止参与。但如果系统易用、好用，任务有意思，参与者时间宽裕且受所处群体志愿者文化环境的影响，中止参与者还有可能会再重新参与。

另外，本研究也发现在第二个月选择继续参与的学生一般都是性格比较外向、积极、开朗的学生，这与现有的一些研究发现一致。如现有研究认为外向性格的人往往更愿意从事志愿活动①，本研究中的"上大故事"项目涉及个人故事的分享，这也就意味着一个性格内向的人在网上分享自己的故事、参与数字资源开发的可能性会比较小。但这一发现未必适用于档案机构的数字档案资源社会化开发，因为档案机构的数字档案资源社会化开发并不必然会涉及参与者个人的信息，而且是通过网络开展，所以参与者个人性格是内向或是外向也许就不会是那么重要的影响因素了。

---

① BEKKERS R. Participation in voluntary associations: relations with resources, personality, and political values [J]. Political Psychology, 2005, 26 (3): 439–454; ALLEN M O, SNYDER M, HACKETT J D. Personality and motivational antecedents of activism and civic engagement [J]. Personality, 2010, 78 (6): 1703–1734.

第6章
数字档案资源社会化开发文化培育

　　"文化"这一概念比较复杂且较难定义，不同学科对文化有着不同的界定。最早提出"文化"这一术语的是英国人类学家爱德华·泰勒（Edward Taylor），他认为"文化……是一个复杂的整体，它包括知识、信仰、艺术、法律、习俗及人作为社会一员所获得的任何其他的能力和习惯"[①]。此后，不同学科的学者对文化的定义也有所不同，如早期的功能学派代表人物马林诺夫斯基（Bronislaw Malinowski）认为文化是一种制度工具，借此工具，个人会被置于合适的位置以处理在需求满足过程中遇到的具体问题。[②] 而著名的诠释主义人类学家格尔茨（Clifford Geertze）则阐述道："我主张的文化概念实质上是一个符号学的概念。马克斯·韦伯提出，人是悬在由他自己编织的意义之网中的动物。我本人也持相同的观点。于是我以为所谓文化就是这样一些由人自己编织的意义之网。"[③] 著名社会学家霍夫斯泰德（Geert Hofstede）认为："文化是思维的集体性程序，它能将一个团体或一类人与其他人相区分。符号、英雄、仪式及价值观是文化的外在体现。"[④] 虽然有关文化的概念界定的表述各有不同，但从中也可发现一些共性，如：文化指的是现象而不是个人或群体；文化是与历史相关的，通过传统与习俗得以传递；文化是社会建构的现象；文化最常指的是思维、价值观而不是具体的、客观的、可见的东西。本书采用霍夫斯泰德对文化概念的界定，并以此为基础来界定档案馆组织文化及档案志愿者文化。由第4章和第5章的分析可见，这两

[①] TYLOR E. Primitive Culture：Research into the development of methology，philosophy，religion，art，and custom [M]. London：John Murray，1871：1.

[②] MALINOWSKI B. A scientific theory of culture and other essays [M]. London：Routledge，2002：36.

[③] 格尔茨. 文化的解释 [M]. 韩莉，等译. 南京：译林出版社，1999：5.

[④] HOFSTEDE G，HOFSTEDE G J，MINKOV M. Cultures and organizations：software of the mind [M]. New York：McGraw-Hill，2010：6，8.

类文化是影响数字档案资源社会化开发的重要因素，也是数字档案资源社会化开发模型中的社会科技基础设施的重要组成部分。

开放创新型档案馆组织文化的培育

6.1.1　档案馆组织文化之意：内涵与构成

霍夫斯泰德基于他对文化概念的界定，将组织文化定义为"将一个组织机构的成员与其他组织机构成员相区分的思维的集体程序"[1]。他提出组织文化由价值观、仪式、英雄人物和符号这四个要素组成（见图 6-1）[2]：价值观是整个组织文化的核心，它是指导组织成员行为的哲学或社会规则；仪式是集体活动，这些集体活动从技术上来说是多余的，但从社会意义上来说在组织文化中却是必不可少的；英雄人物是那些在组织文化中拥有被高度赞扬和认可的品格的人，他们可作为行为模范，这些英雄人物既包括真实的人物也包括想象的人物，既包括活着的人也包括已经去世的人；符号是指组织文化中承载特定意义的文字、举止行为、图画或实物。符号、英雄人物及仪式是可见的，故可被归入"实践"范畴，价值观会通过这些实践显示出来。

由此，本书讨论的档案馆组织文化是指将档案馆成员与其他组织机构成员相区分的思维的集体程序，包括其成员所特有的理念、价值观、伦理观及特有的行为模式、相互交流模式。这些特定的理念、价值观、伦理观会通过各种"实践"显示出来。组织文化决定了组织成员的思维、感知及行为方式，它是无形的，但又是强有力的，它对组织机构的绩效，以及组织机构对于各种新技术、新知识的采用具有很大影响。

6.1.2　档案馆组织文化培育之旨：开放创新

数字档案资源社会化开发对于档案馆而言是一种新理念、新范式，是对旧有档案工作范式的扬弃。因此，要实现数字档案资源社会化开发，就需要培育开放创新型档案馆组织文化。

价值观是整个组织文化的核心，价值观理论研究者认为价值观是通过文化及社会

---

① HOFSTEDE G, HOFSTEDE G J, MINKOV M. Cultures and organizations: software of the mind [M]. New York: McGraw-Hill, 2010: 344.

② HOFSTEDE G, NEUIJEN B, OHAYV D D, et al. Measuring organizational cultures: a qualitative and quantitative study across twenty cases [J]. Administrative Science Quarterly, 1990 (35): 286-316.

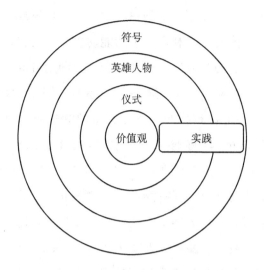

图 6-1　霍夫斯泰德组织文化构成要素图

背景的影响而不断发展的。① 一个组织机构所认同的价值观可被界定为关于工作或工作环境的评价标准，借此每个人都能分辨"对"与"错"。② 价值观用于指导组织机构内特定的行为规范或行为期待。行为规范其实是基于组织机构价值观的社会期待，代表了一个组织机构中指导行为的行为规则，并具体规定违反规则所要承受的处罚。社会学习理论认为个体是通过观察某一社会环境中其他人而习得价值、态度、行为和技能的。③ 通过观察他人，组织机构的价值观得到强化，由此就会产生特定的期望的行为。因此，要培育开放创新型档案馆组织文化，首先便要树立与之相对应的价值观。苏伦·霍根（Suellen Hogan）和伦纳德·库特（Leonard Coote）在对相关文献进行梳理后提出了以创新为导向的组织文化价值观的几个维度：成功，开放及灵活适用，内部沟通，能力与职业化，跨职能合作，员工的职责，对员工的感激，风险承担。④ 本书根据这几个维度提炼了开放创新型档案馆组织文化所应具备的特征。

（1）开放性。苏伦·霍根和伦纳德·库特提到价值观的一个维度是开放及灵活适用，即组织机构对开放、对新想法的反应及对解决问题的灵活方法的重视程度。如果组织机构很重视开放及灵活，这将有助于创新，有助于形成新的想法。以此为基础，笔者认为开放创新型档案馆组织文化首要的是具备开放性，这里的开放性首先是指档

---

① DOSE J J. Work values：an integrative framework and illustrative application to organizational socialization [J]. Journal of Occupational and Organizational Psychology，1997，70（3）：219-240.

② 同①.

③ BANDURA A. Social foundations of thought and action：a social cognitive theory [M]. Englewood Cliffs：Prentice Hall，1986：83.

④ HOGAN S J，COOTE L V. Organizational culture，innovation，and performance：a test of Schein's model [J]. Journal of Business Research，2014（67）：1609-1621.

案馆应坚持以利用者为中心的原则。以利用者为中心不仅体现为要为利用者服务，满足利用者的多元需求，还体现为将利用者视为能动主体，吸引公众参与档案馆的一些事务。这种以利用者为中心的开放思想往往也会得到利用者的一些积极反馈，如美国国家档案馆的"序章（prologue）"专门有一栏"感谢"信息，发布的是利用者对美国国家档案馆工作人员帮助他们查找与利用档案资源的感谢。例如，一位作家埃克斯坦·阿瑟（Eckstein Arthur）就特别提到"我非常感谢国家档案馆的主管档案员詹姆斯·马西斯（James Mathis）和他的助理布兰妮·克劳福德（Britney Crawford）。他们组织了大量美国联邦调查局（FBI）的材料给我，并告诉我每个盒子里有哪些档案，同时强调哪个盒子里会有最有意思的档案。此外，詹姆斯还为我提供了他的有关FBI的许多深刻洞见，布兰妮为我在伍德罗·威尔逊中心（Woodrow Wilson Center）的发言提供了很多的专业帮助"[①]。这些来自利用者的积极反馈又会进一步促进档案工作者坚持以利用者为中心的理念。其次，开放性还包括档案馆中的档案资源要及时开放。档案馆应依法将可开放的档案资源提供给公众利用，让公众进行多种形式的开发和利用。这是开展数字档案资源社会化开发及建构开放创新型档案馆组织文化的重要前提。没有开放的资源，也不可能有开放创新的文化。另外，开放性还意味着档案馆要积极与其他机构包括美术馆、博物馆、图书馆开展资源整合与共享，合作打造"信息资源公共空间"，吸引更多的公众参与到对各种资源的开发和利用中来。

（2）内部协同性。苏伦·霍根和伦纳德·库特提到创新文化价值观的内部沟通维度及跨职能合作维度。前者是指组织机构对促进机构内部信息流的开放交流的重视程度，后者是指组织机构对协调及团队合作的看重程度。社会发展理论及环境学习理论强调通过社会互动及信息交流可获得认知增长。[②] 积极的内部交流可使员工获得多种知识，能交叉培育各种思想，有助于提升决策质量，并最终寻求产生创新的方法。资源依靠论指出，当从事高度创新的项目时，来自不同职能领域的成员认为，要获得成功的创新，他们的工作高度依赖其他职能领域的专家的专业知识、信息和资源。[③] 团队中的信息、知识和资源的高度整合和共享又是通过复杂的协调、交流、合作才能达到的，这反过来又会影响到创新和成功。因此，具备开放创新型组织文化的档案馆应重视内部的交流与协同合作。

---

① I wish to acknowledge [EB/OL]. (2022 - 12 - 14) [2023 - 02 - 25]. https://www. archives. gov/research/alic/prologue-fall-2009-acknowledgments.

② AMABILE T M. A model of creativity and innovation in organizations [C] // STAW B M, CUMMINGS L L. Research in Organizational Behavior. Greenwich：JAI Press，1988：123 - 167.

③ BAKER N R, FREELAND J R. Structuring information flow to enhance innovation [J]. Management Science，1972，19 (1)：105 - 116.

（3）创新性。这是基于苏伦·霍根和伦纳德·库特价值观中的成功、风险承担及对员工的感激三个维度提出的。成功维度是指组织机构对成功或努力达到高标准的要求、提供具有挑战性的目标、鼓励员工表现突出的重视程度。在开放创新型组织文化中，组织机构重视并鼓励员工变得更优秀，鼓励员工通过努力达到高标准的要求，这可提升员工的业绩期望值，形成对组织机构目标的心理拥有感，也可提升员工的内在动机或自我效能感，强化员工发现解决问题的新方法的动机，这将有助于组织机构创新。风险承担维度是指组织机构对于尝试新想法、挑战现状的重视程度。重视风险承担、鼓励承担有意义的及需仔细考量的风险、鼓励挑战现状等与心理安全建设密切相关。如果员工想试验新想法并以不同的方式去做某些事情，同时无须害怕对自身形象、地位或职业带来任何消极后果时，他们往往会选择大胆尝试；相反，如果会产生一些消极后果，他们就不太可能去进行尝试。因此，机构应对员工的创新尝试进行更多的鼓励和奖励，这样可增强员工对机构的认同，也会刺激更多的创新。对员工的感激是指组织机构对员工的成就的重视、奖励及认可的程度。奖励和认可对创新有着积极的作用，这些都属于外在动机，这些外在动机和内在动机相结合就会影响到创新。业绩奖励和风险承担也是紧密相连的。开放创新型档案馆组织文化应是鼓励创新的，即档案馆应鼓励员工去挑战现状，勇于创新，鼓励员工由此变得更加优秀，同时要建有较完善的奖励机制，奖励有成就的员工。

（4）强认同感。这主要是基于苏伦·霍根和伦纳德·库特价值观中的能力与职业化维度及员工的职责维度。能力与职业化维度是指组织机构对与专业相关的知识、技能、理念、信仰的重视及坚持程度。专业知识、技能是创新的基石。不断提升专业知识和技能可促进问题分析及解决能力的提升，能提升创新能力。员工的职责维度是指组织机构对员工的主动性、自主性及对他们的工作的责任感的重视程度。高度的责任感、自主性有助于创新，当员工感知到有责任去实现某一项目的总体目标，并对如何实现目标有着自行决定权时，他们就会有一种拥有感及对他们的工作、想法的控制感，这有助于他们持续地、坚定地克服各种潜在的问题，获得具有创新性的成果。开放创新型档案馆组织文化中的档案工作者会抱有"终身学习"的思想，会根据时代的要求不断更新自己的知识、学习新的知识和技能，并能将这些新知识、新技能运用于档案工作中，实现档案工作的创新。这种"终身学习"的思想与他们对自己所从事的工作或所在的组织机构的认同感、责任感和使命感是紧密相连的，只有对自己所从事的工作或所在的组织机构具有强烈的认同感、责任感和使命感的档案工作者才会通过不断的学习提升自己，实现档案工作的创新。

丹尼森（Denison）和斯普赖茨（Spreitzer）曾运用竞争价值框架总结了四种组织文化类型：团队文化、发展文化、理性文化及等级文化。[①] 团队文化强调灵活变通及聚焦内部组织，其核心价值是归属、信任、参与。领导倾向是参与的、体贴的及支持的，通过团队合作来促进互动。有效性的标准是发展人的潜能及成员的责任和奉献。发展文化也强调灵活变通，但其聚焦的是外部环境，强调成长、资源获取、创造性及适用外部环境。领导倾向是理想主义的及富有企业家精神，愿意承担风险，并能制定未来愿景。有效性的标准是成长、开发新市场及获取资源。理性文化强调生产效率、业绩、对目标的实现及成就，其目的是追求并实现被规划好的目标。领导倾向是指导式的、以目标为导向、起重要作用的，并持续提供结构及鼓励生产效率。有效性的标准包括计划、生产效率及效能。等级文化强调内部效能、一致、协调及评估。聚焦稳定，目的在于执行规则。领导倾向是保守的、谨慎的，且关注专业问题。有效性标准包括控制、稳定及效能。根据上述对开放创新型档案馆组织文化特征的分析，开放创新型档案馆组织文化会同时具备前三种组织文化的一些特质，即要关注外部和内部，其核心价值包括归属、信任、参与、成长、开发新市场、效率、效能等。已开展了数字档案资源社会化开发的档案馆的组织文化或多或少会具备这些特征，如美国国家档案馆2018—2022年的战略计划中明确提出他们的价值观包括：合作，即在尊重、沟通、诚信和团队协作的基础上，创造一个开放、包容的工作环境；创新，即鼓励创造，并投入创新以打造未来；学习，即通过持续学习追求卓越，在我们所知道的和为他人服务的事情上变得更智慧。他们希望通过变革培育一种新的组织文化，即敏于变化，接受风险，奖励创新并追求持续提升。[②] 相比较而言，其他未能开展数字档案资源社会化开发的档案馆的组织文化大多呈现出等级文化的保守、谨慎等特征，在成长、开发新市场及开放性、鼓励创新性方面有待提升。

6.1.3　档案馆组织文化培育之道：内外兼修

基于上述对开放创新型档案馆组织文化特征的分析，笔者认为要培育有利于数字档案资源社会化开发的开放创新型档案馆组织文化，需要内外两方面的路径。外部路径主要包括建构档案馆与公众之间的信任机制及档案馆要了解公众需求、吸引公众参

---

① DENISON D R, SPREITZER G M. Organizational culture and organizational development: a competing values approach [J]. Research in Organizational Change and Development, 1991 (5): 1-21.

② 2018—2022 Strategic Plan [EB/OL]. (2017-12-21) [2021-10-2]. https://www.archives.gov/files/about/plans-reports/strategic-plan/2018/strategic-plan-2018-2022.pdf.

与，而要做到这两方面首先需要档案馆工作人员自身观念及认识论的变化；内部路径主要包括档案馆工作人员构成的多样化及制定较完善的职业发展规划，以及培育变革型领导，这是开放创新型档案馆组织文化建构的重要的内部动力。只有内外兼修才能建构开放创新型档案馆组织文化。

（1）档案工作者观念及认识论的转变。

档案工作者的观念及认识论直接影响到档案馆组织文化的形成，以及档案工作者对数字档案资源社会化开发的态度。要创建有利于数字档案资源社会化开发发展的开放创新型档案馆组织文化，首要是要实现档案工作者观念及认识论的转变。

首先是观念的转变。数字档案资源社会化开发并不只是体现为利用技术平台让公众来参与，更主要体现的是档案机构的观念或档案开发范式的转变，即从以档案机构为中心走向以利用者为中心，由档案机构握有绝对的权力走向赋予公众部分权力。如前所述，对于数字档案资源社会化开发，不同的档案机构的观念有所不同：有以美、英、澳、新四国国家档案馆为代表的大胆创新、勇敢尝试的创新者，他们已经实现了观念上的转变，由此实施了实际行动；也有一些对此较为排斥的旁观者，即认为数字档案资源社会化开发是不可行的。这些旁观者主要是基于对公众的不信任，或还存有对公众参与对其专业权力所带来的一些威胁的担忧，如伊莱恩·古里安（Elaine Gurian）描述了博物馆工作人员在无意识地边缘化更多公众时，成为部分（自认为是专业人士的）观众的帮凶，他们不想其他公众参与其中，因为这将打破他们自身的优越感及他们对某一领域的绝对权力。[①] 也有一些已经认识到了数字档案资源社会化开发的价值，但认为目前条件尚未成熟，还未开展实际行动者；还有些档案馆也担心社会公众参与会带来一些负面的效果，如众包倡议者及软件开发者伯尔尼·布伦菲尔德（Bern Brumfield）认为，参与的一个尤其致命的障碍可能发生在专家群体中，这就是众包的格雷沙姆法则（Gresham's law），即邀请公众参与某项活动降低了该活动的档次，会赶走那些在意他们名誉的专业人士。[②] 笔者访谈的档案工作者中就有人提到"一些研究者会持嗤之以鼻的态度，认为这缺乏严谨性。他们不认为这适用于他们。他们乐于分享，但不是和'任何人'进行分享"。另还有一些对数字档案资源社会化开发持较为矛盾态度者。他们一方面认为应该让公众参与，另一方面又担心公众参与会对他们的权威和

① GURIAN E. Noodling around with exhibition opportunities ［C］// LAVINE S D，KARP I. Exhibiting cultures. Washington，D C：Smithsonian Institution Press，1991：177.

② BRUMFIELD B W. A Gresham's law for crowdsourcing and scholarship? collaborative manuscript transcription ［EB/OL］. （2013 - 10 - 25）［2021 - 09 - 02］. http://manuscripttranscription. blogspot. co. uk/2013/10/a-greshams-law-forcrowdsouring-and. html.

秩序造成威胁。例如，笔者访谈的一位档案工作者就表达了她对于公众参与的一些担忧："现在我们在谈大社会这个东西，人员招聘基本停滞，经费被砍。这些都是现实。因此，任何管理者都会说'如果我没有人力去做某事，利用者、用户能帮我做这事吗?'……我觉得利用者参与像 Wikipedia 这类东西也许能开展得挺好，但利用者可能只会在档案馆待一会儿，然后就离开了，这样可能反而会给档案工作带来一些麻烦。"

布拉汉姆特别提到在将新技术融入社会时会出现"不加批判的乐观"与"精神恐慌"之间的分歧。① 安德鲁·弗林（Andrew Flinn）指出，我们的专业文献中出现了那些包容性的术语如"赋权""社群""合作"，试图强调用户的解放，但与此同时，"业余性""志愿"这些用语又打着赞扬的幌子掩盖了傲慢与屈尊，以继续维护权威专业性的位置。如果档案工作者希望实现档案馆及档案工作者角色的民主化，他们就需期望并愿意接受颠覆专业人员与利用者、专家与业余爱好者之间旧有的层级式的权力关系。② 卡普兰（Kaplan）强调后现代世界的档案工作者必须学会适应不确定性。③ 数字档案资源社会化开发的确存在不确定性，也许会有很多公众参与，也许公众参与人数不多，也许公众参与数字档案资源开发会给我们带来意想不到的新形式、新成果，也许公众参与会给档案工作带来意想不到的混乱和麻烦。这种不确定性并不仅仅体现在数字档案资源社会化开发上，档案机构要运用任何新技术、开展任何创新活动时，都会有这种不确定性，但不管如何，我们都应去适应并拥抱这些不确定性，积极勇敢尝试，遇到问题再想办法去解决，即应具有一定的风险承担性和创新性，而不能一味地因循守旧，排斥退缩。要做到拥抱不确定性就需要档案工作者转变传统的观念，并最终实现从旧有的基于控制和权威的"本位"文化向基于众智的"融合"文化转变。

其次是认识论的转变。所谓认识论的转变是指对档案馆性质认知的转变。在数智时代，档案馆不再只是收集、保管及提供档案利用的实体的物理的空间，更多的会是在线平台，这一在线平台的建设不能仅依靠档案工作者，还需要利用者的参与和共建。因此，档案利用者不再是被动的档案信息的接收者，他们是档案信息内容的创造者，是能动的主体，享有更大的自主权，而档案工作者的角色也相应地发生转变，由档案实体保管者、控制者向聚合公众贡献、促进获取利用的中介转变，其职责更多的是引导及审查公众参与的成果，并确定公众参与成果的可用性。这种认识论的转变与档案

---

① BRABHAM D C. The myth of amateur crowds：a critical discourse analysis of crowdsourcing coverage [J]. Information，Communication & Society，2012，15（3）：394-410.

② FLINN A. "An attack on professionalism and scholarship"?：democratising archives and the production of knowledge [EB/OL]. (2020-10-28) [2021-09-02]. http://www.ariadne.ac.uk/issue62/flinn/.

③ KAPLAN E. Many paths to partial truths：archives，anthropology，and the power of representation [J]. Archival Science，2002，2（3）：209-220.

学的后现代转向是一致的，现今很多档案学学者已对传统档案学的实证主义原则提出
了质疑，并建立起后现代档案学理论以支撑参与式档案馆文化。"从后现代意义上来
说，'参与'这个概念被建构成任何人类与信息的互动，这也使得这个概念及其含义在
档案与文件管理中是极其重要的。"① 伊斯托·胡维拉及安妮·吉利兰等学者也提出了
"参与式档案馆"的概念。② 因此，数智时代的档案馆会是一种参与式档案馆，让利用
者参与也就意味着"我们（档案工作者）必须把我们的一些权力包括话语权、建构权
及定义权让渡给其他人"③。参与式档案馆中信息管理者或档案工作者的角色有别于传
统档案馆，他们只是负责维护技术平台，并提供足够适合的用于档案工作的工具。④ 这
种参与式档案馆也是如安德森（Anderson）及艾伦（Allen）所提出的"档案公共空间
（archival commons）"⑤，在此档案公共空间，档案工作者需扫除公众参与的障碍，开发
各种途径让公众参与，帮助公众学习如何自主完成任务，赋权公众分享他们的故事，
与公众一起形成新的知识。这种认识论的转变也是建构有利于数字档案资源社会化开
发的开放创新型档案馆组织文化的重要前提。

（2）建构档案馆与公众之间的信任机制。

开放创新型档案馆组织文化是以利用者为中心的组织文化，彰显了档案机构与公
众之间的相互信任。信任是合作的前提和基础，诚如拉克姆（Rackham）等人所言，
"开展合作涉及诸多因素，但信任是关键。其他任何事都须建立在信任的基础上。没有
信任，就没有合作的基础，这是底线"⑥。但对何为信任，不同学科有不同的界定，本
书采用卡明斯（Cummings）和布罗米利（Bromily）对信任的界定，即信任是指个人
或群体共同相信另一个人或群体（a）会做出真诚的努力去根据显性或隐性的承诺行
事，（b）在承诺之前的任何协商谈判中都是诚实的，并且（c）即使有机会也不会过度
利用他人。⑦

---

①　HUVILA I. Participatory archive：towards decentralized curation，radical user orientation，and broader
contextualisation of records management [J]. Archival Science，2008，8（1）：15 - 36.

②　同①；GILLILAND A J，MCKEMMISH S. The role of participatory archives in furthering human rights，
reconciliation and recovery [C] // Atlanti：review for modern archival theory and practice，2014：79 - 88.

③　DUFF W，HARRIS V. Stories and names：archival description as narrating records and constructing mean-
ings [J]. Archival Science，2002，2（3）：263 - 285.

④　同①.

⑤　ANDERSON S R，ALLEN R B. Envisioning the archival commons [J]. American Archivist，2009，72
（2）：383 - 400.

⑥　RACKMAN N，FRIEDMAN L，RUFF R. Getting partnering right：how market leaders are creating long
term competitive advantage [M]. New York：McGraw-Hill，1996：75.

⑦　CUMMINGS L L，BROMIL Y P. The organizational trust inventory（OTI）：development and validation
[C] // KRAMER R，TYLER T. Trust in organizations. Thousand Oaks：Sage，1996：302 - 330.

如前所述，我国很多档案馆之所以对数字档案资源社会化开发持保守甚至不赞同的态度，理由之一便是觉得公众无法完成应该由专业档案工作人员完成的工作。一位被访谈的档案工作者举到档案学专业学生实习质量的例子："我们档案馆是××大学档案学专业的实习基地，以前经常会有档案学专业的学生来我们这里实习，但这些实习生做出来的东西质量不太好，事后都需要我们返工重新来做，弄得我们反而花了更多的时间和精力，还不如一开始就我们自己来做。所以我们现在都不再要这些学生过来实习了。"她认为档案学专业的学生已经受过一定的专业培训和教育，他们的工作质量都达不到专业档案工作者的要求，更何况非专业的普通大众呢？这种认知显示了对公众能力的不信任。开放创新型组织文化是建立在对公众信任的基础上的，只有基于对公众的信任，才有可能会持开放创新的态度和理念，才会愿意让公众参与。而公众只有对档案馆、档案工作者的行为产生信任，也才会愿意参与，并助推档案机构开放创新的组织文化建设。所以，档案馆与公众之间的信任机制的建立和完善是建构开放创新的组织文化的重要路径。

信任机制是信任研究的主要内容，信任机制是指信任产生的内在逻辑与路径。信任机制的建立是一个缓慢的、反复的过程，可能一开始是通过一些小风险的及不那么重要的相互交流和互动，建立起小的信任，然后通过更多的、反复的交流慢慢建立起相互之间更大的信任。而对于数字档案资源社会化开发而言，因为开发行为主要是在虚拟的网络空间或社区进行，缺少面对面的交流，因此要建立起档案馆与公众之间的相互信任会更困难，这就需要采取一些措施来推动这种相互信任机制的建立。朱克（Zucker）在其研究中指出，信任机制分为来源于过程的信任、来源于特征的信任以及来源于制度的信任三种。来源于过程的信任是指信任源于个人屡次参与的经历，来源于特征的信任是指信任建立在合作的基础上，来源于制度的信任是指信任依赖于具体的制度和法律法规。[①] 迈尔斯（Miles）和克里德（Creed）认为来源于特征的信任和来源于制度的信任较为重要，它们渗透和嵌入广阔的社会关系脉络中。[②] 笔者认为档案馆与公众之间信任机制的建构也可以从过程、特征和制度三方面来进行。

从过程的角度来建构信任，应加强档案馆与公众之间的双向沟通，保障档案馆与公众之间的信息流通与信息对称，了解对方对相关信息的接收程度和认知程度。在双向沟通中，档案馆应给予公众话语权、参与权，达成信息共识，产生认同感。当然，

[①] ZUKER L G. Production of trust: institutional sources of economic structure [J]. Research in Organizational Behavior，1986（8）：53-111.

[②] MILES R E, CREED W E D. Organizational forms and managerial philosophies: a descriptive and analytical review [J]. Research in Organizational Behavior，1995（17）：333-372.

要有效地开展双向沟通就必须借助一些平台，包括档案馆的网站、App 及各种社会化媒体工具。世界各国档案机构都在积极运用各种社会化媒体平台推送各种信息，并通过这些平台与公众进行信息交流和沟通，有些档案馆还另外设有专门的交流社区，如美国国家档案馆设立的 History Hub，通过这些平台和社区，公众可以实现与档案工作者的即时沟通与交流。而在双向沟通的过程中，档案馆与公众之间因为了解的增进，也就更容易产生相互信任。

从特征的角度来建构信任机制是指将信任建立在双方合作的基础上。劳尔·埃斯佩霍（Raul Espejo）将信任分为"背景信任"和"责任信任"两种形式，他认为："背景信任"是用于在环境中减少复杂性的一种方式，如我们基于对银行的信任，才会把钱存在银行，而我们之所以会对银行产生信任，是因为银行作为一个机构，国家有相关的规则和制度对其加以规范，因此这种信任是一种背景信任，它可以减少环境中的复杂性；而"责任信任"是在我们的生活中形成有益的不确定性及无法预测性的方式。他指出，正是"责任信任"让我们建立了合作关系。"这种信任（责任信任）是我们在对他人的能力和忠诚进行评价的过程中反复互动交流的结果。信任是源自稳定的关系，而不是源自行为的可预测性。这种责任信任是我们和所有自治参与的贡献者建立共同任务时所要达到的。"① 要实现档案机构与公众之间的相互信任，也需要建立责任信任。一些数字档案资源社会化开发项目中有让参与者建立个人档案的设置，这一设置可认为是建立背景信任的一种方式，但事实证明这种背景信任的方式对于真正的相互信任的建立作用不大，相互信任机制的建立更多的是建立责任信任。要建立责任信任就需要档案机构将每个贡献者视为独立的、自治的个体，与档案机构的档案工作者之间是平等合作的关系，档案工作者不能将自己的观点或标准强加给参与者，档案工作者主要是起组织、协调作用，基于这种平等合作关系持续地开展相互的交流和合作，最终建立责任信任。

从制度的角度建构信任是指借助制度或法律法规来建构档案馆与公众之间的信任。例如，将数字档案资源社会化开发制度化，即将数字档案资源社会化开发规定为档案馆的常规工作，使之常态化、正式化，这将有利于建构档案馆与公众的信任，如美国国家档案馆 2018—2022 年的战略计划中明确提出要拓展使用各种工具提升公众参与度，在 2025 年将有 100 万份公众做出贡献的文件进入国家档案馆目录中心。② 这样的

① ESPEJO R. Auditing as a trust creation process [J]. Systemic Practice and Action Research, 2001, 14 (2): 215-236.

② 2018—2022 Strategic Plan [EB/OL]. (2017-12-21) [2021-10-03]. https://www.archives.gov/files/about/plans-reports/strategic-plan/2018/strategic-plan-2018-2022.pdf.

制度化会使公众认识到档案馆对他们的重视和尊重，从而对档案馆产生认同和信任。同样，在数字档案资源社会化开发过程中档案馆制定的奖励制度或激励制度也有利于培养档案馆与公众之间的信任，因为这些制度同样会让公众觉得档案馆重视、尊重他们的贡献，从而也会让公众对档案馆产生认同和信任。任何信任关系都不是凭空建立的，要建立档案馆与公众的信任关系需要采取相应的措施，而只有建立了档案馆与公众之间的信任机制，才可能实现档案馆开放、创新的组织文化建设。

（3）了解并满足公众需求，吸引公众参与。

以利用者为中心的价值观也决定了档案馆应了解并满足公众需求。档案馆应分析不同公众档案信息需求的特征，梳理其获取信息的方式与习惯，在个性中寻找共性，并按照不同群体的信息需求制定不同的信息服务目标，满足其个性化的信息需求。此外，还要以公众的需求为出发点，确定档案馆的服务定位。例如，美国国家档案馆通过对利用者进行问卷调查及委托商业咨询机构进行利用者需求分析等各种途径分析利用者的类型及利用需求，并据此得出最主要的利用者的几大类型，包括研究人员、退伍军人、教育者及普通公众，他们在网站主页为这四大类利用者提供了不同的服务。同时，网站上还为其他不同的利用者，包括公民档案工作者、家谱研究者、联邦政府人员、国会成员、媒体等提供了不同的信息服务。这些都反映了美国国家档案馆在了解公众需求、满足公众需求方面所做的努力，这些努力体现了他们以利用者为中心的价值观，也有助于他们培育开放创新型档案馆组织文化。

档案馆在为公众提供个性化及人性化服务的同时，也可依据不同群体的不同素质和技能，吸引公众参与不同的、适合其自身能力的数字档案资源社会化开发。因此，数字档案资源社会化开发的开展要求档案馆是开放创新的机构，数字档案资源社会化开发的开展也会进一步促进开放创新型档案馆组织文化的建构。

了解公众需求、吸引公众参与也体现了档案馆与公众的价值共创性，此时，档案馆与利用者之间从简单的价值传递关系转变为价值互动关系。例如，在档案资源社会化开发的过程中，公众需要投入自己的知识、能力、经验、时间等，完成贴标签、转录、视频编辑等工作。公众通过体验与投入，参与数字档案资源开发的过程，在最终的价值实现中发挥自己的作用。而为了保证档案资源社会化开发能够顺利进行，档案馆需要提供支持。档案馆应将自身置于公众的情境中，才能从根本上了解用户的参与行为、认知结构以及潜在需求等。在此基础上，档案馆需努力提供如管理制度、场所、设备、网络等各方面的支持。公众与档案馆双方各自投入了资源，通过互动、合作、学习、反馈等过程，最终档案馆达到了档案资源社会化开发的目标与成果，公众在各种不同的体验中获得了多维的价值与经验，两者形成了价值互动关系，实现了价值共创。这种档案馆与利用者或公众的价值共创机制也是建构开放创新型档案馆组织文化的重要途径。当然，实现这种价值共创的重要前提之一是做好档案开放工作。例如，美国国家档案馆的"国家档案目录中心（National Archives Catalogue）"平台上开放获取的数字档案资源达200万份，类型包括文本、图片、视频、音频及网页信息等①，而在其2018—2022年的战略计划中明确提出到2021年要将82%的馆藏提供给公众获取。② 又如，英国国家档案馆在其网站上开放获取的数字档案资源则达900万份。③ 这些开放的数字档案资源是公众参与并最终实现价值共创的前提。

（4）多样化的人员构成及完善的职业发展计划。

"人"是影响组织文化最核心的因素，要建构开放创新的组织文化，也需要有多样化的人员构成。所谓多样化的人员构成主要是指人员的知识背景多样化，如档案馆的工作人员需要有来自档案学专业知识背景的，也需要有来自信息技术知识背景的，还需要有来自历史学等其他人文社科知识背景的。而在一些多民族或多族群国家，其档案工作人员需要有来自不同民族、不同族群的人员，这些多样化的人员也会使档案馆成为一个"接触地带"，不同的知识、观念甚至文化在此碰撞，创新的思想也会因此而生。

此外，档案馆也应为其员工制订较成熟的职业发展计划，包括培训及经验学习计划，通过这些可以使其员工的知识和技能得到进一步提升。例如，美国国家档案馆就为其员工制订了职业发展计划以适应政府的数字转型，职业发展计划中明确规定了支持职业发展所需的能力和要求，以及全机构的培训计划等。另外，对于新入职的员工，还可为他们配备职业导师，指导他们的职业发展。为了调动员工的积极性，档案馆也需建立完善的奖惩制度，奖励有创新的、积极的人员，这也是督促员工保持终身学习的外部动力。

（5）培育变革型领导层。

对于领导与文化的关系有两种观点：功能主义学派认为领导是文化变化的塑造者④；而人类学派认为领导是文化的一部分，而不是抽离文化而存在的⑤。前一种观

---

① What is the National Archives Catalog？［EB/OL］. ［2021 - 10 - 03］. https://www. archives. gov/research/catalog/help/using. html.

② 2018—2022 Strategic Plan［EB/OL］. （2017 - 12 - 21）［2021 - 10 - 03］. https://www. archives. gov/files/about/plans-reports/strategic-plan/2018/strategic-plan-2018-2022. pdf.

③ What is Discovery? ［EB/OL］. ［2021 - 10 - 03］. http://discovery. nationalarchives. gov. uk/.

④ SCHEIN E H. Organizational culture and leadership［M］. 4th ed. San Francisco：Jossey-Bass, 2010：219；BEYER J M. The cultures of work organizations［M］. Englewood Cliffs：Prentice Hall Inc.，1993：157.

⑤ SMIRCICH L. Concepts of culture and organizational analysis［J］. Administrative Science Quarterly, 1983（28）：339 - 358；MEEK V L. Organizational culture：Origins and weaknesses［J］. Organizational Studies, 1988（9）：453 - 473.

点得到了大多数学者的认同，如巴斯（Bass）等人认为一个组织机构的文化在很大程度上是由其领导层塑造的，当然，组织机构的文化也会影响领导层的发展。① 组织机构的文化与领导关系密切，相互影响：领导创建了组织机构文化发展的机制，并强化文化所体现的规范和行为；组织机构的文化会因领导的关注点、他们对危机的应对、他们作为模范的行为以及他们会吸引什么样的人加入组织等方面的不同而发生变化。

根据巴斯的划分，组织机构的领导可分为交易型领导和变革型领导。所谓交易型领导是指基于管理者与员工之间的交易，即管理者向员工解释对他们的要求是什么，作为交易，同时也说明如果他们完成了这些要求将得到的补偿是什么。变革型领导是指领导会拓展并提升员工的利益，他们会促使员工产生对团体的任务和目的的认可和自觉，会促使他们的员工为了团体的利益而超越其个人利益。② 巴斯提出了变革型领导的四个特征：个人魅力，即提供愿景、使命感，灌输骄傲感，赢得尊重和信任；激励，即传递高期待，使用象征凝聚努力，用简单的方式表述重要的目的；智力刺激，即促进才智，理性及认真地解决问题；人性化关照，即给予员工关照，视每位员工为个体，给予他们指导和建议。③ 要创建开放创新的档案馆组织文化，档案馆需要有变革型领导，这种变革型领导自己往往会成为组织文化中的英雄人物，成为组织机构核心价值观的具体体现，也会促使员工向其学习。如果一个组织机构中更多的高层领导是变革型领导，这将会影响到其下属，下属会学习领导的风格，如果将来他们成为领导，也将是变革型领导。美国国家档案馆已经清楚地认识到变革型领导对于创建开放创新型组织文化的重要性，他们现在正在实施一项领导力开发计划（leadership development program），目的就是确保美国国家档案馆能培养更多的有能力的变革型领导。现在已经有32%的员工参加了该计划的培训，其2018年发布的未来四年的发展战略中提出，到2020年，40%的各级员工将要参加正式的领导力开发计划以支持美国国家档案馆建设成为富有领导力的机构的愿景。④

另外，仪式、英雄人物、符号是价值观的外在体现，也是组织文化外在的、可观察到的特征。它们能揭示特定组织机构中什么是重要的，并能传递组织文化的价

---

① BASS B M, AVOLIO B J. Transformational leadership and organizational culture [J]. Public Administration Quarterly, 1993, 17 (1): 112-121.

② BASS B M. From transactional to transformational leadership: learning to share the vision [J]. Organizational Dynamics, 1990, 18 (3): 19-31.

③ 同②.

④ 2018—2022 Strategic Plan [EB/OL]. (2017-12-21) [2021-10-03]. https://www.archives.gov/files/about/plans-reports/strategic-plan/2018/strategic-plan-2018-2022.pdf.

值观。其中，仪式以一种有形的、可见的形式肯定并传递给组织成员组织机构所强调的价值观，因而能形成并维持这种组织文化。如优秀档案工作者颁奖晚会这类的庆功仪式就能强化档案机构所期待行为的重要性。英雄人物、符号也是如此，如英雄人物及符号都会涉及叙事，叙事的方式对于塑造员工的态度和行为有非常大的影响。根据归因理论，如果组织机构的故事比较积极，在这些故事中，员工被描绘成努力、勤劳、有智慧地解决困难时，就会使员工觉得他们也能做到。因此，档案机构也可以精心制作一些策略性的故事，以促使其员工接受这些故事中所蕴藏的机构的价值观，潜移默化地受到这些价值观的影响，并内化这些价值观，从而指导他们的行为。

当然，要建构开放创新的档案馆组织文化并不是件容易的事，特别是如果某档案馆原有的组织文化并不是开放创新型的，要实现组织文化的改变尤其困难。但笔者赞同这种观点，即在某些条件下，通过运用足够的技巧和资源，一个机构的组织文化是可由其高层管理人员来改变的。[①] 因此，要建构开放创新型档案馆组织文化，变革型领导的培育是最为重要的。变革型领导可自上而下地推行前面所列举的内外路径，并最终改变机构人员的价值观，实现组织文化的转变。特别是对一些权力差距较大的档案机构，通过变革型领导自上而下地推行各种改革举措，还是有可能改变档案机构的组织文化的。当然，整个机构的员工的配合也是非常重要的，如果没有员工的配合，这种自上而下的改革也难以完成。

6.2　档案志愿者文化的培育

档案志愿者文化是影响公众参与数字档案资源社会化开发的重要因素。公众参与数字档案资源社会化开发其实质也是一种档案志愿活动，只不过在形式上与传统的档案志愿活动有所不同。要促使更多的公众参与数字档案资源社会化开发，档案机构也应采取措施培育档案志愿者文化。档案志愿者文化是整个国家志愿者文化在档案领域的一种体现，它会受整个国家或社会志愿者文化的影响，也有自身的一些独特性。目前，世界各国在档案志愿者文化培育方面存在较大差距，有些档案馆非常重视档案志愿者文化的培育，并采取了一系列的培育措施。例如，英美两国国家档案馆对档案志愿者文化培育较重视，开展档案志愿活动的历史相对也较长英国国家档案馆已经有 30

---

① PALMER I, AKIN G, DUNFORD R. Managing organizational change [M]. New York：McGraw-Hill Higher Education，2009：266.

余年的开展档案志愿服务的历史，而美国国家档案馆的志愿活动更是起源于 19 世纪末期，在档案志愿者文化培育方面积累了一些经验。有些档案馆对此则较为漠然。本书在梳理英美两国国家档案馆档案志愿者文化培育经验的基础上，借鉴阿斯基-利文撒尔（Haski-Leventhal）和巴格尔（Bargal）提出的志愿活动的阶段及转变模型（the volunteering stages and transitions model），建构了有利于促进公众参与数字档案资源社会化开发的档案志愿者文化培育路径。

6.2.1 档案志愿者文化之况： 内涵及现实困境

"档案志愿者文化"是一个较新的概念，目前虽未有文献对此概念进行过明确界定，但志愿者文化的核心价值观被普遍认为是自愿、无偿、奉献、有利于社会发展。现代意义上的志愿者文化除了这些最基本的核心价值观，还意味着一个个体对于他人、对于志愿组织、对于社会的一种责任和担当，一种坚定的、与权利和义务相当的承诺，一种自觉的公民精神。[①] 志愿者文化已经成为现代社会文化的一部分。档案志愿者文化的核心价值观也应包括自愿、无偿、奉献、有利于社会发展、责任担当、承诺、自觉的公民精神等。基于志愿者文化的核心价值观，结合霍夫斯泰德的文化的概念，本书认为，档案志愿者文化也是一种集体性程序，能将对档案志愿活动认可并积极参与的人与不持这种理念和价值观的其他人区分开来，因此，档案志愿者文化可理解为社会公众对于档案志愿活动所持的理念、价值观等。如果一个国家大多数社会公众对于从事档案志愿活动是认可的，即对档案志愿者文化的核心价值观是认可，并会积极参与，这个国家的档案志愿者文化就比较浓厚，相反，档案志愿者文化就比较淡漠。

从世界范围来看，档案志愿者文化普遍不是那么浓厚。笔者曾于 2018 年 12 月至 2019 年 3 月，对 104 位在校大学生参与档案志愿活动的情况进行了调查，调查显示，被调查者中有 73.08%（76 人）表示没有参加过档案馆的志愿活动，参加过档案馆的志愿活动的占 26.92%（28 人）。同时，笔者在我国 31 个省级档案信息网站上检索有关档案志愿活动的信息，结果发现我国省级档案信息网站上有关档案志愿活动的信息非常少，仅有 26 条，超过一半的省级档案信息网站并无有关档案志愿活动的相关内容（见表 6-1）。

---

① 上海市精神文明建设委员会办公室，上海市志愿者协会. 志愿服务与社会治理 [M]. 上海：上海书店出版社，2015：11.

表6-1　我国省级档案信息网站档案志愿活动调查表

序号	档案网站	志愿活动报道数	志愿活动报道内容
1	安徽	2	望江县档案馆志愿讲解,金寨县党史县志档案局组织开展"红红火火过大年"主题志愿系列活动
2	北京	1	北京化工大学志愿者来馆实践
3	重庆	2	丰都县档案局对西部计划志愿者开展档案专题业务培训,大学生志愿者为忠县档案事业发展贡献力量
4	福建	5	厦门市档案局联合槟榔中学培养档案志愿讲解员,国际档案日——福建省档案馆志愿者誓词、胸牌、服务手册
5	甘肃	0	无
6	广东	0	无
7	广西	1	南宁市西乡塘区组织大学生志愿者开展扶贫档案整理、数据录入
8	贵州	0	无
9	海南	0	无
10	河北	0	无
11	河南	0	无
12	黑龙江	0	无
13	湖北	0	无
14	湖南	1	雷锋故乡的兰台志愿人——第30个国际志愿者日活动纪实
15	吉林	0	无
16	江苏	2	常州市档案馆展厅小讲解志愿者暑期培训活动,无锡市档案馆青少年主题教育社区志愿者
17	江西	0	无
18	辽宁	2	朝阳市档案馆兰台志愿者服务队志愿者义务帮查档案,辽宁省档案局经典书信档案诵读季大学生志愿者
19	内蒙古	0	无
20	宁夏	0	无
21	青海	1	玉树州档案馆招募志愿者开展玉树重建期间的影像拍摄和图片收集工作
22	山东	0	无
23	山西	0	无
24	陕西	0	无

续表

序号	档案网站	志愿活动报道数	志愿活动报道内容
25	上海	4	上海世博会档案工作志愿者总队招募420名档案工作志愿者，徐汇世博档案志愿者服务世博建档工作，嘉定区档案馆"爱嘉学子"志愿讲解员培训
26	四川	1	遂宁市档案局积极探索档案文化志愿者队伍建设
27	天津	1	红桥区档案局西于庄危陋房屋征收志愿活动
28	西藏	0	无
29	新疆	0	无
30	云南	0	无
31	浙江	3	海宁兰台志愿者助推家庭档案馆建设，永康市档案局组建地方历史研究志愿者队伍

英国参加志愿活动的人数较多，或者说志愿活动被大多数人高度认可，并付诸实施。如英国在2015—2016年就有1 400万人参加了志愿活动，其中有10万人参加了文化部门的志愿活动。[1] 但相比其他部门的志愿者，到档案机构从事志愿活动的人还是比较少，即档案志愿者文化还是不够浓厚。根据英国国家档案馆的调查，仅有1%的来馆利用的人是该馆的志愿者，9%的人说他们对于在档案馆从事志愿活动比较感兴趣，而27%的人说他们在其他文化部门做志愿者。此外，在英国国家档案馆档案志愿者中，2016年年龄在55岁以上的志愿者的比例高达84%，其中88%的志愿者是白人，2017年年龄在55岁以上的志愿者的比例降至77%，91%的志愿者是白人。这也意味着志愿者的人员结构较单一，这与英国政府所提倡的"社会融入"的理念相悖。[2]

美国的情况与英国类似。美国也有着非常浓厚的志愿者文化，据美国国家及社区服务报告的统计，在美国每4个人中至少有1个人从事志愿活动，据估计有6 260万个志愿者。但在这些从事志愿活动的人中只有4%的人是参加运动、文化、艺术类的志愿活动。在从事志愿活动的人中，白人的比例比黑人及其他族裔人群的比例略高。[3] 因此，相比其他的组织机构，在档案馆从事志愿活动的人数也较少。

针对这一现实困境，英美两国国家档案馆采取了一些应对之策，积极培育档案志愿者文化，吸引更多的公众到档案馆从事志愿活动，这也将有利于促使更多的公众参

---

① The National Archives' approach to user participation [EB/OL]. (2018-05-14) [2021-10-12]. http://www.nationalarchives.gov.uk/documents/user-participation-strategy.pdf.

② The National Archives' approach to user participation [EB/OL]. (2018-05-14) [2021-10-12]. http://www.nationalarchives.gov.uk/documents/user-participation-strategy.pdf.

③ BORAAS S. Volunteerism in the United States [J]. Monthly Labor Review, 2003 (8): 3-11.

与数字档案资源社会化开发。

6.2.2　英美国家档案馆应对之策：多维并举

为吸引更多公众到档案馆从事志愿活动，英美两国国家档案馆在培育档案志愿者文化方面做了不少努力，主要包括以下几个方面。

（1）档案志愿者招募渠道方面。

英国国家档案馆和美国国家档案馆的志愿者招募渠道比较多样，主要包括通过工作人员、志愿者等口头宣传招募志愿者，利用官方档案网站及各种社会化媒体发布志愿者招募信息，及在志愿者资源网站上发布招募信息等渠道。如在英国国家档案馆首页 About us 下点击 Get involved，找到 Volunteering 即可进入档案志愿活动的页面①，此页面包含英国国家档案馆开展档案志愿活动的历史介绍、活动内容介绍、以往活动成果、现有志愿项目、志愿者参与说明等，志愿者通过访问此网页，不仅可以了解国家档案馆志愿活动全貌，还可以结合自身条件调整时间融入档案志愿活动之中。美国国家档案馆网站首页则设置了 Citizen Archivist 以及 Volunteer at the Archives 两个关于档案志愿活动的跳转页面，参与"公民档案工作者"项目的志愿者可以通过 Citizen Archivist Dashboard 来参与数字档案资源社会化开发项目。而档案志愿活动的潜在参与者可以通过官网上对于档案志愿活动的介绍，了解志愿者招募条件、活动内容、活动理念、在进行志愿活动时应该承担的责任以及履行的义务。另外，美国国家档案馆在 VolunteerMatch 这个志愿者招募网站上也会发布志愿者招募信息，它是志愿者与非营利组织联系的门户，具备自己的搜索引擎，专门为志愿者提供机会。② 而英国则有一个志愿机构"国家档案馆之友"，该机构是一个注册的慈善机构，于1988年成立，目前有注册会员1 000余人，该机构成立的目的是促进并协助英国国家档案馆的工作，并为公众提供公共文件及其他文件方面的相关知识。该机构为英国国家档案馆提供一些资助，同时其会员也是英国国家档案馆的志愿者。③

（2）档案志愿活动方式方面。

英国社会力量参与档案馆志愿活动主要有馆内活动（on site projects）和虚拟档案志

---

① Volunteering [EB/OL]. [2021-10-12]. http://www.nationalarchives.gov.uk/about/get-involved/volunteering/.

② VolunteerMatch [EB/OL]. [2021-10-12]. https://www.volunteermatch.org/.

③ Who the friends are and what they do [EB/OL]. [2021-10-12]. http://www.nationalarchives.gov.uk/about/get-involved/friends-of-the-national-archives/who-we-are/.

愿者两种方式。馆内活动是需要志愿者进入档案馆进行档案志愿活动的传统方式;虚拟档案志愿者是档案志愿者无须进入实体档案馆就可以远程进行各种志愿活动的方式,包括参与数字档案资源社会化开发项目。美国国家档案馆 Volunteer at the Archives 同样为志愿者提供了包含线上和线下的多种志愿活动方式:华盛顿特区的国家档案馆一馆和马里兰大学的国家档案馆二馆,美国其他地区分馆如在亚特兰大、佐治亚州、纽约市、圣弗朗西斯科、费城等地区的档案机构、总统图书馆等都提供线下的馆内志愿活动;同时,美国国家档案馆也通过线上的数字档案资源社会化开发项目让公众参与。

(3)档案志愿活动内容方面。

美国国家档案馆不仅为志愿者提供线上、线下多种参与档案志愿活动的方式,而且志愿活动的内容也丰富多样。例如,美国国家档案馆志愿活动内容涵盖了学习实验室、资源室、教育项目、特别活动与公共项目、引导、教育与公共计划办公室助理、访客服务、档案管理、家谱档案项目、青少年志愿服务等(见表 6-2)。[①] 英国国家档案馆也给志愿者提供了多种线上和线下的志愿活动内容,2013—2018 年 5 年时间里,有超过 130 余名志愿者与档案馆开展现场合作,帮助档案馆丰富了 20 多种档案的目录、扩展了对档案的著录等;2017 年档案保管部门的志愿者帮助档案馆的工作人员完成了对 800 万张照片的调查,了解照片的形成过程与褪色过程,以及如何通过更干燥、凉爽的条件防止照片的褪色和老化。此外,英国国家档案馆决定引进新的志愿活动内容来提高志愿者的参与度。例如,为吸引更多公众参与,英国档案馆将与商业公司合作开发一款在线工具用于档案的编目,并开发一个包含所有档案机构的档案在线志愿活动平台为志愿者提供丰富的机会。[②]

表 6-2 美国国家档案馆志愿活动内容

序号	志愿活动种类	志愿活动具体内容
1	学习实验室	协助实验室的管理,帮助建立学生与馆藏历史文献的联系,激发学生学习本国历史的渴望
2	资源室	协助资源室的日常运行与维护,用游戏或其他活动促进有意义的用户体验
3	教育项目	在特殊主题日,领导实践活动,以新的方式向公众介绍国家档案馆的各种馆藏资源

---

① Washington, DC volunteer opportunities [EB/OL]. (2022-11-29) [2023-02-25]. https://www.archives.gov/careers/volunteering/dc-metro/dc.

② The National Archives' approach to user participation [EB/OL]. (2018-05-14) [2021-10-12]. http://www.nationalarchives.gov.uk/documents/user-participation-strategy.pdf.

续表

序号	志愿活动种类	志愿活动具体内容
4	特别活动与公共项目	接待引导公众参加讲座、研讨会、展览等各种活动，并向公众介绍国家档案馆的近期活动信息
5	引导	引导公众参观相关馆藏和项目的展览，为公众的体验增加趣味
6	教育与公共计划办公室助理	协助档案馆工作人员完成工作任务，如归档、整理、数据录入等
7	访客服务	为访客介绍国家档案馆馆藏资源，并与其交流互动，增进良好用户体验
8	档案管理	在档案工作人员的监督下，进行贴标签、整理、著录、数据录入或行政服务工作
9	家谱档案项目	需要具备家谱和历史研究知识及良好的沟通与人际互动能力，能耐心地为公众及新手研究者提供帮助
10	青少年志愿服务	跟随教育部门的工作，在活动期间帮助公众；在家庭活动期间，帮助儿童进行动手活动

(4) 档案志愿者问题反馈机制方面。

英国国家档案馆对于公众包括档案志愿者的任何意见、心声、抱怨都予以高度重视。他们建立了公开、互动、稳定的监督反馈机制，包括定期召开档案用户论坛，每期用户论坛都会将档案馆近期出现的一些问题向参加论坛的用户进行汇报，并听取用户意见。但遗憾的是，因为该档案用户论坛参与的公众数量太少，英国国家档案馆决定于2019年2月18日起停止召开。[①] 这也说明英国国家档案馆在公众参与及档案志愿者文化培育方面还有很长的路要走。另外，英国国家档案馆还设立了用户建议小组，该建议小组设立的目的是让国家档案馆的用户能在较早阶段及在策略层面参与档案馆的计划及决策制定的过程。建议小组的成员是来自不同用户社群的代表，包括学术用户、其他档案机构、独立研究人员、学生用户、在线家族历史研究用户、在线用户等。小组每年会举行四次会议，用户代表需要将会议的详细情况传达给用户社群成员，并收集他们的反馈意见。[②] 用户论坛及建议小组的会议记录都会在英国国家档案馆的网站上公开，任何用户都可对其中的事项提出自己的意见或进行反馈。英国国家档案馆也会把用户提出的意见或投诉以及英国国家档案馆的回复公布在其网站上供用户查看。[③] 英国国家档案馆

① User forum minutes and presentations [EB/OL]. [2021-10-12]. https://www.nationalarchives.gov.uk/about/get-involved/have-your-say/user-forum/user-forum-minutes-and-presentations/.

② User advisory group [EB/OL]. [2021-09-12]. https://www.nationalarchives.gov.uk/about/get-involved/have-your-say/user-advisory-group/user-advisory-group-delegates/.

③ Your feedback and our response [EB/OL]. [2021-09-12]. https://www.nationalarchives.gov.uk/about/get-involved/have-your-say/your-feedback-and-our-response/.

为每个志愿者配备导师，鼓励志愿者导师与档案志愿者定期讨论项目的进展情况，并且时不时地对档案志愿者进行匿名反馈调查。如果志愿者退出志愿活动，其导师也需与志愿者长谈一次，以了解其退出的原因并确定他们将来是否还会再回来从事志愿活动等。美国国家档案馆同样提供收集咨询或反馈意见的渠道，志愿者也可以选择输入自己的联系地址以获取档案馆的回复。如果有新的志愿者成功地匹配相应的档案志愿活动，志愿者项目协调员会给每个志愿者安排一名导师，为志愿者开展志愿活动提供特殊的指导与帮助，并起到积极进行沟通协调、处理志愿者志愿活动过程中的问题与反馈的作用。①

（5）档案志愿者激励机制方面。

尽管档案馆志愿者们参与到档案志愿活动中来是出于无私奉献、服务社会的初衷，但琐碎、单一的日常志愿工作也会逐渐磨损志愿者们的耐心和热情。对此，英国和美国国家档案馆设置了一些人性化的激励机制，用以回报及感谢志愿者们的努力帮助，也给予志愿者们归属感与自豪感。英国国家档案馆主要通过在与志愿者的合作过程中提供一系列培训、咨询等，使志愿者学习或提高各方面的知识技能，使志愿者既满足自身为社会做力所能及的贡献的需要，又通过参与档案馆提供的各种技能知识的培训感受到志愿活动的魅力，获得一种双重享受。根据英国国家档案馆的一项调查，在英国国家档案馆进行志愿活动的志愿者中，有81%的志愿者认为他们在志愿活动的过程中学习了历史知识，64%的志愿者学习到了档案专业知识，24%的志愿者提高了他们的文献保护技能，还有12%的志愿者认为他们学习到了IT技能或者其他工作技能。②美国国家档案馆也提供了各种志愿者福利，包括观看国家档案馆的各种展览，定期的持续教育的机会，参加国家档案馆的教育及公共项目，参加年度答谢晚宴，获得博物馆教育、参考服务、保管及电子文件管理方面的指导，得到礼品店的折扣，以及和一群热爱历史的有趣的人一起工作和社交等。③

（6）档案志愿者管理方式方面。

科学的志愿者管理方式能够有效推进档案志愿活动的顺利开展，英国和美国秉持一种互利共赢、协同合作的理念引进档案志愿者，管理方式上体现了较强的人性化和科学化。美国国家档案馆在志愿者的招募上有一套具体的要求：参加美国国家档案馆志愿活动的志愿者需要年满16岁，完成志愿者申请，参加一个由志愿者项目协调员主

---

① Washington, DC area volunteer opportunities at the National Archives and Records Administration［EB/OL］.（2021-06-22）［2021-09-12］. https://www.archives.gov/careers/volunteering/dc-metro#eligibility.

② Volunteering in archives—a report for National Council on Archives［EB/OL］.（2011-05-05）［2021-09-12］. https://cdn.nationalarchives.gov.uk/documents/volunteering-in-archives-report-2009.pdf.

③ Washington, DC area volunteer opportunities at the National Archives and Records Administration［EB/OL］.（2021-06-22）［2021-09-12］. https://www.archives.gov/careers/volunteering/dc-metro#benefits.

导的面试，进行 2 小时的志愿者入职培训，或者需要一些在家的自我指导培训，在线填写一份个人信息和专业背景的调查表，提供身份证信息后才能获得美国国家档案馆的证明和档案馆出入卡。美国国家档案馆还对除那些在较短时间内进行志愿活动的学生以外的所有至少服务两年、每年至少服务 100 个小时的志愿者进行综合培训。对于新加入的志愿者，志愿者项目协调员会按照每个志愿者的需求和能力为他们匹配现有项目，之后会把每一个志愿者分配给不同项目的导师，导师根据项目内容和志愿者自身条件开展指导与额外培训工作。① 英国国家档案馆对于志愿者的组织和管理相较于美国国家档案馆更加灵活与自由。英国国家档案馆致力于为所有志愿者提供公平的待遇，并使志愿者从与档案馆的合作中获益。对于志愿者本身，英国国家档案馆一般不设置年龄限制，因为他们承认每一个人都能为档案事业做出相对贡献，但严格禁止超出志愿者能力、伤害志愿者身心健康的活动，对于某些任务或者活动要求志愿者年满 16 岁；对于志愿者的工作时间同样不做至少多少个小时的硬性要求，但每个志愿者必须与档案馆沟通以便做出合理可靠的安排，以保证志愿项目的顺利开展；英国国家档案馆以开放的心态接受有身体障碍或身体状况不良的志愿者，前提是必须首先告知档案馆工作人员，并允许他们进行合理的调整，提供相应的设备或支持；对于所有的志愿者，都会在志愿活动开始前签署一份志愿协议，在志愿协议中被指派给一名志愿者导师，以便指导工作、明确职责、提供建议、交流问题；对于志愿活动中出现的任何合理支出，档案馆都会按照志愿活动政策进行报销，并且跟进志愿者的意愿，随时更新志愿活动机会。②

（7）档案志愿活动政策保障方面。

档案志愿活动也需要相应的政策保障，完善的政策可实现档案志愿活动的规范化及可持续性发展。英国国家档案馆也颁布了一些相关的档案志愿活动政策，包括《英国国家档案馆志愿活动政策》③，其中阐述了志愿者对于国家档案馆的重要性，档案馆与志愿者的关系，志愿者管理原则，志愿者选拔，志愿者工作分配、安全保障，志愿者就职培训与发展、帮助与监督，志愿者权益保障，志愿者信息反馈等。他们也制定了《英国国家档案馆用户参与方法》④，旨在进一步提升其档案工作者用新的方式与志

① Washington，DC area volunteer opportunities at the National Archives and Records Administration ［EB/OL］．（2021-06-22）［2021-09-12］．https：//www．archives．gov/careers/volunteering/dc-metro．

② Volunteering at the National Archives——Handbook for volunteers ［EB/OL］．（2008-08-23）［2021-09-12］．http：//www．nationalarchives．gov．uk/documents/volunteering-handbook-2018．pdf．

③ Volunteering policy ［EB/OL］．（2018-08-23）［2021-10-12］．http：//www．nationalarchives．gov．uk/documents/volunteering-policy-2018．pdf．

④ The National Archives' approach to user participation ［EB/OL］．（2018-05-14）［2021-10-12］．http：//www．nationalarchives．gov．uk/documents/user-participation-strategy．pdf．

愿者一起合作的可能性及对潜在益处的认知和理解，并促进英国国家档案馆的档案志愿者的参与。美国国家档案馆的志愿活动政策致力于保障志愿者的人权，倡导互相尊重与平等。平等就业政策（EEO Policy）保障每一个参与档案志愿活动的志愿者，不论种族、肤色、国籍、宗教、性别、年龄、残疾、遗传信息、婚姻状况、政治信仰等都能得到平等的机会与尊重；国家档案馆"平权就业计划（Affirmative Employment Program）"多样性政策鼓励每一个志愿者充分发挥自己的潜能与特色，打造多样、积极、创造性的志愿活动环境；反骚扰政策（Anti-Harassment Policy）界定了骚扰的定义范围内的行为，确保所有志愿者都知道美国国家档案馆不容许歧视或骚扰，并确定在美国国家档案馆发生骚扰事件时应采取的措施。[①]

6.2.3 档案志愿者文化培育之道： 整体治理

阿斯基-利文撒尔和巴格尔曾提出志愿活动的阶段及转变模型（见图6-2）[②]，此模型将志愿活动分为5个阶段：候选人、新手志愿者、情感投入、固定志愿者、退出，以及4个转变：入门、适应、归属、离开。本书依此模型，并基于对英美两国国家档案馆档案志愿者文化培育现状的分析，建构了档案志愿者文化培育的如下路径。

（1）入门路径。

"入门"是公众成为新手志愿者的转变，志愿者的招募、选拔是实现这一转变的重要路径，也是培育档案志愿者文化的基础。英美国家档案馆已经在通过线上和线下多种渠道积极招募志愿者。本书认为，除了现有的这些做法外，还需要注意以下几点。

首先，面向社会公众公开招募时需要有一定的针对性。例如，有美国学者研究发现，受过良好教育、身体健康及高收入的老年人（年龄在65岁以上的）参加志愿活动的可能性是比较高的，而招募这些老年人最主要的途径是非正式的社交网络，如通过熟人带动或宗教机构。[③] 因此，档案机构可以让现有的志愿者向他们的亲朋好友及邻居做宣传，吸引他们参与进来。笔者访谈的一位美国国家档案馆的公民档案工作者就曾通过告诉朋友自己在美国国家档案馆参与数字档案资源社会化开发的有趣经历，吸引了一些朋友参与进来。这种口耳相传的方式对于招聘一些身体健康的、受过良好教育

① Volunteer Opportunities at the National Archives and Records Administration [EB/OL]. [2018-11-12]. https://www.archives.gov/careers/volunteering/about.html.

② HASKI-LEVENTHAL D, BARGAL D. The volunteer stages and transitions model: organizational socialization of volunteers [J]. Human Relations, 2008, 61 (1): 67-102.

③ TANG F. What resources are needed for volunteerism? a life course perspective [J]. The Journal of Applied Gerontology, 2006, 25 (5): 375-390.

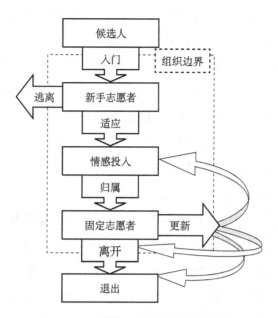

图 6-2　志愿活动的阶段及转变模型

的退休的老年人参与是非常有效的。另外，档案机构也可以和一些老年人活动机构合作。例如，国外的教会是老年人聚集的场所，而我国的一些老年协会、老年大学是我国老年人聚集之地，可以在这些机构宣传档案志愿活动，吸纳合适的老年人参与。另外，档案馆也可以与一些大学合作，因为大学生也是档案志愿者的重要来源。例如，有些大学设有专门的志愿服务信息平台，档案馆可在平台上发布招募志愿者的信息，也可以和大学合作召开志愿者招募动员会或宣讲会，这些动员宣讲活动可以让更多的大学生（他们也是潜在的档案利用者）了解档案馆、了解档案和档案工作，增强他们的档案意识，为档案馆招募到更多的志愿者。笔者在对 104 位大学生的调查中也发现，在未参加过档案志愿活动的 76 人里，有 57.89% 的人明确表示对参与档案志愿活动是有兴趣的，但是不知道参与途径，大多数被调查的学生都"希望档案部门加大宣传""扩大宣传途径"。可见大多数学生对档案志愿活动还是非常有兴趣的，但是因为不知晓相关招募信息所以也没有参与途径。除了老年人及学生，档案馆还应招募更多的在职的中青年，如我国很多省级博物馆的志愿者的构成正在向以在职人员为主力的方向过渡，这样可以更好地维持志愿者队伍的长期性和稳定性。[①] 无论是面向哪种对象，都需要档案馆在发布招募志愿者信息时注意所发布的招募信息要与所面向的对象的参与动机相匹配。现有研究表明，当招募信息直接符合接收者的主要动机时，就非常有说

---

① 志愿服务蓝皮书：中国志愿服务发展报告（2017）［EB/OL］.（2017-11-17）［2021-10-12］. https://www.sohu.com/a/206637215_100007556.

服力，能吸引接收者参与。① 而如前面所分析的，参与志愿者的动机大体可分为利己及利他，所以档案馆的志愿者招募信息需清楚地说明参加志愿活动对志愿者自己、对档案馆、对社会、对他人有什么影响，这样能更具有说服力和吸引力。这点在英美两国国家档案馆的档案志愿者激励机制中也有所体现。当然，在具体发布招募信息时，档案馆应充分利用多种工具和途径，包括横幅、电视、报刊、微博、微信、档案网站、志愿者网站及社会化媒体工具等，特别是社会化媒体工具，英美两国国家档案馆都曾利用社会化媒体工具积极宣传发布招募信息。

其次，档案利用者群体也是档案志愿者的一种可能来源，他们对档案有一定的了解并且已经直接展现了他们对档案的兴趣。② 因此，如果档案利用者有着非常愉悦的利用档案的经历，他们对档案馆会产生认同，这也可能促使他们成为档案馆的志愿者。例如，笔者访谈的美国国家档案馆公民档案工作者中有 3 位都是档案馆的利用者，他们觉得利用档案、参与档案资源的开发非常有趣，之后便成为数字档案资源社会化开发的参与者。因此，档案机构要通过提供让利用者满意的服务，吸引利用者成为档案馆的志愿者。

最后，鉴于档案工作的特殊性与志愿者知识水平、专业素养的多样性，档案馆志愿者招募需要有相应的资格审查及能力要求。例如，英国国家档案馆要求项目导师对候选人进行非正式的面试，了解他们的技能、经验、兴趣、动机及是否合适，以便能为项目建立最合适的志愿者队伍。美国国家档案馆也规定要对候选人进行背景调查，只有通过了背景调查方可成为档案馆的志愿者。而通过对志愿者的资格审查或面试，档案馆也能更好地了解志愿者的情况，更好地将志愿者配置到合适的工作岗位上，更好地发挥他们的作用。同时也有研究表明，志愿者的动机、期望与其体验相匹配可能会使志愿者产生更大的满足感，以及更少的退出率。③ 这也要求档案馆设置多样化的志愿活动内容。

（2）适应路径。

"适应"是新手志愿者实现对其从事志愿活动的组织及从事的志愿活动产生情感投入的过程，这一过程是吸引新手志愿者继续参与志愿活动的过程。如果新手志愿者在成为志愿者后无法对其从事的志愿活动及志愿组织产生情感投入，就很容易退出。而

① CLARY E G, SNYDER M, RIDGE R D, et al. Understanding and assessing the motivations of volunteers: a functional approach [J]. Journal of Personality and Social Psychology, 1998 (74): 1516-1530.

② FREVERT R H. Archives volunteers: worth the effort? [J]. Archival Issues, 1997, 22 (2): 147-162.

③ CRAIN A L, OMOTO A M, SNYDER M. What if you can't always get what you want? testing a functional approach to volunteerism [C] // Chicago: paper presented at the annual meetings of the Midwestern Psychological Association, 1998.

要实现适应转变，档案机构也需做好培训、支持和沟通等工作。

首先要开展档案志愿者培训。档案馆志愿者团体是一个人员流动性强的组织，志愿者需要在短时间内达到上岗要求，岗位培训是非常重要的一环。岗位培训可加深志愿者对于档案机构及档案工作的理解，使志愿者更加清楚自己的工作在更大的操作层与目标层的定位，同时岗位培训也可视为一种仪式，通过这种仪式志愿者可感受到被重视及受欢迎。要有效地开展志愿者培训，档案机构需要有一套由培训计划、培训内容、培训方式、培训实施、培训效果评估组成的全过程体系。在培训完成后开展实际志愿服务工作的过程中，志愿者可将服务过程中出现的难题反馈给相关培训工作人员，以便档案机构进一步深化培训体系。另外，需要结合志愿者的服务动机、时间分配、知识素养、兴趣等开展人本化培训，争取为每一位志愿者提供均等的培训机会。例如，美国国家档案馆的志愿者培训就包括2小时的志愿者入职培训，自我指导培训，至少服务两年、每年至少服务100个小时的志愿者综合培训，以及导师根据项目内容和志愿者自身条件开展的额外培训等。志愿者培训不仅可以让志愿者快速掌握档案知识，尽快适应志愿工作，也是培育档案志愿者文化及培育志愿者对档案机构、档案工作的情感认同的重要途径。

其次要建立支持与沟通机制。档案志愿服务离不开档案工作者的支持及双方的良好沟通，档案工作者需要多关照志愿者在服务过程中的工作问题、情绪问题。伴随志愿活动的深入开展，志愿者可能面临热情减退、耐心消磨的心理困境，所以，志愿者在服务过程中就需要档案馆的工作人员耐心的指导与及时关心沟通的人文关怀，让志愿者适时、适地地表现适宜的自我状态，让志愿者的服务水平登上一个新的台阶。这是一项时间较长的志愿者行为塑造工程，也是一个个体和社会情感融合、和谐共赢的建设过程。[①] 也有研究表明，如果志愿者对他们在从事志愿活动的过程中得到的支持是很满意的，他们就更可能继续志愿活动。[②] 档案工作者的指导和关心就是对档案志愿者的支持，这不仅能够帮助志愿者树立在服务时的决心与信心，而且能够充分调动志愿者的内在热情，建设长期服务心理。因此，英美国家档案馆给志愿者配备导师的做法是非常可取的，因为导师可以解答志愿者的各种疑问，帮助他们尽快适应工作。如果导师与志愿者之间相处愉快，也会使志愿者对档案馆产生情感认同。

最后，档案志愿活动过程中出现的问题都需要通过及时的沟通加以解决。因此，

---

① 陈光，田宝，王学静. 志愿者沟通姿态、自我状态及动机之关系研究：2014年APEC会议志愿者调查[J]. 重庆工商大学学报（社会科学版），2016，33（4）：12-18.

② GARNER J, GARNER L. Volunteering and opinion：organizational voice and volunteer retention in nonprofit organizations [J]. Nonprofit and Voluntary Sector Quarterly，2011，40（5）：813-828.

需要有健全的沟通机制,包括档案志愿者与他们的导师之间的双向沟通机制。档案志愿者可以及时地将问题反馈给其导师,与导师进行沟通交流。如前面所提及的英国国家档案馆档案志愿者导师与档案志愿者之间定期讨论项目的进展情况,并且时不时地对档案志愿者进行匿名反馈调查,如果志愿者退出志愿活动,其导师也需与志愿者长谈一次,以了解其退出的原因并确定他们将来是否还会再回来从事志愿活动等。这些就是非常具有借鉴意义的双向沟通方式。而且,如果志愿者所反馈的问题其导师无法解决的,可进一步反馈给项目所在部门的领导或用户参与项目委员会。另外,这种沟通机制也包括档案志愿者之间的沟通机制,即让档案志愿者之间也能进行沟通和交流。因此,这种沟通机制是一种上下联动、左右互动的多向型、立体化的沟通机制。

(3)归属路径。

"归属"是新手志愿者成为固定的或资深的志愿者的转变过程。此时志愿者对所从事的志愿活动及机构有较强的认同感和归属感,"如果一个人对他的志愿者角色越认同,付出的越多,他继续服务的意愿就越强,也越能坚持他的志愿服务"[①]。固定的或资深的志愿者是志愿者的重要成员,他们甚至可以承担培训指导其他志愿者的工作。要实现"归属"转变,除了仍需要培训、支持和沟通机制外,还需要档案机构观念上的转变,采取激励措施及制定相关政策制度。

首先要明确档案志愿者培育的性质定位。美国国家档案馆的《档案馆志愿者项目资源》中明确指出,并不是所有档案馆的工作人员都支持档案志愿活动,一些工作人员和管理者觉得志愿者会削弱档案工作者的地位,一些人害怕档案志愿者会取代他们,夺走他们的工作。[②] 因此,有些档案馆的工作人员对于档案志愿活动是比较排斥的。而一些已经开展档案志愿活动的档案馆,由于害怕对志愿者的监管不当而造成某些麻烦,故将重心放在对档案志愿者的"管"上,这种"监管"先行思想导向下的志愿者培育,一方面模糊了志愿者培育的目的,另一方面成为志愿者发挥服务精神的桎梏。

档案馆工作人员应该认识到档案志愿者的价值,在档案馆志愿者文化培育过程中,应认识到志愿者是档案志愿活动的主体,培育志愿者的目的并非服务于档案馆的管理层。因此,档案志愿者文化的培育应明确培育理念,从"管理型"向"服务型"转变。基于公众精神,树立以人为本的观念,强调档案志愿者管理的服务性、志愿者培育的公益性,突破管理型理念带来的思想桎梏,认识到志愿者培育与机构职能发挥是不冲

---

① GRUBE J, PILIAVIN J A. Role-identity, organizational experiences, and volunteer performance [J]. Personality and Social Psychology Bulletin, 2000 (26): 1108-1119.

② Resources for volunteer programs in archives [EB/OL]. (2012-11-05) [2021-10-12]. http://files.archivists.org/pubs/free/Resources_for_Volunteers-Final-V3.pdf.

群模式。故本书讨论的激励机制主要包括三方面的内容：项目信息的传播机制、众人模式激励机制及社群模式培育机制。

项目信息的传播机制

创新扩散理论是著名的传播学家和社会学家埃弗里特·M. 罗杰斯（Everett M. Rogers）提出的一个理论，该理论主要关注的是一项创新通过一段时间，经由某些渠道，在某一社会系统的成员中传播的过程。如果以横坐标轴表示一定的时间，纵坐标轴表示采用创新的人数百分比，随着时间的推移，采用创新的人数百分比会呈现出一条相对规则的 S 形曲线。[①] 1995 年罗杰斯对交互式创新如电信、互联网的采用情况进行了研究，提出了"奇点（critical mass）"这个概念，以说明一项交互式创新经由一定渠道被采用，采用的人数在初期可能增长缓慢，但是到达"奇点"后会进入迅速增长期，最后人数增长逐渐趋于稳定。[②]

数字档案资源社会化开发也可谓是一项交互式创新，是借助各种交互式平台来实现对数字档案资源开发的创新。如果要实现让更多人参与，也需要将此项创新进行扩散，让更多人知晓并参与进来。如果一个人决定采用某一创新，一般会经历从知晓这一创新，到被说服，再到决定采用或拒绝某一创新的过程。知晓某一创新主要是需要各种大众传媒作为媒介，而被说服则更多地依赖人际关系网。[③] 因此，可以将创新扩散理论运用于数字档案资源社会化开发信息的传播，通过采取相应措施吸引公众的关注，促进公众积极参与。

8.2.1 知晓：开展全方位宣传

在项目启动后，即在创新扩散的初期，要通过各种渠道进行全方位的宣传，让公众知晓数字档案资源社会化开发的项目或活动，从而吸引公众参与。让公众知晓某一创新也就是创新通过各种渠道在社会系统的成员中进行交流的过程，其实质也是一种信息交换，一个人或一个机构将其新想法传递给另一个或另一些人。这种交换或传递需要通过

---

① ROGERS E M. Diffusion of innovations [M]. 3rd ed. New York：The Free Press，1983：10.

② ROGERS E M. Diffusion of innovations：modifications of a model of telecommunications [C] // STOETZER M W，et al. Die Diffusion von Innovationen in der Telekommunikation. Wissenschaftliches Institut：für Kommunikationsdienste GmbH，1995：25 - 38.

③ ROGERS E M. Diffusion of innovations [M]. 3rd ed. New York：The Free Press，1983：273.

各种渠道，包括最为传统的口耳相传，也包括各种新兴的传播渠道。因此，档案机构需要通过各种媒介对其开展的数字档案资源社会化开发项目或活动进行宣传，让这一创新能被公众知晓，只有被公众知晓才可能会引起公众的兴趣，吸引公众的参与。荷兰的 Red een Portret 项目在其启动之初即 2013 年 4 月，就通过各种媒介包括国家电视新闻、广播、报纸在全国范围内进行宣传，成为各种媒介关注的话题，从而成功吸引了很多公众的关注。2013 年 4 月这一个月公众参与的贡献就达到该项目公众所有贡献的 19%。①

8.2.2　吸引：　实施话题媒体策略

所谓话题媒体策略是指结合社会热点或收集热点话题，利用各种媒体进行宣传。荷兰的 Red een Portret 项目在经历其 2013 年 4 月的参与高峰后，参与人数趋于稳定，但在该年 9 月随着阿姆斯特丹市档案馆举办了与该项目密切相关的默克尔巴赫（Merkelbach）照片展览，参与人数又大量增加，一直到圣诞节后。美国国家档案馆在各大节假日也会精心选择与节假日相关的档案资源，发起相应主题的数字档案资源社会化开发专门项目，如 2019 年 5 月 10 日，美国国家档案馆举办了纪念《宪法第十九修正案》颁布 100 周年的名为"她的权力：美国女性与投票（Rightfully Hers：American Woman and the Vote)"的主题展览，借此展览，美国国家档案馆也推出了对美国妇女权利相关的档案资源的转录、贴标签及 Wikipedia 文章编辑等活动。这些都是通过与社会热点或公众关注的主题相结合进行宣传的方式，可谓是找到了合适的宣传时机以抓住公众的眼球，通过这种方式能达到很好的宣传并吸引公众参与的效果。

8.2.3　说服：　宣传和分享参与故事

在项目开展过程中，要注重通过宣传和分享参与者的参与故事和体验说服公众参与。说服某一个人采用某一创新主要取决于他的人际关系网，这是因为创新扩散实质上是一个社会过程，包括人与人之间对创新的谈论与交流，大多数人在评价创新时都会受到与他/她相似的其他人对新思想的体验的影响。② 如果已经参与数字档案资源社

---

① Red een Portret [EB/OL]. (2023 - 02 - 25) [2023 - 02 - 25]. https://archief. amsterdam/uitleg/beeld-bank/79-red-een-portret.

② ROGERS E M. Diffusion of innovations：modifications of a model of telecommunications [C] // STOETZ-ER M W, et al. Die Diffusion von Innovationen in der Telekommunikation. Wissenschaftliches Institut：für Kommunikationsdienste GmbH，1995：25 - 38.

会化开发的人有很特别的或对他们而言很棒的参与故事或体验，并将这些故事或体验与其他人分享，这也会对他的人际关系网络中的其他人产生一定的影响，甚至会说服他们中的一些人也参与进来。这里的分享也需要通过各种途径，包括口耳相传的方式，即由参与者自己在其社交圈里进行口耳相传的宣传、分享，如笔者访谈的一位美国国家档案馆的公民档案工作者通过向他的朋友讲述他参与数字档案资源社会化开发的收获和乐趣，吸引了他的一些朋友也参与进来。分享途径也包括由参与者和档案机构在各种社会化媒体平台上进行分享、宣传，如美国国家档案馆在其博客中对一些公民档案工作者的参与故事进行宣传，这些宣传也有利于说服更多的公众参与。

8.2.4　参与：达到“奇点”

这里的“奇点”指参与人数的奇点，即有足够多的人已经采用了创新，因此创新的采用率就能自我维持。[①] 要达到参与人数的奇点，可采取以下措施。

（1）给早期的参与者提供一些激励，吸引他们持续参与。激励的具体措施见本章第 3 部分的阐述。

（2）根据数字档案资源社会化开发的具体内容向特定的社群进行宣传。如果数字档案资源社会化开发的主要内容是涉及某一历史事件、历史人物的，可向历史协会的会员进行定向宣传；如果是要开发数字档案资源辅助中小学教育，可向中小学教师进行定向宣传。通过向与数字档案资源社会化开发密切相关的社群进行定向宣传，可吸引其成员参与，这样可保证数字档案资源社会化开发的质量，也有利于培育社群模式。

（3）吸引一个社会系统中的意见领袖率先参与。社会系统是指致力于解决共同的问题、达到共同的目标的相互关联的一群人或团体。意见领袖是一个社会系统中能影响其他人对创新的看法的人。[②] 意见领袖的行为是一个社会系统中决定创新采用率的重要因素。如果一个系统中的意见领袖率先参与，就会比较容易地影响到其他人也参与进来。档案馆也可在向特定社会系统进行宣传时，先说服其意见领袖参与，由意见领袖影响其他成员参与进来。

（4）塑造公众对数字档案资源社会化开发的感知，让他们觉得参与其中是一种趋势，奇点已经到来或即将到来。对创新扩散的研究表明感知是非常重要的，即个人对

---

① ROGERS E M. Diffusion of innovations：modifications of a model of telecommunications [C] // STOETZER M W, et al. Die Diffusion von Innovationen in der Telekommunikation. Wissenschaftliches Institut：für Kommunikationsdienste GmbH，1995：25-38.

② ROGERS E M. Diffusion of innovations [M]. 3rd ed. New York：The Free Press，1983：281.

创新的感知方式，包括它的相对优势、可兼容性、复杂性、可试验性及可观察性等都会决定创新的采纳率。因此，需要通过各种渠道包括网站及各种社会化媒体工具，对数字档案资源社会化开发项目的有趣之处开展宣传。如果数字档案资源社会化开发能吸引公众的注意力，让他们感知它的有趣之处，或对公众的有用之处，也能吸引更多的人参与。

而基于对数字档案资源社会化开发实践的分析，事实上，在数字档案资源社会化开发过程中，参与人数有时并不会如创新扩散理论所描述的那样持续增加，而是在达到最高值后会慢慢减少。因此，需要采取相应的激励措施来吸引并维持公众的参与。

众人模式激励机制

对各国数字档案资源社会化开发进行的调查发现，数字档案资源社会化开发的众人模式中的参与者一般可分为三种类型：

一是持久投入参与者。他们是参与者中的超级参与者，如本书所访谈的美国国家档案馆"公民档案工作者"项目的14位参与者。这部分参与者的人数往往会比较少，如莫库斯（Mockus）等人在对Apache FLOSS项目开展研究时发现，388名参与者中的15名对83％的修改及66％的问题做出了贡献。[①] 扎赫特（Zachte）对Wikipedia的研究也发现，只有25％的注册用户参与过10次及以上的编辑，2.4％的用户贡献了80％的编辑内容。[②] 纽约公共图书馆的众包项目也显示，大约90％的在线用户只是消费内容，剩下的10％中只有1％的用户积极且持续地贡献了大部分的用户生成内容。[③]

二是偶然参与者。即参与者出于好奇而实施行为，而且往往是根据其日常生活的安排而断断续续地进行，一般当参与者有比较多的空闲时间时就会参与。

三是参与过然后退出者。这类参与者虽然最终退出，但对数字档案资源社会化开发项目仍然关注，即成为非活跃用户。

第一类参与者是对数字档案资源社会化开发有着很强的理念认同的群体，他们往往是出于内在动机参与数字档案资源的社会化开发活动，具有持续深入地参与的特点；

① MOCKUS A. FIELDING R T, HERBSLEB J D. A case study of open source software development: the Apache server [C] // IEEE. Proceedings of the 2000 International Conference on Software Engineering, 2000. DOI: 10.1145/337180.337209.

② ZACHTE E. Wikipedia statistics [EB/OL]. (2019-01-31) [2019-06-01]. https://stats.wikimedia.org/EN/TablesWikipediaEN.htm.

③ KARYN H. NYPL's map division gets more amazing by the moment [EB/OL]. (2019-06-01) [2019-06-01]. http://bgcapps.rubensteintech.com/blogs/bgc-libraryblog/archives/212.

第二类参与者可认为是一种间断性持续参与者，与第一类参与者相比，这类参与者只在自己的空闲时间偶然地参与，但他们的参与对于数字档案资源社会化开发项目的开展同样非常重要，如果第二类参与者人数众多，也可促进数字档案资源社会化开发项目顺利开展；第三类参与者已经转变为潜在的参与者，即他们退出了，但也有可能会重新参与，这种重新参与就需要有一些动机激励措施。如前所述，公众参与数字档案资源开发项目的动机是一个动态发展的过程，因此需要根据参与动机的动态发展过程采取多样的激励措施，以培育更多的第一类参与者，刺激更多的第二类参与者成为第一类参与者，及刺激更多的第三类参与者成为第一类或第二类参与者。

8.3.1　稳定持久的参与：　动态性激励

激励是指各种与启发、引导和维持生理和心理活动相关的过程。在任何时刻，激励过程都决定了一个人在许多选项中会做出怎样的选择。激励有很多形式，但所有的形式都与选择和引导我们行为的、经推测而得的心理过程有关。

如前所述，参与者的动机具有动态性的特点，即参与者的动机并不是一成不变的，有些参与者最开始的参与动机可能是基于自利，但随着参与的深入，其动机可能会变为利他。因此，在数字档案资源社会化开发项目进行过程中需动态地采取不同的措施吸引公众参与：最开始通过外在的刺激吸引尽可能多的人参与；参与进来后通过设计有趣的内容激发参与者的兴趣，激发他们的内在动机，通过一系列的措施来维持他们的内在动机。

（1）外在的刺激。

本书的研究表明，外在动机可促使参与者参与社会化开发活动。一般而言，在数字档案资源社会化开发中可以采取以下措施来吸引公众参与。

一是物质奖励机制。物质奖励包括金钱、积分兑换、折扣优惠等。如美、英、澳、新四国国家档案馆对于注册用户的贡献都会给予一些奖励，比如实行积分制，即注册用户如果做出贡献会被给予相应的积分，用户可以用积分兑换一些礼物或免费复印一些档案。外在物质奖励机制主要是基于一个非常基本的经济规则，即如果奖励增加，供应就会增加。

现有研究表明，在某些情况下，外在刺激会排挤内在动机，即提供外在奖励可能会使个人准备做出的努力减少。[①] 但这并不意味着外在奖励就是没有用的，只是需要注

---

① DECI E L. Effects of externally mediated rewards on intrinsic motivation [J]. Journal of Personality and Social Psychology，1971，18（1）：105 – 115.

意提供奖励的方式和时机,一些意外的奖励或口头的奖励会对参与者的动机有积极作用。例如,英国国家档案馆圣诞节给其数字档案资源社会化开发的参与者寄送一定金额的 Amazon 优惠券。又如,美国国家档案馆将其参与者的事迹在档案馆的网站上进行宣传等。这些奖励对于进一步激发参与者的内在动机有着非常积极的作用。此时,这些外在奖励就不会排挤参与者的内在动机,而是会进一步激发他们的内在动机。

二是差异化机制。外在的刺激措施作为一种外在动机能吸引一些公众参与,但在制定外在的刺激措施时需要考虑不同群体的需求,外在的激励措施需要多样化或个性化,这样才能吸引更多的人参与。对于历史研究者来说,参与一项开发活动极有可能是出于研究的目的,那么他们对于积分兑换档案馆的档案产品的动机就比较弱,档案机构对历史研究者进行激励的时候就要侧重为历史研究者提供相关的历史参考资料。因此,档案馆要注意丰富物质奖励形式,分析不同参与主体的动机,满足多样化的参与动机。

(2)激发并维持内在动机。

外在的刺激可能有助于在短时间内吸引参与者的注意,吸引到一些人的参与,但与内在动机相比,外在动机并不能促使参与者持续参与。例如,在本书第 5 章中所开展的实验法中,所有的学生参与的最初动机都是出于外在动机,即为了获得分数,但在参与的过程中,很多参与者在得到外在奖励后就终止参与了,而部分参与者觉得这项工作有意思,在得到奖励后选择继续参与。克莱·舍基(Clay Shirky)指出"业余爱好者在技术上有时有别于专业人员,但他们总是出于一定的动机的。这个词(即业余爱好者,amateur)源自拉丁文 amare,即爱的意思。业余爱好的本质就是出于内在动机,成为业余爱好者就是出于爱好才去做一些事"[①]。即内在动机主要是出于对某件事的爱好。虽说如此,但有时这种爱好或说内在动机也需要采取一些措施予以激发和维持。另外,自我决定论告诉我们:外在动机的内化和整合的过程也可以具有很大程度的自主性,内化是认识价值或接受规则的过程,整合是个人更充分地将控制转变为自制的过程,从而使外在动机从自我意识中产生。内化和整合是一个连续统一体,内化的概念描述了一个人的行为动机如何从无动于衷或不愿意到被动地遵从,再到积极地投入。[②] 因此,需要制定一系列激励机制,整合并内化参与者的外在动机,从而激发并维持参与者的内在动机。这些激励机制包括如下几种。

一是认可机制。现有研究表明,对于个人而言,持续参与的主要动机是内在动机,

---

① SHIRKY C. Cognitive surplus: creativity and generosity in a connected age [M]. New York: Penguin Press, 2010: 73.

② RYAN R M, DECI E L. Intrinsic and extrinsic motivations: classic definitions and new directions [J]. Contemporary Education Psychology, 2000, 25 (1): 54-67.

但社会认可可以进一步巩固参与行为。社会认可是对参与者贡献和能力的肯定。在数字档案资源社会化开发过程中，档案机构通过对数字档案资源社会化开发参与者的认可，可满足参与者对能力提升的需求、对归属感的需求及对联系感的需求，增进档案工作者与数字档案资源社会化开发的参与者之间的信任，并增强参与者对档案机构和档案工作者的认可或认同。同时基于这种相互信任和认可或认同，进一步激发参与者的内在动机，促使更多的参与者持续深入地参与。

档案机构对参与者的认可的方式可以包括口头或书面表扬，即对参与者的能力和贡献进行口头或书面认可。这种认可可增强参与者的被认可感，满足其心理需求，也可激发参与者产生一种对组织内部关系的渴望，进而产生对组织的依赖感和归属感，并激发参与者内心对自我能力实现的欲望，有利于充分调动参与者的能动性。例如，美国国家档案与文件局在其官方博客中报道具有突出贡献的公民档案工作者的参与事迹，每年都会给表现突出的参与者颁发奖章，并在年终工作报告中总结并感谢公民档案工作者及其他志愿者所做出的贡献等。这些认可有利于激发参与者在活动中逐渐提升对自我价值的认识和对自我认可的判断，并将规则所体现的价值进行整合，进而内化成具有自主性的行动，激发内在动机，促使其持续地参与。另外，认可的方式也可以是答谢晚宴或圣诞礼物，即一些外在的物质奖励。如新加坡国家档案馆为志愿者举办答谢晚宴，英国国家档案馆为志愿者提供圣诞礼物。这些外在的物质奖励也是一种认可形式，通过邀请参与者参加答谢晚宴或赠送圣诞礼物就是对参与者参与行为的一种认可，这种认可同样可增强参与者的被认可感及荣誉感，满足其对归属感的心理需求，让参与者感受到自己的价值，使参与者明白参与活动能带来能力的发挥，因此也会激发参与者的内在动机。

二是反馈机制。及时反馈对于很多参与者来说也是非常重要的，在众人模式中，很多参与者都是独立参与，虽然参与动机不同，但他们普遍都希望能得到自己所做的事情的反馈。被访谈的公民档案工作者中就有人谈道："如果我从来都不知道我所做的工作是不是正确的，我会觉得很沮丧。没人对我的工作进行评价，我会觉得我与这个项目没有关系。我喜欢独自工作，但我需要知道我自己没有阻碍项目的进展，我所做的确实是有帮助的。时不时的反馈会让人很振奋。"瑞安和德西在对学生学习动机的研究中也发现，"采用外在的目标并去实现，需要一个人感到自己有能力去完成。如果学生了解目标并具备相应的技能，他们就更有可能采纳并内化目标。对将来满足状态的预期可以引导人们去从事自我决定和基于情绪的行为"①。因此，反馈机制对于动机的

---

① RYAN R M, DECI E L. Intrinsic and extrinsic motivations: classic definitions and new directions [J]. Contemporary Education Psychology, 2000, 25 (1): 54-67.

内化和整合具有重要的作用，这就需要档案机构设置适合不同能力水平的社会化开发项目，并注重对参与效果的反馈。例如，美国国家档案馆在开展数字档案资源社会化开发项目时就赋予参与者很大的自主性，新注册的用户可以通过介绍自己的经验和技能被安排到合适的岗位，或者自己去寻找适合的角色参与项目的开发。此外，每位参与者都有一个参与等级，这个参与等级是根据项目的完成度和参与度制定的，相当于对参与者参与效果的反馈。这些措施可以明确参与者的开发能力水平，增强参与者的信心，使参与者能够合理地预估参与效果，有利于形成积极的反馈。这种反馈可以使参与者正面认识自己的能力和价值，产生自我信赖的感觉，甚至会挖掘参与者的潜力，从而促进目标的内化，激发内在动机，这种被激发的内在动机会成为参与者再次参与的力量来源。如果参与者不断地在开发活动中得到积极的反馈，必然会激发积极的情感，也会刺激参与者继续参与开发活动。

此外，与参与者分享开发任务的目标对于激发参与者的内在动机也具有一定的作用。这里所谓的目标不是指开发工作对档案机构或对参与者个人而言的微观的目标或小目标，而是指较为宏大的或者说具有一定情怀和社会责任感的目标，如前面所提及的美国国家档案馆提出的宣传口号："终有一天，我们所有的文件都将在线提供利用。你可以帮助我们实现它。(One day all of our records will be online. You can help make it happen.)"这种目标对于一些参与者而言具有很强的激励作用，会使他们产生一种责任感和荣誉感，从而促使或激励他们产生内在动机，并持续参与其中。

8.3.2　偶然及潜在的参与：　维持与激活

对于由好奇心驱动，其继续参与取决于空闲时间安排的偶然参与者和参与过又退出但对活动仍然保持关注的非活跃的参与者来说，激励机制的重点在于通过一系列措施维持与偶然参与者的联系并激活潜在参与者，这些措施可能有别于之前的鼓励持久参与的措施。

（1）增加任务的趣味性、丰富性。对于首次参与是由好奇心驱使的参与者，可以通过使任务变得有趣和丰富，为参与者提供一个放松自我和学习知识的空间，让其在空闲时间以解压的心态参与社会化开发活动。例如，将开发任务设置成游戏的形式，增加开发活动的趣味性和挑战性。同时要注意开发项目的及时更新，使参与者能够保持一定的新鲜感。

（2）优化任务以适应繁忙的生活，包括将任务分解为小任务。众人模式有可能在这样一种情况下运行良好，即需做出贡献的任务的规模能匹配参与者的时间、精力及注意力。本科勒（Benkler）曾说过，"一旦参与成本大大降低，参与动机的问题就变得无关紧要。有些人在有些地方会有几分钟或一个小时的空闲来做些事，如果做这些事会收获有用的成果，他们可能就会去做"①。因此，任务粒度越大，对于每个参与者的要求就越多；相反，任务粒度越小，就会有越多的人愿意尝试这一任务。就目前来看，采取众人模式的数字档案资源社会化开发项目，其任务一般包括多项小任务，每项小任务都可能不需要花很长时间去完成，参与者利用空闲时间都可参与和完成，即只要参与者有一小段自由时间或其他活动中有一小段间隙就可以做出贡献。这也让参与者可以灵活地调整他们做出贡献的数量，并根据其他人的贡献调整他们的贡献。现今开展数字档案资源社会化开发的档案馆一般都会设计诸如给单张照片贴标签、对某份文件中的某一页的文字进行转录等诸如此类的小粒度任务，参与者参与这些任务时可以非常灵活机动。参与者的这种服务也被称为"微观志愿服务"。这些小任务充分考虑了参与者偶然参与的条件，使系统的目标和参与者的行为保持了高度的契合，能够有效地促进偶然参与。

（3）持续地发送项目相关信息，让偶然参与者及潜在参与者保持对项目的关注，刺激他们参与。偶然参与者及潜在参与者对项目仍会保持一定的注意力，因此，如果能持续地发送项目相关信息，持续地吸引他们对项目的关注，让这些公众与项目之间仍保持联系，使他们成为项目的内部人员而不是局外人，也会激发他们持续地偶然参与。有研究也表明，"非常重要的一点是任务信息的及时更新与推广，几乎所有受访者都谈到了如果项目发布方能够定期通过微博或微信公众号给他们推送一些有意思的相关信息，会增强他们对该项目的黏性"②。美国国家档案馆在这方面做了非常多的工作，如他们会定期通过电子邮件将数字档案资源社会化开发的相关项目的情况发送给订阅用户，这些邮件中会对最近提供获取的及需要转录的数字档案资源进行图文并茂的介绍，并设置相应的链接供公众参与。通过定期发送这些信息，可使偶然参与者和潜在参与者仍保持与项目的联系，如果他们正好有空闲时间，也就可能会参与进来。

8.3.3　参与的支撑：增强系统功能可用性

无论是激发并维持参与者的内在动机，还是吸引偶然参与者或激活潜在参与者，

① BENKLER Y. Coase's Penguin, or, Linux and the nature of the firm [J]. Yale Law Journal，2002，112（3）：369-446.
② 张轩慧，赵宇翔，宋小康. 数字人文类公众科学项目持续发展阶段的公众参与动因探索：基于盛宣怀档案抄录案例的扎根分析 [J]. 图书情报知识，2018（3）：16-25.

系统的功能可用性强都是极其重要的一个条件。因此，在采用激励措施的同时应完善系统的功能可用性。本书第 5 章的研究发现，系统的功能可用性是影响参与者继续参与的重要因素，如在第一个月退出的 88.5％的同学中有近 40％的同学表示，如果系统更易用，他们愿意加入。这些同学也是潜在的参与者，即他们虽然退出，但对参与还是比较感兴趣的。所以，通过完善系统功能，使系统更具可用性，可吸引这些潜在参与者重新参与，也可刺激已经参与的人持续参与。因此，前面所述及的激励措施是回答"如何激发参与者"的问题，而增强系统的功能可用性则是回答"如何创造条件或环境，使参考者能够自我激发"的问题。要吸引公众参与，不仅要采取措施来激发他们，同时也需要采取措施创造条件或环境，使参与者能够自我激发、持续参与。因此，数字档案资源社会化开发项目本身要有趣，其系统要具有很强的功能可用性，这样才能使得公众激发自己参与。生态心理学家沃伦（Warren）曾对楼梯的可爬性这一功能可用性进行过详细的分析，他用 $\pi = R/L$ 作为测量公式，其中 R 是楼梯的竖板高度，L 是爬楼梯的人的脚长。对于不同身高的爬楼梯者，沃伦测出一个最优点（$\pi 0$），此时爬楼梯所需要的能量消耗低，同时也测出一个临界点，此时要爬楼梯就是不可能的。[①] 系统的功能可用性设计也需要达到这样一个最优点，此时参与者可最为便利地使用此系统。

要增强数字档案资源社会化开发项目系统的功能可用性，可做好以下几方面。

（1）系统的操作界面应简洁易用，符合正常审美。这是数字档案资源社会化开发项目系统或平台最基本的功能可用性要求，美、英、澳、新四国的数字档案资源社会化开发系统或平台的设计都非常简洁美观，参与者只需按系统或平台所设计的操作步骤一步步进行操作即可，每一个步骤都能进行得非常顺畅，这会使参与者在参与过程中心情舒畅，即会有非常良好的参与体验，这是促使参与者继续参与的重要因素。

（2）具有及时反馈和互帮互助功能。数字档案资源社会化开发系统或平台能够及时对参与者的参与成果进行反馈，这可满足参与者的能力认可需求，促使他们继续参与。数字档案资源社会化开发系统也可设计一些个性化的反馈信息，如可对参与者的参与质量进行打分，并显示参与者的等级和积分排名，利用参与者对成就的需求形成内驱力，增加参与主体的参与黏性。系统还可根据参与者的能力等级及积分排名为参与者匹配相应的开发项目，这不仅有利于肯定参与者的贡献，还有利于提高开发工作的质量。例如，互动问答平台"百度知道"有一套经验值、财富值、等级、头衔、采

---

① WARREN W H. Constructing an econiche [C] //FLACH J, HANCOCK P, CAIRD J, et al. Global Perspectives on the Ecology of Human-Machine Systems. Hillsdale：Lawrence Erlbaum Associates，1995：210-237.

纳率星级积分制度，用户可以通过问答等操作不断增加积分，等级和头衔也会随积分不断提升，同时采纳率星级也将随着用户问答的采纳率提高而变化。这种积分制度是对用户参与的反馈，能够体现用户的价值和能力，增加用户的平台参与感和归属感。另外，系统还应能够收集参与者在参与过程中遇到的问题并能够及时帮助解决，比如设计问题回复功能，参与者和专业人员可以帮助解答，同时设置问题搜索引擎，使参与者可以自行解决问题，这可以降低参与的困难程度，降低潜在参与者流失的可能性。例如，美国国家档案馆在其 History Hub 中就设置了问题讨论栏目，参与者可以提出问题，也可以寻求此平台中的参与者的答案，同时参与者也能够通过输入关键词搜索到自己想要的问题和答案。

（3）具备持续弹出新任务功能。即在任务设置方面，在一项任务完成后应当自动弹出新的任务，以持续吸引参与者的投入和关注。偶然参与者因为有空闲时间才会参与，应当抓住参与时机，在一项任务完成后持续地弹出新的任务，尽可能地让参与者在有限的时间内继续投入和关注。这也符合自我决定论的观点，即适当的挑战有助于提升感知的能力，并由此提升内在动机。

（4）提供多种参与途径便于参与者参与。数字档案资源社会化开发系统或平台可以设置项目或任务推荐功能，即系统能根据参与者之前的参与历史向参与者推荐他们感兴趣的开发任务，这也是一种个性化的任务推荐设置，有助于吸引参与者持续参与。系统还可设置一些快捷的操作入口，使参与者随时随地可以进行开发活动。另外，数字档案资源社会化开发项目还应支持电脑端和移动端，并能与社交软件进行合作，将开发的小程序嵌入社交软件，使参与者不用下载 App 就可以方便地进行操作，如 NA-RA 在 Facebook 上设置的机器人聊天程序，用户只需在搜索栏输入"US National Archives"，点击发送消息按钮，输入"hi"，就可以标记文档或者提出问题。这种简单的小程序能够让参与者更加快速地参与，无须下载 App，在社交的闲余时间就可以进行标注，促进了公众的偶然参与。

（5）具备网络分析功能。网络分析是为了理解和优化网络使用而对互联网数据进行测量、收集、分析和报告。[①] 数字档案资源的社会化开发提供了一种在线开发数字档案资源的新方式，其目标是尽可能地让更多的用户参与进来。如果档案机构可以方便地获知用户在线体验的准确信息，就可以据此设计更有效的参与开发平台，吸引参与者持续参与。"网络分析软件提供了一种方法来理解用户偏好和行为，更重要的是能够

---

① Web Analytics Association. About Us [EB/OL]. (2015-10-18) [2018-12-27]. http://www. webanalyticsassociation. org/? page=aboutus, accessed 18 October 2010.

改善档案服务。网络分析包括两个独立元素：一是使用软件工具收集、测量和报告用户数据；二是解释所报告的信息，以便就改善网站功能的服务做出决策。由于报告的信息类型比档案管理员可能访问的其他信息（例如服务器日志）更加分散和详细，因此软件生成的报告有助于进行有效的分析和决策。"① 系统如果具备网络分析的功能，就能够实时收集参与者的参与信息，深入准确地分析和解释参与者的参与行为，生成有助于改善平台功能和服务的决策报告，不断优化平台，吸引更多的参与者持续参与数字档案资源的社会化开发活动。

 ## 8.4 社群模式培育机制

从社会学的角度来看，"一般认为社会群体有六个基本要素：一定的人数规模、一定的角色分工、明确的成员关系、共同的目标和活动、一致的群体规范、群体意识和归属感"②。由此可以看出社群具有四大优势：一是较大的自主性，能够最大限度地满足成员自主性的心理需求，为成员提供交流的空间，促使参与成员组成社群，也有利于满足参与者的归属需求。二是强大的联结作用，能够维持成员之间的联系，促进成员的积极性。社群成立的组织基础是对社群理念认同的群体，这些群体因为感兴趣才参与到活动中来，并且有继续参与的趋向。基于人际网络扩散的思维，社群中参与的个体之间通常有着比较紧密的关系，并且他们在很大程度上会带动潜在的参与者参与活动。三是易形成忠实的参与群体。社群因为参与主体共同的兴趣和较高的理念认同而形成，参与主体对活动参与的忠实度比较高。同时，在一个社群中，因为成员共同参与活动，所以会形成大家共同遵守的规则及伦理规范，形成共同的价值观。而且，社群成员通过提问或帮助解答别人的疑问，也能提高社群成员的整体素质，有助于成员持续共同地、高质量地完成任务。数字档案资源社会化开发社群模式中的社群也具有上述特点。社群模式中，社群成员被赋予了更大的自主权，即由他们自主决定开发的形式与规则，这可以为参与者提供一个自治的支持环境，满足了参与者的自主需求，有利于充分发挥参与者的能动性，让参与者切实体会到参加一项社会化开发活动的价值和意义，从而内化目标，促进参与者的持续稳定参与。社群模式也更多地强调参与者之间的合作，包括学习并坚持各成员共同制定的规则，跟上社群的知识和实践，并

---

① CHRISTOPHER J P. Using web analytics to improve online access to archival resources [J]. The American Archivist，2011，74（1）：158-184.

② 郭玉锦，王欢. 网络社会学 [M]. 北京：中国人民大学出版社，2005：168.

与其他成员形成强的、持续的社会联系，这满足了社群成员的能力认可需求及归属需求。因此，社群模式可以同时满足主体的三种基本需求，根据自我决定理论，这种模式可促使社群成员持续参与。社群模式的形成主要基于"个人的但是共同的日常需求（a personal-but-shared everyday need）"[①]，即一般首先是个人需要解决某些问题，其次这些问题也是其他人的共同需求，因此个人需求会启动某项活动，而群体的关注又导致并维持了更大规模的活动。而且社群本身是一个过滤器，能过滤掉一些不符合社群规则或规范的成果，从而保证成果的质量，如在 Waisda? 视频标签游戏中，只有那些玩家之间相互认可的术语才会被纳入档案[②]。

社群模式中，在项目的设计阶段，档案机构必须邀请特定社群成员共同参与，并赢得社群成员的信任，才能有利于和社群发展较长久的关系。要做到这一点，在进行项目设计及策略制定时就必须考虑到社群的需求，即将社群作为重要的主导者，将其需求融入项目设计，这样才能真正吸引他们的参与。如果一个项目不考虑社群的需求，仅考虑项目发起者的需求，无论项目发起者采取哪种措施去吸引社群成员参与，也很难与社群成员建立真正的信任及长久合作的关系。

档案机构可以根据实际情况决定采取哪种模式。但笔者基于对社会主体参与动机的研究发现，外在动机包括金钱或其他奖励等的驱动只是暂时的，要保证数字档案资源社会化开发的可持续性发展，还是需要各参与者之间形成认同，形成强联系，最终形成社群，这种强联系的社群是保证参与者持续参与的最为重要的因素。因此，为保障数字档案资源社会化开发项目的可持续性发展，档案机构需采取措施促使参与者形成社群，这可以通过创建在线社群空间及举办线下社群活动来实现。

8.4.1　想象共同体：创建在线社群空间

美国国家档案馆创建了在线社群空间 History Hub，注册会员可以根据自己的经验和兴趣提出问题、分享信息，以及和有共同兴趣的人一起完成项目，国家档案馆的专家以及其他领域的专家、历史爱好者和公民档案工作者也可以参与进来帮助解决问题。此空间中的参与者就比较容易形成一个"想象共同体"，因为他们有着共同的兴趣、爱

---

① HAYTHORNTHWAITE C. Crowds and communities：light and heavyweight models of peer production [C] //Proceedings of the 42nd Hawaii International Conference on System Sciences. Hawaii：HICSS '09，2009：1 - 10.

② OOMEN J，AROYO L. Crowdsourcing in the cultural heritage domain：opportunities and challenges [C] //Proceedings of 5th International Conference on Communities & Technologies. Brisbane：Queensland University of Technology，2011：138 - 149.

好，这种在线社群空间有助于促进社群模式的形成。Old Weather 项目也建有项目论坛，参与者在此论坛与其他人进行互动，形成社群，每个参与者都会因此变得更有归属感和责任感。正是社群所形成的这种友好、包容的环境，使得每个社群成员之间的联系由原本的弱联系变成了强联系，他们因此也愿意承担更多的任务，成为固定的或长期的参与者。

8.4.2 实在共同体：举办线下社群活动

通过定期召开一些线下的见面会，或举办年终答谢晚宴等线下社群活动，建立实体社群空间，培育参与社群。例如，"英国摩洛哥记忆"（Moroccan Memories in Britain）项目通过举行外展研讨会（outreach workshops），以短期宣告会和小型家庭式茶话会的形式在五个目标地区相继开展，鼓励来自摩洛哥裔群体和其他公众的个人以志愿者身份加入该项目。[①] 这种方式可以将具有相同兴趣和相同文化背景的参与者聚集在一起，为他们提供社交互动和情感交流的机会，有利于充分调动参与者的能动性和自主性，同时加强参与者的关联感，从而达到激发内在动机、维持持续稳定的参与的目的。新加坡的年度答谢晚宴则是一种线下的社群培育机制，通过邀请参与者参加年度答谢晚宴，营造了实体的社群空间，使得之前线上的"想象共同体"转化为"实体共同体"，进一步加强了参与者之间、参与者与档案工作者之间的相互认同和紧密联系。

此外，通过创新性的合作任务也可培养社群成员的认同感和归属感。如弗拉纳根（Flanagan）和卡里尼（Carini）[②] 提到他们设计了一系列的游戏来吸引公众对档案图片提供有价值的描述元数据。他们设计的 Zen Pond 和 Guess What! 游戏是实时的联网合作游戏，需要参与的玩家之间的合作，如在 Guess What! 游戏中，玩家 1 在屏幕上看到一张图片，他/她就必须通过网络向另一个玩家描述他/她所看到的这张图片，以便另一个玩家能在他/她的屏幕上显示的一系列图片中找到玩家 1 所描述的图片。要完成这个任务，就需要玩家 1 给出非常特定的标签提示。在这个游戏中，各位玩家都享受给彼此提供准确的但同时又比较晦涩难懂的提示，这有助于档案机构收集图片之前没有的元数据，同时通过监控现有标签的使用频率确定现有元数据的有效性。而这一合作性游戏也有利于社群成员之间强联系的培养，这些游戏玩家通过游戏也

---

① Outreach workshops [EB/OL]. (2021-20-27) [2021-10-27]. http://www.moroccanmemories.org.uk/outreach_workshops_html.

② FLANAGAN M, CARINI P. How games can help us access and understand archival images [J]. The American Archivist, 2012, 75 (2): 514-537.

成为一个社群，由此会具有一定的认同感和归属感，这也将有利于这些游戏的推进和运行。

　　从各国档案馆的实践来看，当前数字档案资源社会化开发中，众人模式是较为普遍应用的模式，在美、英、澳、新四国中只有美国国家档案馆已经开始注重对社群模式的培育。就开发层次而言，众人模式的数字档案资源开发模式尚属于浅层次的开发，比较适合对馆藏档案资源进行贴标签、文本转录这一类的任务。但如果要保证数字档案资源社会化开发项目的可持续性发展，即使是文本转录这一类的任务，如果想获得持续的参与并保障转录成果的质量，也需要培育社群模式。因为在社群模式中，各参与成员之间会形成较深的对社群、对项目的认同，这种认同是驱使各参与者持续参与的重要内在动力。社群模式中的参与者甚至可能会由此将参与数字档案资源开发活动发展为他们自己的深度休闲活动。"深度休闲（serious leisure）"是社会学家罗伯特·斯特宾斯（Robert Stebbins）提出的一个概念，指极其令人满意并确实能提供充分存在感的休闲。[①] 它是稳定地追求一种业余爱好或志愿活动，而这种爱好或志愿活动是能用其复杂性及挑战性吸引参与者的，它也是基于实质的技巧、长期性及经验的，并要求或多或少的坚持。在寻求及获得特定的回报的过程中，深度休闲的爱好者或志愿者会有一种他们在从事一种职业的感觉，就像在其他职业中追求不断晋升一样。[②] 此时，对于参与者而言，他们所看重的并不是物质上的回报，更多的是个人层面及社会层面的回报，包括实现个人潜能、发挥个人技能及知识、得到珍贵的经验、获得有价值的身份，以及和人打交道、交到新朋友、参加团体活动，也包括当团体完成某件重要的事情时，他们获得被需要感、对团体的贡献感。每种深度休闲活动能为其热衷者提供一种主要的生活方式及身份。这种生活方式也可用于确认参与者的身份，即参与者是某一类人，他们互相认识，而且他们与众不同的休闲生活方式使得他们在一定程度上为更多群体所认识。正是这种认同会促使社群模式中的社群成员持续地参与到数字档案资源的开发中。

　　现今社群模式在数字档案资源社会化开发中的发展仍较欠缺。究其原因，一方面是因为一些档案馆由于资源限制，想先试点一些简单项目，看看效果如何再决定是否要进一步开展，如英、澳、新三国国家档案馆都有这方面的考虑。另一方面是如果让社群主导，档案机构需要就如何吸引社群成员参与、组成社群，以及如何保证开发出

----

① STEBBINS R A. Serious leisure：a perspective for our time ［M］. New Brunswick：Transaction Publishers，2007：xii.

② 同①.

有质量的成果等制定相应的策略，这方面的工作可能需要有专门的人员负责。如美国国家档案馆为了做好 History Hub 这一虚拟空间，专门招聘了两名管理人员，专门负责制定策略并负责吸引用户、维护空间的运行。但对其他一些档案馆而言，在现阶段要做到这一点，资金及人力等方面的条件可能尚不够成熟。

09
第 9 章
数字档案资源社会化开发质量控制

　　数字档案资源社会化开发一般会面临两大难点：一是如何吸引公众参与；二是对公众参与开发的成果的质量如何控制。在笔者所调研的档案机构中，一些档案机构对数字档案资源社会化开发持消极态度的主要原因之一便是认为数字档案资源社会化开发成果的质量很难控制。因为数字档案资源社会化开发的主体的知识结构、素养等参差不齐，因此他们担心所开发出来的成果达不到档案机构的预期，或开发出来的成果根本没法使用。这种担忧也不无道理。在实践中，已经开展了数字档案资源社会化开发的档案机构都会采取一些措施来保障其社会化开发成果的质量。

　　如前所述，数字档案资源社会化开发可分为众人模式和社群模式。在社群模式中，数字档案资源社会化开发成果的质量控制较容易实现，这主要是因为基于强联系形成的社群规模有限，其成员一般都会严格遵循社群所制定的相应的规则和制度，因此社群所开发出来的成果质量比较好把握和控制。但对于众人模式的数字档案资源社会化开发而言，其质量控制则较为复杂，因为参与人数众多，参与者的经验及相关知识等都存在差异性，所以开发质量控制问题就更为突出。基于对已经开展了数字档案资源社会化开发的美、英、澳、新国家档案馆等机构的调研，笔者发现这些机构已经采取的保障其数字档案资源社会化开发成果质量的措施目前主要是数字档案资源社会化开发开展前的控制措施，包括制定相关的开发规则和规定，以及设置一些质量审查机制。这可以说是数字档案资源社会化开发质量保障中的前端控制，即在开展此项工作之前就采取系列措施对将要开展的工作进行规范和控制。前端控制是数字档案资源社会化开发中的重要原则，做好前端控制，可以保障后续工作的顺利开展。但数字档案资源社会化开发是一个过程，如果要确切保障其最终的开发成果的质量，保障措施就需涉及数字档案资源社会化开发的全过程，既要包括数字档案资源社会化开发前的控制措施，又要包括数字档案资源社会会化开发过程中的控制措施，还要包括数字档案资源社会化开发成果的审查机制，即需要在数字档案资源社会化开发过程中贯彻全过程控制原则，这一原则也是数字档案资源社会化开发质量保障的重要原则。因此，本章主要根据前端控制及全过程控制原则，针对开发前、开发过程中及开发成果的最终形成这三个阶段来谈其中的控制措施。

另外，数字档案资源社会化开发所涉及的因素主要包括：主体，即档案机构及参与者；对象，即待开发的数字档案资源；以及平台，即开发的平台和开发任务。因此，制定控制措施也需要针对这些因素。

9.1 前端控制

从流程上来看，开发前的控制可视为前端控制，即在数字档案资源社会化开发启动之前就采取一些措施，防患于未然。这种前端控制主要包括对开发资源的选择，开发平台的功能可用性及开发任务的设置，参与者的选择，开展宣传与培训，以及开发规则的制定等方面的内容。

9.1.1 资源：针对性选择

数字档案资源社会化开发的质量要得到保障，首先就需要决定选择哪些数字档案资源进行社会化开发。开发难度较低的项目，如贴标签，就适用于所有开放的数字档案资源；而开发难度较高的项目，如转录及对数字档案资源进行深度开发的项目，就需要对馆藏数字档案资源有所选择，选择的数字档案资源一般包括以下两类。

（1）档案机构尚无能力开发的数字档案资源。档案机构馆藏的很多历史档案都是手写的，这些手写的历史档案是无法仅靠档案工作者的努力被转录和被利用的，这类档案就可用于开展数字档案资源社会化开发。例如，前面提及新加坡国家档案馆于2017年12月上传了供公众转录的一组有关1826—1946年英国对海峡殖民地统治的文件，这些文件都是手写的、精致的英文草书，无法由OCR软件精确识读，也无法仅靠档案工作者的努力实现它们的检索及获取，此时就可将这些数字档案资源进行社会化开发。另外还有针对某些特定利用群体如历史学者、中小学教师、家谱研究者等所进行的数字档案资源开发。如果仅靠档案机构自身，其开发的能力和手段及对这些特定利用群体的需求情况的了解程度都会比较有限，但如果由这些群体自己对馆藏的数字档案资源进行开发，就能更好地满足他们自己的需求。

（2）对公众具有吸引力或具有较大利用价值的数字档案资源。数字档案资源社会化开发应能吸引公众的参与，如果希望产生富有成效的社会化开发成果，也需要选择对公众具有吸引力的或具有较大利用价值的数字档案资源。例如，很多档案馆都会根据一些社会热点选择馆藏的数字档案资源进行社会化开发，这就较容易吸引到尽可能多的公众参与，从而能产生出一些高质量的开发成果。

9.1.2　平台：功能完善

当前已经开展数字档案资源社会化开发的档案馆开发平台一般有两种：一种是商业性的社会化平台，比如 Flickr、Wikipedia、YouTube 等，美、英、澳等国国家档案馆在这些社会化媒体平台上设有自己的站点，将馆藏的部分数字档案资源放在这些平台上供公众去开发。另一种是自创的平台，如美国国家档案馆的 Citizen Archivist、DocsTeach，英国国家档案馆的 Your Archives，澳大利亚国家档案馆的 ArcHive 等都是自创平台。商业性平台参与人数众多，而且易用性较强，在商业性平台上设置站点、提供数字档案资源供公众开发可能会吸引较多的公众参与，取得较好的开发成果。但商业性平台的任务设置比较受限，主要是由商业性平台预先设置好的，档案馆一般无法自行设置开发任务。自创平台则可根据需要自行设置任务。自创平台在建设过程中就需要特别加强平台的功能可用性，即要让参与者觉得这个平台易用、好用并爱用。如果平台的功能可用性强，就有助于吸引参与者持续参与，并产生较好的开发成果；反之，则参与者少，开发成果的质量也较难得到保障。

开发任务的设置包括开发任务的说明及开发任务的类型设置等。开发任务的说明对于开发成果的质量保障也有较大影响，如果开发任务的说明不清晰、不充分，参与者无法了解如何参与及参与的要求等，就会影响到参与的程度和最终的成果质量。例如，美国国家档案馆 Citizen Archivist 项目就通过 Register and get started、FAQs、How-to guides 等内容对其贴标签及转录两项开发任务进行了详细的说明，其中 How-to guides 中列有四部分内容：转录的技巧，开始转录，如何形成一个好的标签及标签游戏。在转录的技巧部分对如何转录、如何阅读历史文件、如何描述历史文件上的邮票及其他独有的特征、如何转录图表以及理解 18、19 世纪的文件的一些线索等都进行了非常详细的说明。[①] 这些任务说明可以让参与转录者非常清楚应该如何进行转录、在

---

① Transcription Tips [EB/OL]. (2019 - 12 - 23) [2021 - 10 - 21]. https://www.archives.gov/citizen-archivist/transcribe/tips.

转录过程中应注意哪些问题，从而有助于转录工作的顺利进行，也能更好地保证转录的质量。同样，在如何形成一个好的标签部分，通过提出两个问题"标题或内容中能找到哪些标签？""哪些标签更能增强对这份文件的描述？"来指导参与者更好地完成贴标签的任务。①

开发任务的类型设置同样会影响到参与的程度和最终成果。如前面所述及的小粒度的任务或微观任务对于很多的偶然参与者或潜在参与者而言就是有吸引力的和可行的任务，会吸引更多的参与者参与，更有可能产生高质量的成果；而一些较为复杂的、对专业知识要求较高的社会化开发项目，可能只适合专业人员或专业社群参与。也可以将复杂的开发任务分解为更为简单、容易的子任务，以吸引更多的参与者参与，从而保障参与成果的质量。同一类项目也可按难易程度进行区分，如美、英、澳三国国家档案馆在开展数字档案资源转录项目时都对要转录内容的难易程度进行了区分，不同的参与者可以根据自身的情况选择不同难易程度的任务。因此，数字档案资源社会化开发任务的类型设置也需要多样化、简化和层级化，不同的参与者可以根据自身的情况选择适合自己的任务类型，这样才能保证最终开发成果的质量。

9.1.3 参与者：适当筛选与培训

美、英、澳、新等国国家档案馆对于参与者的选择主要通过注册这个环节来进行，目前注册环节有两种情况：一种是公众无须注册就可参与，另一种是必须注册后方可参与。但如果要有效控制数字档案资源社会化开发的质量，还是第二种方式即注册后方可参与更为合适，这种方式也是目前各国档案馆采取的主要方式。例如，英国国家档案馆规定，如果要参与就必须注册，注册的必需信息包括电子邮箱即用户名、登录密码、安全问题，还特别要求注册者提供的信息必须是真实、准确、有效的，并保证及时更新。② 美国国家档案馆也要求参与者必须注册方可参与，注册必需的信息包括电子邮箱和用户名，但当参与者需要完成一些特定的任务时，也会被要求提供其他的一些个人信息。③ 当然，如果可能，也可要求参与者在注册时说明参与意识、参与动机及

---

① What makes a good tag? [EB/OL]. (2022 - 11 - 21) [2023 - 02 - 25]. https://www. archives. gov/citizen-archivist/what-makes-a-good-tag.

② User participation terms and conditions of use [EB/OL]. [2021 - 10 - 21]. http://www. nationalarchives. gov. uk/legal/user-participation/.

③ Join our community of Citizen Archivist. Register now! [EB/OL]. [2021 - 10 - 21]. https://legacy. catalog. archives. gov/registration.

自己具备的一些参与能力。参与意识与参与动机是为了了解参与者的参与动机是出于外在动机，如获得经济报酬等，还是出于对活动本身的热爱、对满足自我价值的需求；参与能力则是指参与者具有哪些技能、能完成哪些任务、获得过哪些证书、有无参与过类似项目的经历等。通过了解参与者的这些信息，可以更好地采取措施吸引参与者持续参与，并采取相应措施保障参与成果的质量。

除要求参与者注册外，对于一些专业性要求较高的任务，档案机构也可设置一些资格测试，以了解参与者是否掌握完成该任务所需的专业知识和技能。希尔（Heer）和博斯托克（Bostock）曾对资格测试对于参与者能力检测的有效性进行了研究，研究表明，资格测试的确能够排除那些尚未准备好的参与者，由此提高参与成果的质量。[①]同时，档案机构也可设置一些推荐系统，即由参与者推荐一些合适的人一起来参与开发任务，这些被推荐的人可能是在某一领域具有较强的能力或较好口碑的人，通过推荐邀请这些人参与某些专业性强的开发任务，也可保障开发成果的质量。现在有些社会化媒体平台也运用了这一策略，如 Facebook 和 Twitter 就通过开发社会关系来招聘合适的人。[②]

档案馆也需对参与者进行适当的指导与培训。这些指导和培训可通过视频的形式开展，即将需完成的开发任务的要求和方法等通过视频提供给参与者，参与者通过观看这些视频对需完成的开发任务有更为直观、具体的了解，这有助于他们更好地完成开发任务；也可通过提供一些专家案例来让参与者学习如何参与，即提供专家完成开发任务的过程等资料供参与者学习。辛格拉（Singla）等人就使用算法选择了一些专家案例给参与者学习，以达到对参与者进行培训的目的。[③]另外，有些培训还可以进一步细化，针对不同能力的参与者、不同专题的内容，制定不同层次的指导方法和内容。对于很多参与者而言，能学到一些技能或提升相关技能本身也是一种动机。

9.1.4 规则：约束与激励

不以规矩，不能成方圆。虽然数字档案资源社会化开发倡导的是充分发挥公众的

① HEER J，BOSTOCK M. Crowdsourcing graphical perception：using mechanical turk to assess visualization design [C] // ATLANTA G. Proceedings of the SIGCHI Conference on Human Factors in Computing Systems，2010：203 - 212.

② BOZZON A，BRAMBILLA M，CERI S. Answering search queries with crowdsearcher [C] // LYON F. Proceedings of the 21st international conference on World Wide Web，2012：1009 - 1018.

③ SINGLA A，BOGUNOVIC I，BARTOK G，et al. Near-optimally teaching the crowd to classify [C] // JMLR：Proceedings of the 31st International Conference on Machine Learning. 2014：154 - 162.

智慧和想象，但并不意味着这项活动就没有相应的规则。现今开展数字档案资源社会化开发的档案机构都会在项目启动前制定相应的开发活动的规则，主要包括参与行为规则、参与贡献的性质及应承担的法律责任和应享有的权利等。同时档案馆也通过在线公布的形式让参与者充分知晓这些规则。例如，美国国家档案馆专门制定有"公民贡献政策（Citizen Contribution Policy）"并公布在其网站上。该政策规定，如果公众希望做出贡献，就需同意美国国家档案馆所制定的条款，这些条款的内容主要包括规定公众不能使用的标签，评论的用词，包括威胁性的、骚扰性的、粗俗的用词，以及美国国家档案馆对于这些用词及其他不符合要求的贡献成果的处理，并对贡献内容的性质进行了界定，即将参与者的贡献内容视为政府文件等。[①] 同样，英国国家档案馆也制定了"用户参与条款及条件（User Participation—Terms and Conditions of Use）"并公布在其网站上，内容包括：参与者的行为准则，其中规定了参与者要尊重其他利用者，不要上传不相关的内容，不要使用攻击性的、挑衅性的、粗野的用词，不要违反法律规定，不要侵犯他人隐私等；参与指南，其中规定了如何注册，并对参与者所做贡献应承担的法律责任和权利做出了相应的规定。[②] 这些规则的制定主要是起到一种事前的预防和控制作用。同时，档案机构也需做出相应的隐私保护、知识产权保护及信息安全保护方面的规定，以保障参与者的权利。如美国国家档案馆制定了隐私影响评估政策，英国国家档案馆制定了有关隐私保护的规定，也都将国家有关版权和隐私保护方面的规定公布在其网站上。

另外，本书的研究发现，一些奖励制度包括外在物质奖励（外在动机）及荣誉（内在动机）的设置对于提高开发成果质量也具有积极的促进作用。因此，为保障数字档案资源社会化开发成果的质量，档案机构也需制定相应的奖励制度。

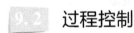 过程控制

9.2.1 专家解惑：组建咨询答疑小组

公众和档案工作人员作为数字档案资源社会化开发的主体，需要借助开发平台开展在线交流，以实现档案工作人员与参与者的互动、参与者与参与者的互动。在互动

---

① Citizen Contribution Policy［EB/OL］.（2022－03－08）［2023－02－21］. https://www. archives. gov/social-media/policies/tagging-policy. html.

② User participation—Terms and conditions of use［EB/OL］.［2021－10－21］. http://www. nationalarchives. gov. uk/legal/user-participation/.

与答疑的过程中，最重要的是需要组建一个咨询答疑小组，负责在数字档案资源社会化开发过程中的答疑和解惑。

数字档案资源社会化开发参与者水平参差不齐，加之开发项目类型多样，在参与过程中，对于开发标准、开发方式会存在不了解、不理解及把控度不够等问题。当然，在参与过程中遇到的问题可能远远不止这些，这需要有专家学者来答疑解惑。参与者在参与过程中遇到任何问题都可以随时提出，并得到及时的反馈，这为他们接下来进行开发工作提供可能，也有利于增强他们的积极性。

对于咨询答疑小组的组成，同样可以采取社会化的方式，由档案工作者、档案研究者、专家学者以及感兴趣并已经积累了一定参与开发经验的社会公众共同组成。

9.2.2　实时沟通：建立反馈机制

有研究表明，与没有反馈相比，参与者如果能及时得到有关他们所做贡献的反馈，他们往往能提供更高质量的参与成果。[①] 这与参与者内在参与动机的激励有关。如前所述，及时的反馈机制可使参与者知道自己所做贡献的作用或不足，这会给予参与者以激励，或帮助他们学习到更多的知识和技能，从而可刺激他们持续参与，这也有助于提高他们参与成果的质量。参与者往往会根据反馈意见进一步修改他们的参与成果，或为继续参与积累更多有效的经验和知识，这可进一步保障他们产生更多质量更高的参与成果。

另外，在开发过程中也可鼓励或采取相应措施帮助参与者形成社群协同合作，这也可保障开发成果的质量。因为社群成员之间可以相互协商、相互合作，他们相互审查各自的参与成果并提供反馈意见，这有助于产生高质量的开发成果。

 9.3　成果审查

9.3.1　审查机制类型：大众、同行与专家

不同的机构对于数字档案资源社会化开发成果的质量控制采取不同的审查机制，大致可分为以下几种。

---

① DOW S，KULKARNI A，KLEMMER S，et al. Shepherding the crowd yields better work [C] //CSCW' 12：Proceedings of the ACM 2012 conference on Computer Supported Cooperative Work. 2012：1013 - 1022.

（1）大众审查机制。所谓大众审查机制就是由公众进行审查和纠错。美国国家档案馆目前就采取这一机制，制定了相应的数字档案资源社会化开发的制度，对社会化开发进行约束和指导。如果公众开发的成果违反了这些制度，这些成果将会从网上删除；如果公众开发成果没有违反制度，就会一直保存在网上，即对于这些成果没有设定结束的期限，这就便于其他利用者或参与者对这些成果进行审查；如果这些成果中存在错误，其他公众可以纠正或向档案馆进行举报。如对文件的转录采用的是 Wikipedia 模式，即这些转录从未被标识为已完成或未完成，公众随时都能对转录进行审查和编辑。英国国家档案馆的贴标签任务也采取了这一审查机制，即由公众对其他人所贴标签进行审查，如果有人认为某一标签用词不合适，或存在其他违反法律或英国国家档案馆所制定的制度的情况，可以自己纠正其中的错误，也可以向英国国家档案馆举报。另外，英美两国国家档案馆都设置了自动拦截功能，自动拦截一些公众所贴的含有不当用词的不合适的标签。

（2）同行评议机制。即对于公众开发成果，由另一些专门人员进行审查，最后由档案机构的工作人员进行审批。这里的专门人员一般是指档案机构专门挑选出来的参与者。这种审查机制类似于论文发表中的同行评议制度，故称之为"同行评议机制"。Smithsonian 转录中心就采取这一审查模式，公众转录后，由另一组注册用户进行审查，最后由员工或经过培训的内部志愿者进行审批。这种同行评议机制的目标就是形成高质量的、精准的开发成果。

（3）专业审查加大众审查机制。即数字档案资源社会化开发成果主要由档案机构的工作人员进行审查，同时辅之以大众审查。例如，新加坡国家档案馆的公民档案工作者著录及转录的成果最后都由该馆工作人员进行审查。如果工作人员认可公众的转录成果，这份文件就会被标识"完成"字样，并不再在线提供转录；如果工作人员认为著录或转录不当，就会删除该成果。如果某个利用者被发现不停地提交不当文本，那么该利用者会被取消登录资格。同时，该馆也鼓励其他利用者向工作人员报告不当的成果。另外，即使一些社会化开发成果被正式提供利用，如一些照片的描述成果进入了 Archives Online 检索入口，每张照片底部也还有个按钮，通过这个按钮，用户可对可能存在的错误进行反馈或提出其他改进建议。英国国家档案馆之前发起的 Your Archives 项目也采取了这种审查机制，档案馆工作人员对于公众所编辑的内容进行事后审查，以确保没有违反相应条款的内容，同时也允许任何人对认为不准确或有误导性的内容进行修正。

（4）双输入机制。即由两个不同的参与者分别独立地对同一份文件进行著录，然后由第三个人对这两个人输入的数据进行审查。第三个人可以看到文件及对该文件的两套输入数据，网页也会将两套数据的不同之处标示出来，由第三个人来审查并决定哪个是正确的。如果第三个人无法确定哪个正确，可以点击页面上的"问题"按钮发邮件给项目负责人。荷兰城市档案馆的 VeleHanden 项目就采用了双输入机制。类似地，Old Weather 项目也是通过比较若干个参与者对同一页面的转录来保证转录的质量。该项目最开始要求同一页面由 5 个人进行转录，后来因为转录的准确率达到了97%，就将数目降低，由 3 个人对同一页面进行转录，然后比较这 3 份转录结果，确定是否存在错误之处。这种审查机制也主要依靠参与者的参与。

9.3.2　审查机制选择：效率与效果

上述四种机制在效率及效果方面也有所不同（见表 9-1）。相比较而言，同行评议机制及双输入机制的效率比较低，这主要是因为需要经过几道审查，这必然会降低社会化开发的效率，但正因为要经过若干道审查，所以其效果较好，即准确性较高。在这两种机制中，同行评议机制的效率可能会高些，是一种线性的方式（见图 9-1 左），而双输入机制是一种平行的方式（见图 9-1 右）。

表 9-1　各审查机制的效率及效果比较一览表

机制的类型	效率	效果
大众审查机制	低	不好
同行评议机制	低	好
专业审查加大众审查机制	低	好
双输入机制	低	好

图 9-1　同行评议机制和双输入机制图示

注：图中的 P 是英文 person 的首字母，代表参与著录的人；R 是英文 reviewer 的首字母，代表审查的人。

专业审查加大众审查机制的效率也可能会比较低，是因为所有的社会化成果最后都要由档案机构工作人员来审查，会给档案机构带来较大的压力，无法达到减轻档案机构的工作量的目的，但这种机制的效果可能会较好。而大众审查机制的效率可能会较低，是因为完全取决于大众的随机行为，效果自然未必好。

当然，不同机制的效率和效果的高低和好坏还取决于参与者的情况。如果参与者都是经验丰富的人，或对所参与项目的背景知识非常了解，那么同行评议机制及双输入机制的效率高、效果好；相反，如果参与者是新手，或对所参与的项目的背景知识了解不够，则会导致效率低、效果差。这也就需要采取这两种机制的项目注重培训新手参与者的技能和相关知识，帮助他们成长，同时也需注重维护有经验的参与者的群体。项目系统也可以根据参与者的情况推送其较为熟悉的领域的任务或其之前已经积累了经验的类似的任务，这可有助于提高社会化成果质量。

不同的档案馆采取不同的审查机制也是基于不同的考量。美国国家档案馆之所以启动数字档案资源社会化开发项目，主要是因为希望通过公众参与让更多的档案资源可为公众所获取和利用，同时也为档案馆节约人力、物力及财力。因此，在对公众参与成果的质量控制方面，美国国家档案馆采取的是大众审查机制，即档案馆工作人员并不进行审查。这也主要是基于几方面的考虑：一是档案馆没有那么多的人力去做审查工作；二是认为这种项目本身就是对公众开放的，公众可在很长的时间内自己去审查及提炼。事实上，对于一些数字档案资源社会化开发成果，使用该成果的人往往会对这些成果的质量进行把控。如有受访者谈到"就像任何你在网上找到的东西一样，你会半信半疑。就历史技巧而言，你真的需要对这些东西做交叉对照来进行确定，即需要尽可能多地和其他来源进行比对"，因此利用者也是数字档案资源社会化开发成果质量控制的重要主体。采用大众审查机制的档案机构也往往会秉承这样一种理念："有足够多的眼球，所有的缺陷都会现形。（Given enough eyeballs, all bugs are shallow.）"[①] 即看到这些信息的人越多，越能发现问题，越有助于成果质量的控制。这种大众审查机制也体现了美国国家档案馆启动数字档案资源社会化开发项目的目标并不是实现专业的著录或转录，而是达到"网页可接受性（web acceptability）"即可，即能够查找到这份文件并能阅读它即可，也就是说更注重的是实际的用途，而不是学术的完美性。这种机制也符合大众参与贡献的目的，即参与者之所以愿意参与并做出贡献，也是希望自己的贡献能被看见并被获取。美国国家档案馆的这种机制能使公众参与的贡献马上被看见并被获取，这在很大程度上会符合参与者的这种心理，也会激励参与者后续的或更持久的参与。

有些档案机构的要求和美国国家档案馆的要求不同，他们要求准确性和正确性，而不仅仅是网页的可接受性，那么，他们就会选择更能优化效果（质量）的审查机制，

---

① RAYMOND E. The cathedral and the bazaar [J]. Knowledge, Technology & Policy, 1999, 12 (3): 23-49.

比如同行评议机制或专业审查机制，或双输入机制。新加坡国家档案馆之所以采用专业审查机制，就是为了提高其社会化开发成果的质量，但这种机制会给档案馆工作人员增加很多负担，而且档案工作人员也未必能完全胜任这种质量审查工作，因为档案工作人员只是档案管理方面的专家，未必是其他领域的专家。这种机制还有一个很大的问题，即采取这种专业审查机制的前提是基于档案工作人员对于公众的不信任，不信任他们有能力提交符合档案工作人员要求和标准的成果，因此才需要档案工作人员对他们的贡献进行控制和纠正，故采用专业审查机制也可能会导致打击参与者的积极性的消极结果。而同行评议机制及双输入机制主要是依靠公众的智慧和力量，既可减轻档案工作人员的负担，同时又能起到很好的质量控制效果，故很多数字档案资源社会化开发项目会采取这两种审查机制。

当然，质量控制机制的选择也与数字档案资源社会化开发项目的任务及目标密切相关。一些非结构化任务，如 Wikipedia 文章编辑这类，其最终成果的质量在很大程度上受到参与的人数、种类及协调和政策的影响，一般需要人工审查的方法；而一些结构化任务，如转录、贴标签等任务，就可结合人工加自动审查的方法。

随着科技的发展，也有一些自动的质量控制系统被开发出来，如 Find-Fix-Verify 平台。该平台利用算法完成对文本的精炼、纠错，主要通过发现、解决及确定三个步骤来完成这些任务[①]，也可用于数字档案资源社会化开发，如文本的社会化编辑可用该平台进行，包括自动纠错。

人工智能技术的发展也给数字档案资源社会化开发成果的质量控制带来了改变，我们可借助机器学习技术来提高数字档案资源社会化开发成果的质量。例如，在文本转录中，可建立大规模的机器学习训练数据集，如由自动的转录算法来做最初的转录，转录后的文本可由人进行审查，这些正确或不正确的转录文本的数据就可作为机器学习训练数据集，有助于将来的分类。这样可形成上百万乃至上亿的训练数据集，通过机器学习，最终实现对文本的自动转录及审查。

数字档案资源社会化开发最终要能形成高质量的开发成果。要达到这一目标就必须有较完善的质量保障机制，这一保障机制须贯穿数字档案资源社会化开发的全过程。在数字档案资源社会化开发启动之前，就需要选择好合适的用于开发的数字档案资源，要设计好功能可用性强的平台及适合的开发任务，要制定好相应的规则，要有相应的

---

① BERNSTEIN M S，LITTLE G，MILLER R C，et al. Soylent：a word processor with a crowd inside［C］// Proceedings of the 23nd annual ACM symposium on user interface software and technology（UIST'10）. New York，2010：313-322.

培训等，通过这些措施达到前端控制的目的，从而保障开发的顺利开展及高质量的开发成果的形成。而在开发进行过程中，为保障开发质量，需要及时反馈并提供咨询、答疑等服务。最后形成的开发成果，则需要根据实际情况选择合适的审查机制。只有做到全过程管理和控制，才能保障数字档案资源社会化开发成果的质量。

结　语

　　数字档案资源社会化开发强调的是社会公众从被动的档案信息服务或档案信息开发成果的接受者向能动的开发主体的转变，它涉及档案工作及档案工作者的理念及思维的转变，彰显了数字档案资源开发范式由国家、集权范式向社会、分权范式的转变。

　　这一思想和理念并不是在今天数智时代才产生的，早在中国春秋战国时期及西方古希腊和古罗马时期，就已经出现了这种社会化开发思想和实践的星火：春秋战国时期，孔子广泛收集各国档案材料编纂了六经；古希腊和古罗马时期，公民可进入档案馆，在公共奴隶的帮助下利用档案，史学家由此可获取档案，编史修志。这种社会化开发在中外档案事业发展的后续历程中得以延续：中国近代史学界对明清档案的整理和开发，标志着档案开发的权力部分转移到了历史学者手中，历史学者成为当时历史档案资源开发的重要主体；法国资产阶级革命后发布了"档案的人权宣言"，档案馆自此由封闭走向开放，公众有权获取并开发利用档案馆的档案，这也标志着公众开始成为档案资源开发利用的主体。而到了现代，随着信息技术的发展，社会化媒体工具和平台的兴起，开放数据、合作创新等理念的深入人心，这种社会化开发的思想引起了档案学界更多的关注和思考，美、英、澳、新等国国家档案馆也践行了这一社会化开发的思想，发起了诸多的数字档案资源社会化开发项目，让公众参与对馆藏数字档案资源的开发。因此，档案资源社会化开发的思想始终闪耀在中外档案事业发展的历程中，而在今天数智时代，这种思想能够更便捷地、更全面地得以运用和贯彻。

　　放眼世界档案界，走在数字档案资源社会化开发领域前列的是美、英、澳、新四国国家档案馆，他们是数字档案资源社会化开发的创新者。他们之所以会成为创新者，一是因为他们所处的外部社会环境正在发生巨大的变化，开放政府数据、促进社会创新成为这些国家政府治理的重要理念，而公众参与政府治理的意识和意愿也非常强烈，这就促使作为政府机构的档案馆也必须顺势而为，加入开放政府数据、促进社会创新的行列，开放数字档案资源，让公众成为数字档案资源开发的主体，从而促进社会创新。同时，这些档案机构在发展过程中也面临大量的馆藏资源的开发任务与有限的人力和物力之间的矛盾问题。由于经费和人力有限，这些档案机构无法大包大揽所有的档案工作，而且档案工作者对自己专业领域外的知识可能不太了解，因此有些档案无法被有效地开发并提供利用。他们需要借助社会公众的知识和智慧，帮助他们排忧解难，包括：对缺失背景信息的或背景信息不全的档案进行补充或进一步丰富其背景信息，对馆藏的手写的各种语言的历史档案进行转录，从而使得这些档案具有可理解性和可获取性；通过让特定的社群对特定的数字档案资源进行开发，进一步满足特定社群的数字档案资源的需求；借助各个领域的专业人员的专业知识，以更有趣、更具创新性的方式开发数字档案资源，促进数字档案资源的利用。

这些创新者的创新行为代表了他们在数字档案资源开发上乃至档案工作的范式上的根本性的改变，即从原有的集权范式、国家范式向分权范式、社会范式的转变。他们清楚地认识到公众参与对于档案工作的价值和意义，他们的组织文化更具有开放创新性，他们的创新行为使得他们成为世界档案界关注的焦点，也对其他档案馆产生了影响。

但不可否认的是，还有很多档案工作者仍固守着原有的集权范式。他们并不信任公众或档案利用者具备档案开发的技能和知识，认为这种"专业性"的工作必须由档案工作者自己来做；他们也未能认识到社会公众的参与对于数字档案资源开发和利用的潜能和价值，或者觉得让社会公众参与数字档案资源的开发是对他们专业地位或权威的挑战甚至威胁，这会让他们有职业危机感。但这种集权并不代表档案工作者就是专业知识的权威，而且诚如安德鲁·弗林所指出的："即使我们真的成功地鼓励了大量公众参与进来，是否就真的代表这对我们档案工作者专业性构成了挑战呢？我们是否就能真正进入'我们认为'而不是'我认为'的时代？"[①] 其实这两者并不冲突，可以并存并互动。如果档案机构未来还要有所发展，就需要支持和吸纳更多的有关他们的馆藏档案的知识，这一点是非常重要的。用更多合作的、参与的方法取代单一的、专业的声音，为专业实践的转型及知识的生产都提供了可能。因此，数字档案资源社会化开发不应被认为是对专业性的打击。非专业人员的参与反而可以为档案工作者重新思考将来的专业如何在更具合作性、更具包容性及民主化的背景下得到支持和发展提

---

① FLINN A. "An attack on professionalism and scholarship"?: democratising archives and the production of knowledge [EB/OL]. [2019 - 03 - 20]. http://www.ariadne.ac.uk/issue62/flinn/.

供机会。这种方法如果成功的话，将会产生更丰富的、更多元的档案遗产，也会强化社会公众对国家的认同。斯图尔特·霍尔（Stuart Hall）曾指出："国家认同取决于文化的意义，文化的意义会将每个个体联结成为整个国家的故事……国家遗产是这种意义的强有力的来源。那些未能在其中看到他们自己的人就不可能会对国家产生认同。"①档案机构在塑造身份认同中起到重要的作用：将某个人或某些人的故事纳入公共历史，会使这个人或这些人对这个地区、这个国家产生认同；反之，如果他/她或他们/她们在这些叙事中缺失或被排除在外甚至被误述，就会产生疏离和不认同。

因此，档案工作者需要转换在原有的集权范式及国家范式下的认知和思维，要具有开放、包容和创新的理念，档案机构应采取多种措施包括建构档案工作者与公众之间的信任机制、培育更多的变革型领导等培育开放创新型组织文化，去拥抱时代带来的变化，去变得更加包容、开放和多元，这种转变是当今世界档案机构继续存在并发展下去的基石。诚如朗尼·邦奇（Lonnie Bunch）所言，"文化机构是特殊的场所，是过去的试金石，是我们集体记忆的守护者。然而如果未能充分拥抱多元化带来的挑战，这些机构就不能有助于联结一个城市或一个国家。未能充分拥抱多元化，他们就不是有助于我们认知这个世界并洞察种种可能性的安全场所"②。很多学者在阐述档案馆2.0的思想和内涵时都强调档案馆2.0并不只是新的合作技术所带来的潜力，而是一种文化的转换，这种文化拥抱民主化，对权威及视角去中心化，对思想和实践进行重构，并彻底贯彻参与理念。③开放创新型档案馆组织文化与档案馆2.0所体现的这种文化是一致的，只有实现档案馆组织文化的转变，才能促使数字档案资源社会化开发的实现。

数字档案资源社会化开发需要公众的参与，档案机构需要积极培育社会档案志愿者文化，在开展数字档案资源社会化开发项目的过程中，需采取措施激励参与者参与，包括：通过全方位的宣传及外在刺激吸引公众参与，在参与过程中采用各种措施，包括采用认可机制、反馈机制，增强系统的功能可用性等维持他们的内在动机。在公众参与过程中也需要培育更多的社群模式。而在数字档案资源社会化开发过程中，档案机构也需要根据前端控制原则及全过程控制原则采取系列质量控制机制，以确保社会化开发的质量。

————————

　　① HALL S. Whose heritage? un-settling "the heritage", re-imagining the post-nation [C] // LITTLER J, NAIDOO R. The politics of heritage: the legacies of "race". London: Routledge, 2005: 24.

　　② ADKINS E. Our journey toward diversity and a call to (more) action [J]. The American Archivist, 2008 (71): 25.

　　③ THEIMER K. Archives Next blog [EB/OL]. [2021-10-10]. http://www.archivesnext.com/? p=324; HUVILA I. Participatory archive: towards decentralised curation, radical user orientation, and broader contextualisation of records management [J]. Archival Science, 2008, 8 (1): 15-36.

当然，数字档案资源社会化开发的前提是要有开放的数字档案资源，开放的数字档案资源的提供取决于国家的档案开放利用的法律体系，也取决于档案馆的组织文化。作为创新者的英、美、澳三国，其数字档案资源开放利用的法律体系较为健全，他们通过《档案法》或《信息自由法》对开放档案的范围、程序等做出了详细的规定，这些法律在开放档案时遵循的主要是"以公开为原则，以不公开为例外"的立法原则和理念，这主要体现为界定开放档案范围时一般采取否定式排除法，以及档案封闭期不断缩短。为了有效地保障公民获取档案的权利，这些法律都规定了相应的救济制度。另外，这些国家也制定了相应的配套法律来保障公民相关的私权利，包括隐私权、著作权等。完善的法律体系为数字档案资源在线开放公布提供了法律保障，也保障了数字档案资源社会化开发的开展。

我国新修订的《档案法》第七条明确提出国家鼓励社会力量参与和支持档案事业的发展。青岛市档案馆在其新建的青岛档案信息网上的"青岛市历史知识库"中增设了让用户进行评价和留言的功能，以便让公众参与数字档案资源的开发。但总体而言，我国真正开展数字档案资源社会化开发的档案馆少之又少。2016年我国召开的全国档案局长馆长会议上，中共中央办公厅副主任陈世炬就特别提出各级档案部门和广大档案工作者要以新发展理念为指引，切实把"创新、协调、绿色、开放、共享"的发展理念贯穿档案事业发展全过程，为档案事业发展注入新动力。[1] "数字档案资源社会化开发"的理念与这五大发展理念的内涵是一致的。而《"十四五"全国档案事业发展规划》在"加大档案资源开发力度"部分也明确提出要"统筹馆（室）藏资源，积极鼓励社会各方参与"，这都说明了我国倡导档案资源社会化开发的理念。而我国各档案机构也需要践行社会化开发理念，如各档案机构保存了大量的历史档案，这些历史档案中绝大部分都是手写的繁体字，它们需要被转录成今天更多人能识读的简体中文。虽说我国档案工作者的人员配置相对而言较为充足，但也没有充足到有那么多的人力去从事历史档案的转录工作，而且档案工作者的知识结构必然有一定的局限性，即使他们有时间和精力去做历史档案的转录工作，但也未必能胜任这项工作。对于一些特定群体的档案，如水族这一特定群体所形成的水书档案的开发工作，档案工作者有时更是无能为力。水书档案包括书面的水书档案文本，即水书先生等水族知识分子在社会历史活动中以水书形成的历史记录，也包括留存于水书先生头脑中对水书档案文本的解读及相关知识与经验，以及水书先生运用水书档案生发的民俗事象。目

---

[1] 崔志华. 全国档案局长馆长会议在京召开 [EB/OL]. [2019 - 04 - 11]. http://www. saac. gov. cn/news/2016-12/29/content_170500. htm.

前很多珍贵的水书档案文本被收集、保存在贵州地区的一些综合性档案馆中，但对这种特殊的社群档案，仅靠档案馆的档案工作者是无法实现对它们的开发和提供利用的。因为水书档案有其特殊性，目前档案机构所收集的水书其实只是"硬件"，对于水书档案文本的解读尚需"软件"，即能解读水书的水书先生，如果仅有文本而缺乏对文本的解读，文本就会失去保存价值。而对文本的解读目前必须依靠水族这个族群，尤其是水书先生。这里所举的水书档案只是我国档案机构所保存的众多种类的档案中的一种，可进一步说明数字档案资源社会化开发在我国数字档案资源开发和利用中是非常必要的。

另外，随着我国政府数据开放的深入，各地现已纷纷设立了大数据中心或大数据局，以进一步推进政府数据之间的互联、互通及开放共享，档案部门只有融入这种大趋势才不会被时代抛弃。因此，档案部门需通过各种政务平台提供数字档案资源的获取利用及再利用，使得数字档案资源成为政府数据开放共享的组成部分，而这也是数字档案资源社会化开发的途径和体现。

数字档案资源社会化开发要在我国得以实现，目前主要存在两方面的障碍：一是档案工作者观念及档案馆组织文化的障碍；二是档案开放方面的障碍。档案工作者观念上的障碍主要体现为我国一些档案工作者仍固守着档案工作的集权范式，认为档案必须集中由档案机构来保管，档案管理各个环节的工作及档案信息资源的开发和提供利用等也必须牢牢掌控在档案工作者手中，让公众参与数字档案资源的开发，对这些档案工作者而言是不可能发生的事。观念是影响档案机构开展数字档案资源社会化开发的重要因素，观念决定了行动，所以如果档案工作者在观念上排斥数字档案资源社会化开发，那这项工作就很难得以开展。笔者曾运用霍夫斯泰德的文化维度理念对我国档案馆组织文化开展研究，发现我国很多档案馆的组织文化具有一些共同特征，包括权力距离大、集体主义、对不确定性的规避、短期倾向及女性化，整体呈现出一定的保守性和封闭性。[①] 要改变档案馆现有的组织文化并不是件容易的事，而理念和文化也是紧密相关并相互影响的。

档案开放方面的障碍主要体现为很多档案机构对在网络上公开其馆藏的开放数字档案心存顾虑，目前我国只有北京市档案馆和天津市档案馆将小部分馆藏的历史档案提供在线获取，如天津市档案馆在线提供了 29 万多件档案[②]。我国档案馆对在线提供

---

① HOFSTEDE G, HOFSTEDE G J, MINKOV M. Cultures and organizations: software of the mind [M]. New York: McGraw-Hill, 2010: 167.

② 在家看档案 [EB/OL]. [2021 - 10 - 24]. https://www.tjdag.gov.cn/zh_tjdag/archives/archivesConsult.html.

开放数字档案资源存有顾虑也是情有可原的，这主要是因为我国档案开放方面的法律法规还有进一步完善的空间。我国新修订的《档案法》在档案开放方面做了一些修改，包括在总则部分明确规定公民享有依法利用档案的权利，将档案封闭期由原来的 30 年缩短为 25 年，规定了投诉这一公民利用档案权利的救济制度，并进一步明确了档案开放审核制度等。但新修订的《档案法》在对不同档案的封闭期进行规定时仍沿用了旧《档案法》的表述，如规定"经济、教育、科技、文化等类档案，可以少于二十五年向社会开放；涉及国家安全或者重大利益以及其他到期不宜开放的档案，可以多于二十五年向社会开放"。这些规定中的"经济、教育、科技、文化等类档案""涉及国家安全或者重大利益"以及"其他到期不宜开放的档案"等都属于比较概括和笼统的表述，这给了档案机构在档案开放鉴定时一定的自由裁量权，但也会导致档案机构在档案开放鉴定时因为缺乏明确规定而对有些档案能否开放较难把握。而一旦开放档案在互联网上公布，就意味着这些开放档案的内容会在全世界范围内传播，其在互联网上留下的痕迹就不可能消逝，这使得很多档案机构对开放档案的在线公布和利用持非常谨慎和保守的态度。如上海市档案馆对其部分开放的数字档案资源仅提供在其局域网上在线利用，问及为什么不提供在外网即互联网上利用，其工作人员回答："在内网上提供利用，传播范围有限，我们是可以控制的；但如果在外网上提供利用，传播范围就不是我们可以控制的了。万一某份档案当时我们鉴定后认为可以开放，但后来由于环境变化，其内容又被认为不宜开放，我们在内网上可以及时撤下，但如果在外网上，即使我们撤下这份档案，其内容也可能已经传播出去了。"

另外，我国《保密法》规定了谁定密谁解密的制度，即任何涉及国家秘密的档案，其解密都必须经由最初的定密人批准。因此，涉密档案的解密工作也必须由这些档案的定密人来进行。据笔者调查，实践中很多保密期满的档案，其定密人也会出于万一不慎泄密而需承担法律责任的顾虑而选择继续保密，这也会使得很多可以开放的档案得不到及时的开放，这又会进一步限制可供开放利用的档案的范围。

因此，如果我国要实施数字档案资源社会化开发，就必须解决上述两方面的障碍，而要解决这两方面障碍，目前来看还有较长的路要走。但如果我国档案机构想要在今天以及将来不断强调合作、协同创新的环境中生存下去，就必须转换观念，建构开放创新型档案馆组织文化，尝试吸纳公众参与档案馆的一些工作包括数字档案资源开发工作。能持续发展的档案馆应该能认识到，所有和档案馆有着直接或间接接触的人，都会对档案工作者对于档案的认知产生影响。

在数字档案资源社会化开发领域，有些人来了，看了看就走了，仅有小部分人被"蛊惑"投入其中。有人认为这只是个"理想国",是"乌托邦",但有人却将此作为一种信念,并为之奋斗不止。笔者也将此作为一种信念,希望有一天这种信念能成为现实,社会主体也能成为数字档案资源的开发主体,档案馆能真正成为公共的档案馆。

致　谢

　　本书的主要内容是本人 2015 年国家社会科学基金重点项目"数字档案资源社会化开发研究"（项目批准号：15ATQ009）的研究成果。选此题目开展研究具有较大的难度，因为开展数字档案资源社会化开发实践的档案机构较少，主要是国外几家国家档案馆，数据获取难度较大。后因研究的需要我自己创建了"上大故事"网站，其间也遇到各种困难，好在都设法一一克服了。在此过程中得到了国内外诸多档案馆同仁及美国"公民档案工作者"项目参与者的无私帮助和支持，在此表示感谢。

　　非常感谢我的博导冯惠玲教授拨冗为本书作序。老师希望我能把这本书写成档案学的畅销书，显然本书离此目标尚远，但老师的指点帮助我第一次突破了自己原有的学术著作写作的固化思路，尝试以"讲故事"的方式力图去讲好有关数字档案资源社会化开发的"故事"。这一过程中深感自己才情有限，通往档案学畅销书之路还需继续努力探索。

　　感谢中国人民大学信息资源管理学院对本书出版的支持和帮助。感谢中国人民大学出版社策划编辑盛杰老师对本书的选题申报和编辑出版给予的支持和帮助。本书的出版得到中国人民大学 2021 年度"中央高校建设世界一流大学（学科）和特色发展引导专项资金"的支持。

参考文献

中文文献

1. 专著

[1] 格尔茨．文化的解释［M］．韩莉，等译．南京：译林出版社，1999.

[2] 吉登斯．社会的构成：结构化理论纲要［M］．李康，李猛，译．北京：中国人民大学出版社，2016.

[3] 班杜拉．思想和行动的社会基础：社会认知论［M］．林颖，等译．上海：华东师范大学出版社，2011.

[4] 瓦尔纳．现代档案与文件管理必读［M］．北京：档案出版社，1992.

[5] 陈以爱．中国现代学术研究机构的兴起：以北大研究所国学门为中心的探讨［M］．南昌：江西教育出版社，2002.

[6] 费孝通．乡土中国［M］．北京：人民出版社，2008.

[7] 冯惠玲，张辑哲．档案学概论［M］．北京：中国人民大学出版社，2001.

[8] 傅振伦，龙兆佛．公文档案管理法［M］．上海：上海世界图书出版公司，2013.

[9] 古奇．十九世纪历史学与历史学家［M］．耿淡如，译．上海：商务印书馆，1989.

[10]《档案学通讯》杂志社．档案学经典著作（第二卷）［M］．上海：上海世界图书出版公司，2013.

[11] 黄坤坊．欧美档案学概要［M］．北京：档案出版社，1986.

[12] 黄霄羽．外国档案事业史［M］．北京：中国人民大学出版社，2004.

[13] 梁启超．梁启超文集［M］．北京：北京燕山出版社，2009.

[14] 诺拉．记忆之场：法国国民意识的文化社会史［M］．黄艳红，查璐，安康，等译．南京：

南京大学出版社，2015.

[15] 孙锦泉，徐波，侯树栋．欧洲文艺复兴史·史学卷［M］．北京：人民出版社，2009.

[16] 涂子沛．大数据［M］．桂林：广西师范大学出版社，2013.

[17] 库恩．科学革命的结构［M］．北京：北京大学出版社，2003.

[18] 谢伦伯格．现代档案：原则与技术［M］．北京：档案出版社，1983.

[19] 徐波．文艺复兴时期法国民族史学研究［M］．成都：四川人民出版社，2006.

[20] 易兰．兰克史学研究［M］．上海：复旦大学出版社，2006.

[21] 殷钟麒．中国档案管理新论［M］．上海：上海世界图书出版公司，2013.

[22] 张会超．民国时期明清档案整理研究［M］．上海：上海世界图书出版公司，2011.

[23] 张仲仁，翁航深．美国档案文件管理［M］．成都：四川省社会科学院出版社，1987.

[24] 郑天挺，孙钺．明末农民起义史料［M］．2版．北京：中华书局，1957.

[25] 周谷城．中国政治史［M］．北京：中华书局，1982.

[26] 周雪恒．中国档案事业史［M］．北京：中国人民大学出版社，1994.

2. 期刊论文

[1] 陈兆祦，和宝荣．对档案定义若干问题的探讨［J］．档案学通讯，1982（5）：15-22.

[2] 陈兆祦．再论档案的定义：兼论文件的定义和运动周期问题［J］．档案学通讯，1987（2）：21-25.

[3] 樊如霞．中国档案编纂思想形成时期的历史特点［J］．福建师范大学学报（哲学社会科学版），2010（3）：155-159.

[4] 范斌．弱势群体的增权及其模式选择［J］．学术研究，2004（12）：73-78.

[5] 费小冬．扎根理论研究方法论：要素、研究程序和评判标准［J］．公共行政评论，2008（3）：23-43.

[6] 冯惠玲，何嘉荪．全宗理论的实质：全宗理论新探之二［J］．档案学通讯，1988（5）：8-11.

[7] 傅荣校．档案馆性质认识之历史变迁［J］．档案，1993（4）：21-23.

[8] 何嘉荪，冯惠玲．关于更新全宗概念的设想：全宗理论新探之三［J］．档案学通讯，1988（6）：5-9.

[9] 何庄．清代史馆与档案文献编纂：中国古代档案管理模式研究系列［J］．档案学通讯，2016（1）：16-21.

[10] 黄坤坊．古代希腊的密特伦神庙档案馆［J］．北京档案，1995（3）：38.

[11] 蒋卫荣．论赵汝愚《国朝诸臣奏议》及其档案文献编纂思想［J］．档案学通讯，1999（6）：59-61.

[12] 柯平．后知识服务时代：理念、视域与转型［J］．图书情报工作，2019，63（1）：36-40.

[13] 李刚.19世纪欧洲史学的档案研究传统：以兰克史学为例［J］．档案学研究，2008（2）：17-19.

[14] 李晓菊. 论唐代档案文献编纂 [J]. 档案学通讯，2014（3）：101-104.

[15] 廖家财. 国民党统治时期的档案工作缺陷对民国档案流传的影响 [J]. 民国档案，2008（1）：78-81.

[16] 汪玉凯. 西方公共管理社会化给我们的启示 [J]. 陕西省行政学院、陕西省经济管理干部学院学报，1999，（13）3：10-12.

[17] 王保国. 档案编纂新思维 [J]. 中国档案，2005（4）：27-28.

[18] 王景高. 论档案信息资源开发 [J]. 档案学通讯，2000（5）：19-22.

[19] 谢恒晓. 从 Hofstede 文化理论看中国文化对创新的影响 [J]. 科技月刊，2007（1）：27-29.

[20] 尤乙. 透视一起档案行政诉讼案 [J]. 上海档案，2002（2）：12-13.

[21] 俞可平. 治理和善治：一种新的政治分析框架 [J]. 南京社会科学，2001（9）：40-44.

[22] 张兴杰. 略论个体社会化的特点 [J]. 兰州学刊，1998（1）：32-34.

[23] 郑天挺. 清史研究和档案 [J]. 历史档案，1981（1）：5-13.

[24] 邹伟农. 上海市档案馆与影视媒体联手开发档案文化产品：《追忆：档案里的故事》电视系列专题片开播 [J]. 上海档案，2003（3）：4.

3. 论文集

[1] 迪香. 开放、利用和传播档案信息的障碍的调研报告 [C] //《文件与档案管理规划》报告选编. 北京：档案出版社，1990：215-275.

[2] 周樑楷. 大众史学的定义和意义 [C] //周樑楷：人人都是史家：大众史学论集（第一册）. 台中：采玉出版社，2004：26.

英文文献

1. 专著

[1] CHARMAZ K. Constructing grounded theory a practical guide through qualitative analysis [M]. London：Sage publications，2006.

[2] DECI E L，RYAN R M. Intrinsic motivation and self-determination in human behavior [M]. New York：Plenum Press，1985.

[3] FARRINGTON J，BEBBINGTON A. Reluctant partners? non-governmental organizations，the state and sustainable agricultural development [M]. London：Psychology Press，1993.

[4] HOFSTEDE G，HOFSTEDE G J，MINKOV M. Cultures and organizations：software of the mind [M]. New York：McGraw-Hill，2010.

[5] ROGERS E M. Diffusion of innovations [M]. 3rd ed. New York：The Free Press，1983.

[6] SCHEIN E H. Organizational culture and leadership [M]. 4th ed. San Francisco：Jossey-Bass，2010.

[7] SHIRKY C. Cognitive surplus：creativity and generosity in a connected age [M]. New York：

Penguin Press，2010.

[8] STAKE R E. The art of case study research [M]. Thousand Oaks：SAGE Publications，1995.

[9] YIN R K. Case study research：design and methods [M]. Thousand Oaks：SAGE Publications，2002.

2. 期刊文章

[1] ADDICK M J，BRACEY G，GAY P L，et al. Galaxy zoo：motivations of citizen scientists [J]. Astronomy Education Review，2013，12（1）：1-27.

[2] ADKINS E. Our journey toward diversity and a call to (more) action [J]. The American Archivist，2008（71）：25.

[3] ANDERSON I G. Are you being served? historians and the search for primary sources [J]. Archivaria，2004（58）：81-129.

[4] ANDERSON S R，ALLEN R B. Envisioning the archival commons [J]. American Archivist，2009，72（2）：383-400.

[5] ARNSTEIN S R. A ladder of citizen participation [J]. AIP Journal，1969，35（4）：206-214.

[6] BAKER N R，FREELAND J R. Structuring information flow to enhance innovation [J]. Management Science，1972，19（1）：105-116.

[7] BASS B M，AVOLIO B J. Transformational leadership and organizational culture [J]. Public Administration Quarterly，1993，17（1）：112-121.

[8] BASS B M. From transactional to transformational leadership：learning to share the vision [J]. Organizational Dynamics，1990，18（3）：19-31.

[9] BATSON C D，AHMAD N，TSANG J A. Four motives for community involvement [J]. Journal of Social Issues，2002，58（3）：429-445.

[10] BEARMAN D，LYTLE R. The power of the principle of provenance [J]. Archivaria，1985（21）：14-27.

[11] BENKLER Y. Coase's penguin, or, linux and the nature of the firm [J]. Yale Law Journal，2002，112（3）：369-446.

[12] BIRKINSHAW P. Freedom of information and its impact in the United Kingdom [J]. Government Information Quarterly，2010（27）：312-321.

[13] BOEGEHOLD A L. The establishment of a Central Archive at Athens [J]. American Journal of Archaeology，1972，76（1）：23-30.

[14] BORAAS S. Volunteerism in the United States [J]. Monthly Labor Review，2003（8）：3-11.

[15] BRABHAM D C. The myth of amateur crowds：a critical discourse analysis of crowdsourcing coverage [J]. Information, Communication & Society，2012，15（3）：394-410.

[16] CLARY E G，SNYDER M，RIDGE R D，et al. Understanding and assessing the motivations

of volunteers: a functional approach [J]. Journal of Personality and Social Psychology, 1998 (74): 1516 - 1530.

[17] CONWAY P. Modes of seeing: digitalized photographic archives and the experienced user [J]. American Archivist, 2010, 73 (4): 425 - 462.

[18] COOK T. Archival science and postmodernism: new formulations for old concepts [J]. Archival Science, 2001 (1): 3 - 24.

[19] COOK T. Evidence, memory, identity, and community: four shifting Archival Paradigms [J]. Archival Science, 2013 (13): 95 - 120.

[20] COOK T. Macro-appraisal and functional analysis: documenting governance rather than government [J]. Journal of the Society of Archivists, 2004, 25 (1): 5 - 18.

[21] COOK T. The impact of David Bearman on modern archival thinking: an essay of personal reflection and critique [J]. Archives and Museum Informatics, 1997 (11): 15 - 37.

[22] COOK T. What is past is prologue: a history of archival ideas since 1898, and the future paradigm shift [J]. Archivaria, 1997 (43): 17 - 63.

[23] DAVIES L, BELL J N B, BONE J, et al. Open Air Laboratories (OPAL): a community-driven research programme [J]. Environmental Pollution, 2011, 159 (8 - 9): 2203 - 2210.

[24] DECI E L. Effects of externally mediated rewards on intrinsic motivation [J]. Journal of Personality and Social Psychology, 1971, 18 (1): 105 - 115.

[25] DENISON D R, SPREITZER G M. Organizational culture and organizational development: a competing values approach [J]. Research in Organizational Change and Development, 1991 (5): 1 - 21.

[26] DOSE J J. Work values: an integrative framework and illustrative application to organizational socialization [J]. Journal of Occupational and Organizational Psycho-logy, 1997, 70 (3): 219 - 240.

[27] DUFF W M, HARRIS V. Stories and names: archival description as narrating records and constructing meanings [J]. Archival Science, 2002, 2 (3 - 4): 263 - 285.

[28] DURANTI L. Archives as a place [J]. Archives and Manuscripts, 1996, 24 (2): 242 - 255.

[29] ESPEJO R. Auditing as a trust creation process [J]. Systemic Practice and Action Research, 2001, 14 (2): 215 - 236.

[30] EVANS M J. Archives of the people, by the people, for the people [J]. The American Archivist, 2007, 70 (Fall/Winter): 387 - 400.

[31] FAULKHEAD S. Connecting through records: narratives of Koorie Victoria [J]. Archives and Manuscripts, 2010, 37 (2): 60 - 88.

[32] FLANAGAN M, CARINI P. How games can help us access and understand archival images [J]. The American Archivist, 2012, 75 (2): 514 - 537.

[33] FLINN A, STEVENS M, SHEPHERD E. Whose memories, whose archives? independent

community archives, autonomy and the mainstream [J]. Archival Science, 2009, 9 (1 – 2): 71 – 86.

[34] FREVERT R H. Archives volunteers: worth the effort? [J]. Archival Issues. 1997, 22 (2): 147 – 162.

[35] GARNER J, GARNER L T. Volunteering an opinion: organizational voice and volunteer retention in nonprofit organizations [J]. Nonprofit and Voluntary Sector Quarterly, 2011, 40 (5): 813 – 828.

[36] GILLILAND A J. Contemplating co-creator rights in archival description [J]. Knowledge Organization, 2012, 39 (5): 340 – 346.

[37] GRACY K. Documenting communities of practice: making the case for archival ethnography [J]. Archival Science, 2004, 4 (3 – 4): 335 – 365.

[38] GRANOVETTER M S. The strength of weak tie [J]. American Journal of Sociology, 1973, 78 (6): 1360 – 1380.

[39] GRUBE J, PILIAVIN J A. Role-identity, organizational experiences, and volunteer performance [J]. Personality and Social Psychology Bulletin, 2000 (26): 1108 – 1119.

[40] HASKI-LEVENTHAL D, BARGAL D. The volunteer stages and transitions model: organizational socialization of volunteers [J]. Human Relations, 2008, 61 (1): 67 – 102.

[41] HEATH H, COWLEY S. Developing a grounded theory approach: a comparison of Glaser and Strauss [J]. International Journal of Nursing Studies, 2004 (41): 141 – 150.

[42] HOBBS S J, WHITE P C L. Motivations and barriers in relation to community participation in biodiversity recording [J]. Journal for Nature Conservation, 2012, 20 (6): 364 – 373.

[43] HOFSTEDE G, NEUIJEN B, OHAYV D D, SANDERS G. Measuring organizational cultures: a qualitative and quantitative study across twenty cases [J]. Administrative Science Quarterly, 1990 (35): 286 – 316.

[44] HOGAN S J, COOTE L V. Organizational culture, innovation, and performance: a test of Schein's model [J]. Journal of Business Research, 2014 (67): 1609 – 1621.

[45] HURLEY C. Parallel provenance: (1) what, if anything, is archival description? [J]. Archives and manuscripts, 2005, 33 (1): 52 – 91.

[46] HURLEY C. Parallel provenance: (2) when something is not related to everything else [J]. Archives and manuscripts, 2005, 33 (2): 10 – 45.

[47] HUVILA I. Participatory archive: towards decentralized curation, radical user orientation, and broader contextualisation of records management [J]. Archival Science, 2008, 8 (1): 15 – 36.

[48] JOHNSON M F, HANNAH C, ACTON L, et al. Network environmentalism: citizen scientists as agents for environmental advocacy [J]. Global Environmental Change, 2014 (29): 235 – 245.

[49] JONATHAN F. Conceptual Analysis: a method for understanding information as evidence, and evidence as information [J]. Archival Science, 2004, 4 (3 – 4): 233 – 265.

[50] KAPLAN E. "Many paths to partial truths": archives, anthropology, and the power of representation [J]. Archival Science, 2002, 2 (3): 209 - 220.

[51] KETELAAR E. Archives of the people, by the people, for the people [J]. South Africa Archives Journal, 1992 (34): 5 - 16.

[52] KETELAAR E. Tacit narratives: the meaning of Archives [J]. Archival Science, 2001, 1 (2): 131 - 141.

[53] LEONARD K B. Volunteers in archives: free labor, but not without cost [J]. Journal of Library Administration, 2012 (52): 313 - 320.

[54] KRAGH G. The motivations of volunteers in citizen science [J]. Scientist, 2016 (8): 32 - 34.

[55] LANGLEY A. Strategies for theorizing from process data [J]. Academy of Management Review, 1999, 24 (4): 691 - 710.

[56] LEMIEUX V L. Let the ghosts speak: an empirical exploration of the "nature" of the record [J]. Archivaria, 2001 (51): 81 - 111.

[57] MACNEIL H. Trust and professional identity: narratives, counter-narratives and lingering ambiguities [J]. Archival Science, 2011, 11 (3 - 4): 175 - 192.

[58] MCKEMMISH S. Placing records continuum theory and practice [J]. Archival Science, 2001, 1 (4): 333 - 359.

[59] MCKEMMISH S, GILLILAND A, KETELAAR E. "Communities of memory": pluralizing archival research and education agendas [J]. Archives and Manuscripts, 2005, 33 (1): 146 - 174.

[60] MEEK V L. Organizational culture: origins and weaknesses [J]. Organizational Studies, 1988 (9): 453 - 473.

[61] MILES R E, CREED W E D. Organizational forms and managerial philosophies: a descriptive and analytical review [J]. Research In Organizational Behavior, 1995 (17): 333 - 372.

[62] MORTENSON P. The place of theory in archival practice [J]. Archivaria, 1999 (47): 1 - 26.

[63] NANDHAKUMAR J, JONES M. Too close for comfort? distance and engagement in interpretive information systems research [J]. Information Systems Journal, 1997, 7 (2): 109 - 131.

[64] NOORDEGRAAF J. Crowdsourcing television's past: the state of knowledge in digital archives [J]. Tijdschrift voor Mediageschiedenis, 2011, 14 (2): 108 - 120.

[65] ORLIKOWSKI W J, BAROUDI J J. Studying information technology in organizations: research approaches and assumptions [J]. Information Systems Research, 1991, 2 (1): 1 - 2.

[66] O'SHEA G. Keeping electronic records: issues and strategies [J]. Provenance, 1996, 1 (2): 22 - 50.

[67] POSTER E. Some aspects of archival development since the French revolution [J]. The American Archivist, 1940, 3 (3): 159 - 172.

［68］PRATT M L. Arts of the contact zone［J］. Profession，1991：33－40.

［69］PROM C J. Using web analytics to improve online access to archival resources［J］. The American Archivist，2011，74（1）：158－184.

［70］RADDICK M J，BRACEY G，GAY P L，et al. Galaxy Zoo：exploring the motivations of citizen science volunteers［J］. Astronomy Education Review，2010，9（1）：10103－10118.

［71］RAYMOND E S. The cathedral and the bazaar［J］. Knowledge，Technology & Policy，1999，12（3）：23－49.

［72］REEDS B. Reading the records continuum：interpretations and explorations［J］. Archives and Manuscripts，2005，33（1）：18－43.

［73］ROLAN G. Agency in the archive：a model for participatory recordkeeping［J］. Archival Science，2017（17）：195－225.

［74］RYAN R M，DECI E L. Intrinsic and extrinsic motivations：classic definitions and new directions［J］. Contemporary Educational Psychology，2000（25）：54－67.

［75］RYAN R M，DECI E L. The "what" and "why" of goal pursuits：human needs and the self-determination of behavior［J］. Psychological Inquiry，2000，11（4）：227－268.

［76］RYAN R M，DECI E L. Self-determination theory：when mind mediates behavior［J］. The Journal of Mind and Behavior，1980，1（1）：33－43.

［77］SAMUELSON P A. The pure theory of public expenditure［J］. Review of Economics and Statistics，1954，36（4）：387－389.

［78］SANDOVAL-ALMAZáN R. Open government and transparency：building a conceptual framework［J］. Convergencia Revista de Ciencias Sociales，2015（68）：10.

［79］SCHAFER R B. Equity in a relationship between individuals and a fraternal organization［J］. Journal of Voluntary Action Research，1980（8）：12－20.

［80］SCOTT P J. The record group concept：a case for abandonment［J］. The American Archivist，1966，29（4）：497－504.

［81］SHILTON K，SRINIVASAN R. Participatory appraisal and arrangement for multicultural archival collections［J］. Archivaria，2008（63）：87－101.

［82］SICKINGER J P. Inscriptions and archives in classical Athens［J］. Historia Zeitschrift für Alte Geschichte，1994，43（3）：286－296.

［83］SMIRCICH L. Concepts of culture and organizational analysis［J］. Administrative Science Quarterly，1983（28）：339－358.

［84］SRINIVASAN R，BECVAR K M，BOAST R，ENOTE J. Diverse knowledges and contact zones within the digital museum［J］. Science，Technology，& Human Values，2010，35（5）：735－768.

［85］STEVENS M，FLINN A，SHEPHERD E. New frameworks for community engagement in the archive sector: from handing over to handing on [J]. International Journal of Heritage Studies, 2010, 16 (1-2): 59-76.

[86] STOLER A. Colonial archives and the arts of governance [J]. Archival Science, 2002, 2 (1/2): 87-109.

[87] TANG F. What resources are needed for volunteerism? a life course perspective [J]. The Journal of Applied Gerontology, 2006, 25 (5): 375-390.

[88] TANG F, MORROW-HOWELL N, HONG S. Institutional facilitation in sustained volunteering among older adult volunteers [J]. Social Work Research, 2009 (33): 172-182.

[89] THEIMER K. What is the meaning of Archives 2.0? [J]. The American Archivist, 2011, 74 (Spring/Summer): 58-68.

[90] THIEL M, PENNA-DIAZ M A, LUNA-JORQUERA G, et al. Citizen scientists and marine research: volunteer participants, their contributions, and projection for the future [J]. Oceanography and Marine Biology: An Annual Review, 2014 (52): 257-314.

[91] UPWARD F. Structuring the records continuum—part one: post custodial principles and properties [J]. Archives and Manuscripts, 1996, 24 (2): 268-285.

[92] UPWARD F. Structuring the records continuum—part two: structuration theory and record-keeping [J]. Archives and Manuscripts, 1997, 25 (1): 10-35.

[93] VALGE J, KIBAL S. Restrictions on access to archives and records in Europe: a history and the current situation [J]. Journal of the Society of Archivists, 2007, 28 (2): 193-214.

[94] WEST W C. The public archives in fourth-century Athens [J]. Greek, Roman and Byzantine Studies, 1989, 30 (4): 529-543.

[95] WRIGHT D R, UNDERHILL L G, KEENE M, et al. Understanding the motivations and satisfactions of volunteers to improve the effectiveness of citizen science programs [J]. Society & Natural Resources, 2015, 28 (9): 1013-1029.

[96] WURL J. Ethnicity as provenance: in search of values and principles for documenting the immigrant experience [J]. Archival Issues, 2005 (29): 65-76.

[97] YEO G. Concepts of record (1): evidence, information, and persistent representation [J]. The American Archivist, 2007 (70): 315-343.

[98] ZASTROW J. Crowdsourcing cultural heritage: "Citizen Archivists" for the future [J]. Computer In Libraries, 2011, 34 (8): 21-23.

附录
访谈提纲及调查问卷

附录1 美、英、澳、新四国国家档案馆访谈提纲

美国国家档案馆访谈提纲

1. Why did your archives launch the Citizen Archivist Project?

2. How many citizens have participated in the project? Are they mainly the researchers?

3. What do you think are the major motivations of these citizens to participate in the project?

4. What standards have your archives adopted to select digital archival resources for the project?

5. Your archives does not review citizens' contributed transcriptions, but if the staff at your archives think some citizens' contributions such as transcribing are wrong or their contributions are contradictory with each other, what will your staff do?

6. What measures have your archives taken to motivate citizens' participation?

7. What do you think are the obstacles to the citizens' participation in the project?

8. What difficulties have your archives faced or are facing when carrying out the project?

9. Are there any other projects for the people to participate in at your archives?

What benefits do you think the Citizen Archivist project has brought to your archives and the users? Do you think this project has been successful so far? Why or why not?

10. What suggestions can you give to other archives which intend to launch similar projects?

英国国家档案馆访谈提纲

1. Why did your archives launch Your Archives project and the tagging project?

2. How many citizens have participated in the projects? Are they mainly the researchers?

3. What do you think are the major motivations of these citizens to participate in the projects?

4. What standards have your archives adopted to select digital archival resources for the tagging project?

5. Do you have any vetting mechanisms to control the quality of the projects? If the staff at your archives think some tagging or content that the public uploaded are not appropriate，what will your staff do?

6. What measures have your archives taken to motivate citizens' participation?

7. What do you think are the obstacles to the citizens' participation in the project?

8. What difficulties have your archives faced or are facing when carrying out the projects?

9. Are there any other projects for the people to participate in at your archives? What benefits do you think the projects have brought to your archives and the users?

10. Why did your archives shut down Your Archives project?

11. Do you think the tagging project has been successful so far? Why or why not?

12. What suggestions can you give to other archives which intend to launch similar projects?

澳大利亚国家档案馆访谈提纲

1. What motivated your archives to launch the transcribing project arcHIVE?

2. What standards have your archives adopted when selecting digital archival resources for the project?

3. How many citizens have participated in the project? Are they mainly the researchers?

4. What do you think are the major motivations of these citizens to participate in the project?

5. What measures have your archives taken to motivate and sustain citizens' participation?

6. What do you think are the obstacles to the citizens' participation in the project?

7. Do you have any vetting mechanisms to control the transcribing quality? If the staff at your archives think some transcriptions are wrong or different contributors have different transcriptions, what will your staff do?

8. What difficulties have your archives faced or are facing when carrying out the project?

9. Are there other projects for the people to participate in at your archives? What benefits do you think the arcHIVE project has brought to your archives and the users? Do you think this project has been successful so far? Why or why not?

10. What suggestions can you give to other archives which intend to launch similar projects?

新加坡国家档案馆访谈提纲

1. Why did your archives launch the Citizen Archivist Project?

2. How many citizens have participated in the project? Are they mainly the researchers?

3. What do you think are the major motivations of these citizens to participate in the project?

4. What standards have your archives adopted to select digital archival resources for the project?

5. How to control the quality of the citizens' work? (i. e. if the staff at your archives think some citizens' contributions such as describing or transcribing are wrong or their contributions are contradictory, what will your staff do?)

6. What measures have your archives taken to motivate citizens' participation?

7. What do you think are the obstacles to the citizens' participation in the project?

8. What difficulties have your archives faced or are facing when carrying out the project?

9. Are there other projects for the people to participate in at your archives? What benefits do you think the Citizen Archivist project has brought to your archives and the users? Do you think this project has been successful so far? Why or why not?

10. What suggestions can you give to other archives which intend to launch similar projects?

附录2　未开展数字档案资源社会化开发的
档案馆的访谈提纲

中文版

1. 贵馆保存了多少数字档案资源？其中有多少已经被著录？

2. 贵馆对数字档案资源的开发形式有哪些？取得了哪些比较显著的成果？

3. 贵馆是否招募志愿者？采取了哪些措施招募或吸引志愿者？

4. 贵馆的志愿者一般从事哪些志愿活动？对于志愿者是否会有一些奖励措施？

5. 您是否了解国外相关的数字档案资源社会化开发项目，如美国和新加坡国家档案馆的"公民档案工作者"（Citizen Archivist）项目或英国国家档案馆"你的档案"（Your Archives）项目？

6. 贵馆是否考虑过让志愿者或其他社会力量共同参与档案资源的开发如著录或转录或参与档案编研？如果考虑，是否有相应的措施？如果不考虑，有哪些顾虑？

7. 您觉得如果档案馆的数字档案资源要进行社会化开发，目前的困难或障碍有哪些？这种开发方式将来是否可能或可以被推行和推广？

英文版

1. How many digital archives are kept in your archives?

2. How many digital archives have been catalogued or transcribed or used for compilations?

3. Do your archives recruit volunteers? What measures have your archives taken to recruit or attract volunteers?

4. What kind of work do the volunteers do in your archives? What rewards have your archives given to them?

5. Do you know the Citizen Archivist project of NARA (National Archives and Records Administration of America) or other projects initiated by archives for the citizens to participate in? Do your archives consider attracting volunteers to participate in the tagging or transcribing some digital archives or to participate in the compilations of archives or other exploitation of archival resources? If yes, what measures your archives will take to do that? If no, why?

6. If volunteers offer to help your archives transcribe or participate in some compilations, will your archives accept the offer? Why or why not?

7. What do you think are the obstacles to the participation of citizens in the tagging, transcribing or exploiting digital archives in archival institutions? Do you think this kind of participation is possible and feasible to be adopted or promoted in the archives in the future?

附录3 美国国家档案馆"公民档案工作者"项目参与公众的调查问卷

Questionnaire

1. Your age

☐ Under 18

☐ 18 – 29

☐ 30 – 49

☐ Above 50

2. Your gender

☐ Female

☐ Male

3. Your education status

☐ Under high school

☐ Undergraduate

☐ Bachelor

☐ Graduate

☐ Master

☐ PhD candidate

☐ PhD

4. Your employment status

☐ Students

☐ Researchers

☐ Retired

☐ Part-time

☐ Others

5. Why do you participate in the Citizen Archivist Project?

6. What Programs have you participated in?

☐ Tag

☐ Transcribe

☐ Edit Articles

☐ Upload and Share

☐ Enter a Contest

☐ Others

7. Why have you participated in the above programs rather than in other programs?

8. Which program(s) is/are your favorite? Why?

9. Do you think participants should be rewarded?

☐ No. Why?

☐ Yes. Why? And if so, what would be the most appropriate way?

10. What have you attained from participating in the project?

11. Have you ever attended other crowd sourcing projects? How do you compare this project with the others that you have attended?

12. Will you continue to participate in the Citizen Archivist Project?

☐ Yes. Why?

☐ No. Why?

13. Would you be willing to be interviewed further by me? If yes, please leave your email address so that I could contact you.

Many thanks for your time and help.

附录4 美国国家档案馆"公民档案工作者"
项目参与公众的访谈提纲

1. You have participated in transcribing/tagging for years，and you have participated in other crowd-sourcing programs on transcribing，what differences do you think there are between the transcribing/tagging program at NARA and other transcribing/tagging programs?

2. NARA has established History Hub to provide a platform for users to communicate with each other. Do you think History Hub is helpful for citizen archivists to form a community? Are there any activities held by NARA or held by citizen archivists themselves to let citizen archivists communicate with each other?

3. Have your family or friends also participated in transcribing/tagging programs? Why do you think they participate in the programs?

4. Whom can you recommend to be interviewed for my study?

附录5 参与实验的学生的调查问卷

1. 您的性别

   □男　　　□女

2. 您参加过"上大故事"网站的哪些活动？（可以多选）

   □上传故事

   □贴标签

   □发表评论

   □以上都无

   您选择参与上述活动的原因主要是（可以多选）：

   □有回报

   □觉得好玩

   □是保存我们自己的故事，有责任参与其中

   □通过参与活动可以认识其他有共同兴趣或共同经历的人

   □其他

   您没有参与其他活动的原因主要是（可以多选）：

   □觉得麻烦

   □没有更多的时间

   □其他

3. 您在完成课程要求的任务后的第二个月选择继续参与活动吗？

   □继续

   继续参与哪些活动？（可以多选）

   □上传故事

   □贴标签

   □发表评论

   原因是（可以多选）：

   □挺好玩

   □分享保存自己的故事挺有意义

   □可以提升自己撰写故事的能力

☐其他

☐放弃

原因是（可以多选）：

☐没人会看我的故事

☐网站操作太麻烦

☐其他

如果选择"放弃"，请直接跳到第5题。

4. 您在第三个月还有选择继续参与活动吗？

☐继续

继续参与哪些活动？（可以多选）

☐上传故事

☐贴标签

☐发表评论

原因是（可以多选）：

☐挺好玩

☐分享保存自己的故事挺有意义

☐可以提升自己撰写故事的能力

☐其他

☐放弃

原因是（可以多选）：

☐没人会看我的故事

☐网站操作太麻烦

☐其他

5. "上大故事"网站上哪些故事是您喜欢的？（可以多选）

☐有关老上大的人物故事

☐分享的情感故事

☐分享的校园美食故事

☐分享的校园活动故事

您为什么喜欢这些故事？

6. 您是否参与过其他众包项目，比如百度百科、豆瓣贴标签及发表评论等？

  □是 请列举您所参与的项目

  您参与的这些项目与"上大故事"项目比有什么不同？

  □否

7. 您对"上大故事"网站建设有什么建议？

图书在版编目（CIP）数据

数字档案资源社会化开发/连志英著. --北京：
中国人民大学出版社，2023.5
（数字时代信息资源管理丛书/刘越男总主编）
ISBN 978-7-300-31485-3

Ⅰ.①数… Ⅱ.①连… Ⅲ.①数字技术－应用－档案
管理－信息资源－资源开发 Ⅳ.①G270.7

中国国家版本馆 CIP 数据核字（2023）第 030719 号

内容提要

档案信息资源开发是对档案内容的一种再现叙事。长期以来，这种再现叙事的主体主要是保管档案资源的档案机构，其他社会主体一般无权参与。如今这一状况已有所改变，一些档案机构开始积极借助社会力量，以期更充分地开发其馆藏档案资源，如美国国家档案馆及新加坡国家档案馆均发起了"Citizen Archivist"项目，赋予社会公众参与开发馆藏数字档案资源的权力，这改变了传统档案资源开发中的权力关系，使档案资源开发由单一话语和叙事走向多元话语和叙事。本书将此现象概括为"数字档案资源社会化开发"，对其内涵、影响、形成、发展历程及在当代的实现路径等进行了探讨，并期待这一理念能变成现实，档案馆能真正成为公共的档案馆。

数字时代信息资源管理丛书
总主编　刘越男
数字档案资源社会化开发
连志英　著
Shuzi Dang'an Ziyuan Shehuihua Kaifa

出版发行	中国人民大学出版社				
社　　址	北京中关村大街 31 号		**邮政编码**	100080	
电　　话	010-62511242（总编室）		010-62511770（质管部）		
	010-82501766（邮购部）		010-62514148（门市部）		
	010-62515195（发行公司）		010-62515275（盗版举报）		
网　　址	http://www.crup.com.cn				
经　　销	新华书店				
印　　刷	固安县铭成印刷有限公司				
开　　本	787 mm×1092 mm　1/16		**版　　次**	2023 年 5 月第 1 版	
印　　张	14 插页 1		**印　　次**	2024 年 12 月第 2 次印刷	
字　　数	252 000		**定　　价**	79.00 元	

附录6　参与实验的学生的访谈提纲

1. 参加"上大故事"项目你有什么收获？这些收获对你继续参加这个项目有没有影响？

2. 和你关系好的同学的参与情况是否和你类似？他/她或他们/她们的参与情况对你有什么影响吗？

3. 在什么情况下你有可能会重新参与"上大故事"项目？

4. 你有参加其他志愿活动的经历吗？你是为什么参加这些志愿活动的？你是否有坚持参加这些志愿活动？为什么？